电子商务在新农村建设中的应用研究

罗 喆 著

吉林大学出版社

图书在版编目（CIP）数据

电子商务在新农村建设中的应用研究 / 罗喆著. --
长春：吉林大学出版社，2017.8
　　ISBN 978-7-5692-0832-0

　　Ⅰ.①电… Ⅱ.①罗… Ⅲ.①农村－电子商务－发展
－研究－中国 Ⅳ.①F713.36

中国版本图书馆CIP数据核字(2017)第230389号

电子商务在新农村建设中的应用研究

DIANZI SHANGWU ZAI XIN NONGCUN JIANSHE ZHONG DE YINGYONG YANJIU

著　　者	罗　喆
策划编辑	朱　进
责任编辑	朱　进
责任校对	高桂芬　黄超
装帧设计	贺　迪
出版发行	吉林大学出版社
社　　址	长春市人民大街4059号
邮政编码	130021
发行电话	0431-89580028/29/21
网　　址	http://www.jlup.com.cn
电子邮箱	jlup@mail.jlu.edu.cn

印　　刷	廊坊市海涛印刷有限公司
开　　本	787mm×1092mm　1/16
印　　张	14
字　　数	206千字
版　　次	2018年1月第1版
印　　次	2018年1月第1次印刷

书　　号	ISBN 978-7-5692-0832-0
定　　价	50.00元

目　录

第一章 电子商务与新农村建设

第一节 电子商务的基础理论

一、电子商务的概述

(一)电子商务的概念

电子商务是指各种具有商业活动能力的实体,包括生产企业、商贸企业、金融机构、政府机构、个人消费者等利用计算机网络等先进技术进行的各项商业贸易活动。也即商务活动的各参与方之间以电子方式在互联网上完成产品或服务的销售、购买和电子支付等业务交易的过程。

电子商务的重要技术特征是利用 Web 技术来传输和处理商业信息。其主要功能包括网上的广告、订货、付款、客户服务和货物递交等销售、售前与售后服务,以及市场调查分析、财务核计和生产安排等商业操作过程。电子商务不仅涉及信息技术和商业交易本身,而且涉及诸如金融、税务、教育等社会其他层面。完整的电子商务一般包括商情沟通、资金支付和商品配送3个阶段,并分别表现为信息流、资金流和物流的发出、传递和接收。简单地说,电子商务是指在因特网上进行的商务活动。

国际商会于1997年在巴黎的世界电子商务会议上提出电子商务是指实现整个贸易活动的电子化。从涵盖范围方面可定义为:交易各方以电子交易方式而不是通过当面交换或直接面谈方式进行的任何形式的商业交易。

从技术方面可定义为:电子商务是一种多技术的集合体,包括交换数据、获得数据以及自动捕获数据等。从其对电子商务定义的实质来看,也可简单地将电子商务理解为买卖双方之间利用互联网(Internet)网络按一定的标准进行的各类商务交易,它是旨在实现物流、资金流与信息流和谐统一的新型贸易方式。

电子商务有广义和狭义之分。狭义的电子商务也称作电子交易,主要是指利用 Web 提供的通信手段在网上进行的交易,企业在网上利用电子数据交换方式代替传统的纸介交易方式,通过网上电子转账系统和税收征管系统进行资金支付、划拨和结算。广义的电子商务包括电子交易在内的利用 Web 进行的全部商业活动,如市场分析、客户联系、物资调配等等,也称作电子商业。这些商务活动可以发生于公司内部、企业之间及企业与客户之间。企业之间通过互联网和互联网相连,实现在跨国、跨地区之间方便、快捷地收集市场信息、宣传产品和树立企业形象,进行商业洽谈。

电子商务通常缩写为 EC(Electronic Commerce),是一种全新的商务活动模式,它充分利用互联网的易用性、广域性和互通性,实现了快速可靠的网络化商务信息交流和业务交易。电子商务与传统的商务活动相比,具有交易环境的虚拟性、交易活动的低成本性、交易活动的高效率性、交易过程的透明性、交易时间地点的无限性、交易的动态联盟性等特征。

(二)电子商务的本质

1. 电子商务的特点

电子商务的特点包括:一是电子商务是各种通过电子方式而不是面对面方式完成的交易,因此,电子商务不是泡沫;二是电子商务是信息技术的高级应用,是现代信息技术与商务的结合,用来增强贸易伙伴之间的商业关系;三是电子商务是一种以信息为基础的商业构想的实现,用来提高贸易过程中的效率;四是电子商务是商业的新模式,其本质是商务,而非技术。是信息技术在商务活动中的应用,电子商务是改良而非革命。五是电子商务是全方位的,既包括前台,也包括后台在内的整个运行体系电子化。不仅是建网站,而且关系企业发展全局。不仅是网上销售产品,网站可以用于企业内部沟通,用于树立企业形象,用于售后服务支持等。

综上所述,各行业的企业都将通过网络连接在一起,使得各种现实与虚拟的合作都成为可能。一个供应链上的所有企业都可以成为一个协调的合作整体,企业的雇员也可以参与到供应商的业务流程中。零售商的销售终端可以自动与供应商连接,不再需要采购部门的人工环节,采购订单会自动被确认并安排发货。企业也可以通过全新的方式向顾客提供更好的服务,这不是只有大企业才能实现的构想。互联网为中小企业提供了一个新的发展机会,任何企业都可能与世界范围内的供应商或顾客建立业务关系。信息的有效利用成为新经济模式中企业增强竞争力的重要手段,电子商务必将成为基本的贸易与通信手段。

2. 电子商务的本质

基于新的商业模式,可以看出,纯粹的电子商务企业是组成全球网络供应链中的一个重要环节,其目标是通过提供交易信息和交易平台(主要是交易订单和交易结算)的公共服务,从而提高交易主体之间的交易效率。

如将 ASP 也列为电子商务企业,则可以将电子商务的本质概括为以下 3 个方面:公共交易信息服务、公共交易平台服务、公共应用系统服务。电子商务企业的收入来源主要提供上述 3 类服务而取得应有的收入,主要包括:按交易额提取少量(一般不到 1%)的交易服务费、广告费、社区会员费、深层次信息服务费、应用系统运行平台租赁费、应用系统租赁费、应用系统实施咨询费等。

(三)电子商务的功能

1. 电子商务的主要功能

(1)广告宣传。一是电子商务可凭借企业的 Web 服务器进行浏览,在互联网上发播各类商业信息。二是客户可借助网上的检索工具(Search tools)迅速地找到所需商品信息,而商家可利用网上主页(Home Page)和电子邮件(E - mail)在全球范围内做广告宣传。三是与以往的各类广告相比,网上的广告成本最为低廉,而给顾客的信息量却最为丰富。

(2)咨询洽谈。一是电子商务可借助非实时的电子邮件,新闻组(News Group)和实时的讨论组(chat)来了解市场和商品信息、洽谈交易事务,如有进一步的需求,还可用网上的白板会议(Whiteboard Conference)来交流即时的图形信息。二是网上的咨询和洽谈能超越人们面对面洽谈的限制、提供多种方便的异地交谈形式。

（3）网上订购。一是电子商务可借助 Web 中的邮件交互传送网上的订购。网上的订购通常都是在产品介绍的页面上提供十分友好的订购提示信息和订购交互格式框。二是当客户填完订购单后，通常系统会回复确认信息单来保证订购信息的收悉。订购信息也可采用加密的方式使客户和商家的商业信息不会泄漏。

（4）网上支付。一是电子商务要成为一个完整的过程，网上支付是重要的环节。客户和商家之间可采用信用卡账号实施支付。二是在网上直接采用电子支付手段将可省略交易中很多人员的开销。三是网上支付将需要可靠的信息传输安全性控制以防止欺骗、窃听、冒用等非法行为。

（5）电子账户。一是网上的支付必须要有电子金融来支持，即银行或信用卡公司及保险公司等金融单位要为金融服务提供网上操作的服务。而电子账户管理是其基本的组成部分。二是信用卡号或银行账号都是电子账户的一种标志。而其可信度需配以必要技术措施来保证。如数字凭证、数字签名、加密等手段的应用提供了电子账户操作的安全性。

2. 电子商务的优越性

电子商务提供企业虚拟的全球性贸易环境，大大提高了商务活动的水平和服务质量。新型的商务通信通道的优越性是显而易见的，其优点包括：一是大大提高了通信速度，尤其是国际范围内的通信速度；二是节省了潜在开支，如电子邮件节省了通信邮费，而电子数据交换则大大节省了管理和人员环节的开销；三是增加了客户和供货方的联系，如电子商务系统网络站点使得客户和供货方均能了解对方的最新数据，而电子数据交换则意味着企业间的合作得到了加强；四是提高了服务质量，能以一种快捷方便的方式提供企业及其产品的信息和客户所需的服务；五是提供了交互式的销售渠道，使商家能及时得到市场反馈，改进本身的工作；六是提供全天候的服务，即每年 365 天，每天 24 小时的服务；七是电子商务增强了企业的市场竞争力。

总而言之，作为一种商务活动过程，电子商务将带来一场史无前例的革命。其对社会经济的影响会远远超过商务的本身，除了上述这些影响外，它还将对就业、法律制度以及文化教育等带来巨大的影响。电子商务会将人类真正带入信息社会。

电子商务的发展影响了人类的生活习惯,很多人都加入了电子商务这个行业,电子商务让人们感觉到:广阔的环境,人们不受时间的限制,不受空间的限制,不受传统购物的诸多限制,可以随时随地在网上交易。更广阔的市场:在网上这个世界将会变得很小,一个商家可以面对全球的消费者,而一个消费者可以在全球的任何一家商家购物。更快速地流通和低廉的价格:电子商务减少了商品流通的中间环节,节省了大量的开支,从而也大大降低了商品流通和交易的成本。更符合时代的要求:如今人们越来越追求时尚、讲究个性,注重购物的环境,网上购物,更能体现个性化的购物过程。

二、电子商务的产生与发展

(一)电子商务产生与发展的条件

电子商务最早产生于 20 世纪 60 年代,发展于 20 世纪 90 年代,其产生和发展的重要条件主要是:

1. 计算机的广泛应用。近 30 年来,计算机的处理速度越来越快,处理能力越来越强,价格越来越低,应用越来越广泛,这为电子商务的应用提供了基础。

2. 网络的普及和成熟。由于互联网逐渐成为全球通信与交易的媒体,全球上网用户呈指数增长趋势,快捷、安全、低成本的特点为电子商务的发展提供了应用条件。

3. 信用卡的普及应用。信用卡以其方便、快捷、安全等优点而成为人们消费支付的重要手段,并由此形成了完善的全球性信用卡计算机网络支付与结算系统,使"一卡在手、走遍全球"成为可能,同时也为电子商务中的网上支付提供了重要的手段。

4. 电子安全交易协议的制定。1997 年 5 月 31 日,由美国 VISA 和 MasterCard 国际组织等联合指定的 SET,即电子安全交易协议的出台(该协议得到人多数厂商的认可和支持),为在网络上开发电子商务提供了一个关键的安全环境。

5. 政府的支持与推动。自 1997 年欧盟发布了欧洲电子商务协议，美国随后发布"全球电子商务纲要"以后，电子商务受到世界各国政府的重视，许多国家的政府开始尝试"网上采购"，这为电子商务的发展提供了有力的支持。

（二）电子商务发展的两个阶段

1. 第一阶段（20 世纪 60—90 年代）基于 EDI（Electronic Data Interchange）的电子商务。从技术的角度来看，人类利用电子通信的方式进行贸易活动已有几十年的历史了。早在 20 世纪 60 年代，人们就开始了用电报报文发送商务文件的工作；20 世纪 70 年代人们又普遍采用方便、快捷的传真机来替代电报，但是传真文件是通过纸面打印来传递和管理信息的，不能将信息直接转入到信息系统中，因此人们开始采用电子数据交换作为企业间电子商务的应用技术，这也就是电子商务的雏形。

EDI（Electronic Data Interchange）在 20 世纪 60 年代末期产生于美国，当时的贸易商在使用计算机处理各类商务文件的时候发现，由人工输入到一台计算机中的数据 70% 是来源于另一台计算机输出的文件，由于过多的人为因素，影响了数据的准确性和工作效率的提高，人们开始尝试在贸易伙伴之间的计算机上使数据能够自动交换，EDI 应运而生。EDI 是将业务文件按一个公认的标准从一台计算机传输到另一台计算机上去的电子传输方法。由于 EDI 大大减少了纸张票据，人们也形象地称之为"无纸贸易"或"无纸交易"。从技术上讲，EDI 包括硬件与软件两大部分。硬件主要是计算机网络，软件包括计算机软件和 EDI 标准。从硬件方面讲，20 世纪 90 年代之前的大多数 EDI 都不通过互联网，而是通过租用的电脑线在专用网络上实现，类专用的网络被称为增值网（VAN），这样主要是考虑到安全问题。但随着安全性的日益提高，互联网作为一个费用更低、覆盖面更广、服务更好的系统，已表现出替代 VAN 而成为 EDI 的硬件载体的趋势，因此有人把通过互联网实现的 EDI 直接叫作 Internet EDI。从软件方面看，EDI 所需要的软件主要是将用户数据库系统中的信息，翻译成 EDI 的标准格式以供传输交换。由于不同行业的企业是根据自己的业务特点来规定数据库的信息格式的，当需要发送 EDI 文件时，从企业专有数据库中提取的信息，必须翻译成 EDI 的标准格式才能进行传输,这时就需要相关的 EDI 软件来帮忙了。EDI 软件中除了计算机软件外还包括 EDI 标准。美国国家标准局曾制定了一个称为 X12 的标准,用于美国国内。1987 年联合国主持制定了一个有关行政、商业及交通运输的电子数据交换标准,即国际标准——UN/EDI FACT。1997 年,X12 被吸收到 EDI FACT,使国际间用统一的标准进行电子数据交换成为现实。

2. 第二阶段(20 世纪 90 年代至今)基于国际互联网的电子商务。使用 VAN 的费用很高,仅大型企业才会使用,因此限制了基于 EDI 的电子商务应用范围的扩大。20 世纪 90 年代中期后,国际互联网迅速走向普及化,逐步地从人学、科研机构走向企业和百姓家中,其功能也已从信息共享演变为一种大众化的信息传播工具。从 1991 年起,一直排斥在互联网之外的商业贸易活动正式进入到这个王国,使电子商务成为互联网应用的最大热点。

三、电子商务对社会经济的影响

随着电子商务魅力的日渐显露,虚拟企业、虚拟银行、网络营销、网上购物、网上支付、网络广告等一大批前所未闻的新词汇正在为人们所熟悉和认同,这些词汇同时也从另一个侧面反映了电子商务正在对社会和经济产生的影响。

(一)电子商务将改变商务活动的方式

传统的商务活动最典型的情景就是"推销员满天飞","采购员遍地跑","说破了嘴、跑断了腿",消费者在商场中筋疲力尽地寻找自己所需要的商品。现在,通过互联网只要动动手就可以了,人们可以进入网上商场浏览、采购各类产品,而且还能得到在线服务;商家们可以在网上与客户联系,利用网络进行货款结算服务;政府还可以方便地进行电子招标、政府采购等。

(二)电子商务将改变人们的消费方式

网上购物的最大特征是消费者的主导性,购物意愿掌握在消费者手中;同时消费者还能以一种轻松自由的自我服务的方式来完成交易,消费者主权可以在网络购物中充分体现出来。

(三)电子商务将改变企业的生产方式

由于电子商务是一种快捷、方便的购物手段.消费者的个性化、特殊化需要可以完全通过网络展示在生产厂商面前，为了取悦顾客，突出产品的设计风格，制造业中的许多企业纷纷发展和普及电子商务。

（四）电子商务将对传统行业带来一场革命

电子商务是在商务活动的全过程中，通过人与电子通信方式的结合，极大地提高商务活动的效率，减少不必要的中间环节，传统的制造业借此进入小批量、多品种的时代，"零库存"成为可能；传统的零售业和批发业开创了"无店铺""网上营销"的新模式；各种线上服务为传统服务业提供了全新的服务方式。

（五）电子商务将带来一个全新的金融业

由于在线电子支付是电子商务的关键环节，也是电子商务得以顺利发展的基础条件，随着电子商务在电子交易环节上的突破，网上银行、银行卡支付网络、银行电子支付系统以及电子支票、电子现金等服务，将传统的金融业带入一个全新的领域。

1995 年 10 月，全球第一家网上银行"安全第一网络银行"在美国诞生，这家银行没有建筑物，没有地址，营业厅就是首页画面，员工只有 10 人，与总资产超过 2000 亿美元的美国花旗银行相比，"安全第一网络银行"简直是微不足道，但与花旗银行不同的是，该银行所有交易都通过互联网进行。

（六）电子商务将转变政府的行为

政府承担着大量的社会、经济、文化的管理和服务的功能，尤其作为"看得见的手"在调节市场经济运行、防止市场失灵带来的不足方面有着很大的作用。在电子商务时代，当企业应用电子商务进行生产经营，银行是金融电子化服务，以及消费者实现网上消费的同时将同样对政府管理行为提出新的要求。电子政府或称网上政府，将随着电子商务发展而成为一个重要的社会角色。

总而言之，作为一种商务活动过程，电子商务将带来一场史无前例的革命。其对社会经济的影响会远远超过商务的本身。除了上述这些影响外，它还将对就业、法律制度以及文化教育等带来上大的影响。电子商务会将人类真正带入信息社会。

（七）电子商务支撑农村经济发展

电子商务目前已经成为国际及国内商品交易的主要手段之一，随着各地区网络的不断普及和深化，电子商务产生的贸易量正以迅猛的态势进行壮大，必将成为今后国际、国内贸易的新引擎。社会主义新农村建设同样离不开电子商务的作用。发展农村电子商务具有全局性、战略性和前瞻性，与国家发展社会主义新农村的战略一致。电子商务作为现阶段最先进的交易方式，它的存在对于农村经济的发展有着强大的推动力。

1. 电子商务活动让农民更加及时的获得市场信息。农民选择生产作物的对象主要依靠自身的经验和往年的销售情况，可以说农民从来没有根据市场行情发展趋势或市场的供求关系进行生产，这就决定了农民生产具有很高的风险性。然而电子商务的开展将会给农民以更多可靠的消息，农民在网上可以了解现阶段市场上对各种农作物的需求情况、价格趋势以及各种原料的相应性质，进而通过可靠的市场动态来决定生产什么、生产多少、如何生产、怎样才能使土地利用效率最大化。电子商务业务为农民提供了强有力的信息支持。

2. 电子商务可以更好地解决了我国农业中出现的"小农户与大市场"的矛盾。单个农民作为生产的主题，不能及时了解市场信息，造成农产品不适应市场需求。分散的独立生产者所生产的大宗农产品要汇集到城市中去，分销给众多的消费者，需要一套有组织的完善的销售网络体系，但农户家庭作为农业生产经营的基本组织单元，并不能支撑起日益庞大的农副产品市场的发展，单个用户和市场之间缺乏有效的连接机制，即中介缺失而非市场缺失。农村电子商务的出现就会很好的解决这方面的问题，将小农户与大市场紧密地联系在一起。

3. 电子商务活动有助于农产品的销售。目前农村最困难的就是"卖难"，农民生产出农产品，但是由于信息不对称，生产的农产品销售不出去，这就给农民造成了严重的损失。而通过电子商务，农民可以在网上公开出售自己的农产品，进而更多的采购商可以从网上获得农产品的信息，采购商和农民可以在网上进行讨价还价，在网上进行交易。

4. 电子商务提高农民的素质和生活质量。电子商务象征着网络和信息时代的到来,这不单是一种先进的交易方式,也是一种很有效的教育方式。农民可以从网上获得各种各样的信息,从而更好地学习和生产,农民同样可以在网上进行购物,选择自己喜欢的商品,农民同样可以享受电子商务的优越性。

同时电子商务为社会主义新农村建设提供了可靠的支持。建设社会主义新农村是我国的一项基本国策,电子商务的发展有助于农村经济的发展与建设,从根本上解决了农村与城市信息隔绝的现象。

四、物联网技术在电子商务中的应用

物联网是一个由感知层、网络层、应用层社会信息系统工程,在互联网的基础上利用射频识别技术、传感器、全球定位系统等装置和信息技术,实现实时采集,按照协议的约定与互联网结合成为无须人干预的,通过与网络连接使物理世界的物与物、物与人进行交流的智能网络,并可实现快捷准确的识别、管理和控制。物联网的核心技术之一 RFID,即射频识别技术,是 20世纪 90 年代开始兴起的识别系统与特定目标不进行机械或者光学接触,仅通过无线电讯号来对特定目标进行识别和相关数据读写的一种新型技术。物联网就是主要利用 RFID、传感器、二维码等技术手段,实现对物品的全面感知。

新兴电子商务市场在传统零售业基础上发展而来,不可避免具有自动化不强、质量不可控、消费信用保障、支付方式单一以及远程支撑能力弱等天然的劣势。如何规避传统电子商务带来的风险,扩展电子商务发展领域,是整个电子商务行业面临的重要课题。电子商务是信息技术与互联网发展的产物,物联网的产生亦是建立在同样的基础之上,使两种新兴的产业有着内在的必然联系。物联网是互联网的延伸和拓展,是信息技术的升级,这对于具有虚拟化、自动化属性的电子商务,在其运营组织、过程控制以及线下服务等方面给予了强有力的信息支撑,弥补其远程支撑能力、信息采集环节缺失等方面的不足。物联网技术可将互联网商务活动中真实存在的东西视为"物"的对象,通过广泛采集物的各类信息,准确追踪判断物的流通过程,实现物联网技术在电子商务的信息流、资金流、商流以及线下的物流配送等

各环节的积极推动作用。物联网技术下电子商务企业对该技术的应用,不仅是技术的创新,也是企业管理模式的创新,突破传统电子商务的局限,更加高效、直接地进行信息互动,不仅能突破电子商务发展的瓶颈,提升电子商务企业核心竞争力的重要手段,给电子商务发展带来新的空间。

五、大数据处理技术对于电子商务的影响

电商决胜,商业模式是关键。互联网时代,数据是电商商业模式创新的核心。"大数据+"作为"互联网+"发展产生的大数据技术集成,实现各类数据的汇聚、挖掘和交融,是一种"了解一切"的能力,将为电商插上腾飞的翅膀。

移动互联网的迅猛发展,催生移动电子商务快速兴起,开创了新型电商商业模式:借助互联网,可构建起直达每一位消费者的零距离渠道;借助大数据,形成从产品设计、生产到销售、配送在内的全过程记录、分析和公开,实现营销策略的快速调整。事实上,传统电子商务交易平台企业早已纷纷"抢滩"移动电子商务,数据平台建设成为本轮电商竞争的重头戏。京东豪掷40亿投建两大云计算数据中心,阿里巴巴更将云计算作为集团最重要的业务。数据资源已经成为电商的核心资源,"大数据+"已经成为电商行业的新趋势。

然而,电商企业不同程度的数据垄断,损害了数据开放、流动的核心理念,降低了数据价值。如何让数据价值最大化,同时保护自己的数据利益,成为电商企业面临的重大课题。

前不久,在2015中国电子商务峰会上,"块数据"理念的提出给电商带来了曙光。所谓块数据,即在一个物理空间或者行政区域形成的涉及人、事、物等各类数据的总和。举例而言,以往一名用户既在微信、微博上有信息流,同时还有线下医保、社保、交通出行等数据,要准确地了解这名用户,需要对各种数据关联起来处理。"块数据"则让以往的这些"数据孤岛"连成一片,通过对不同类型、来源信息的集成、挖掘、清洗,极大地改变信息的生产、传播、加工和组织方式,使数据实现了流动、共享、交易,有利于寻找、培育、发展新的商业模式和新的增长点,有利于革新、替代过去粗放式的营销模式,使每一个流量价值都发挥到极致。

　　某种程度上,得数据者得未来。电商企业若能充分利用互联网和大数据对传统的产品销售、生产、售后等环节重构,大胆采用新的技术和商业手段不断地获取、汇集和分析更多数据,形成"实物＋服务＋数据"新的全盈利模式,将笑看电商风云,成为"互联网＋"时代的赢家。

　　(一)强大的信息检索服务功能

　　对于电子商务而言,商品种类的丰富性是其提高竞争力的重要手段与措施,然而数量较多的商品数量以及分类体系都需要数据库网络能够具有较强的灵活性与检索能力。当前,关于数据库网络系统的研究还不是很深入,正处在发展的阶段。采用云计算系统基础之上的大数据处理能够为客户提供比较全面、强大的信息检索功能,从而结合用户的个体差异性以及个性需求等特点来采取海量的搜索,同时能够确保高返回高准确率等。与此同时,在另一方面还能够对其进行信息推送服务,以及对热点信息进行推荐与推送等较新的信息检索服务。这些相关的工作在大多数的情况之下是针对特定的领域,并且是基于静态网络环境也构建的相应的数据库网络的系统,其在很大的程度上不能够使用当前网络环境之中数据库的资源的不确定性的要求。那么就有必要将设一个支持多领域动态数据集成的数据库网格系统,可以有效地进行数据库资源的管理工作,并且要能够提高获取资源的准确性,提高相应的查询的效率,使其数据库资源等到良好的管理效果。

　　(二)准确的数据分析

　　作为电子商务,对于海量的数据进行实时性的分析,已经成为当前电子商务进行竞争的主要着重点,而大数据的主要价值就在于详细的分析与利用相关信息。采用云计算可以在较短的时间里对于较多的数据进行收集、存储以及分析与处理,从而很大的增强了企业的数据处理与信息分析的能力,使得电商能够实时精确的挖掘相关数据,并且对数据进行深入的分析。

　　(三)快速的弹性处理能力

　　对于电子商务系统而言,拥有速度超快的快速弹性处理能力是其主要目标。从而使其能够顺利地处理突发的访问量,以及海量的订单与客户进行浏览的需求。与此同时,还要根据客户的具体需求以及不断上涨的业务量,来扩充服务器,同时增加相关数据的存储设备。在云计算基础之上的云存储平台,其具有在理论方面无限的海量存储以及规模较大的计算等各种资源,能够顺利地处理与存储 TB 级乃至 PB 级的海量的数据。在这种基础上,使得企业无须安装硬件,即可以廉价以及快速地进行应用系统的部署,与此同时实现弹性的伸缩,最大限度地提高资源的相关管控能力,最终实现资源的优化合理运用。这种方式在淘宝与天猫得到了充分的利用,通过相关数据得知,淘宝与天猫在 2015 年、2016 年 11 月 11 日,销售额分别为912.17 亿元与 1207 亿元,突增的销售额度以及双十一营销策略的成功,充分地展示了云计算环境下大数据处理对于电子商务发展的重要的作用,提高了其运转的效率以及快速弹性的处理数据能力。

第二节　新农村电子商务建设的内涵与外延

一、电子商务与新农村建设

(一)新农村电子商务的概念

新农村电子商务的概念目前还是比较新颖的,到目前为止,国家还没有对其进行一个明确的定义。对于新农村电子商务的含义,可以从传统电子商务和我国新农村建设的背景和意义去理解。电子商务从被人提出以来,就没有一个统一的定义,不同研究者和组织从各自的角度提出了对电子商务的定义和认识,这些不同的定义与认识与电子商务应用环境有关。

电子商务是信息技术和经济发展并且发展的必然产物。电子商务是指买卖双方之间利用网络按一定标准进行的各类商业活动。而农村电子商务的本质上也是一种交易活动,不同于一般的商业电子商务,它是以农产品的交易为基础的,通过现代化信息技术和通信技术的支持,借助相应的网下物流的帮助,使得农产品可以快速到达消费者手上的过程。即从发展运用电子商务的技术来推广农业的发展,来提高农村居民收入,改善农民生活水平,以整体提高我国的经济发展水平。农村电子商务的内容主要包括电子农民、乡镇企业、商家、消费者、认证中心、物流机构和政府部门等方面。农村电子商务通过将传统的交易流程搬到网上进行,从而节约交易成本,实现买卖双方的共赢。因此,我可以对新农村电子商务给出如下定义:

新农村电子商务就是以我国新农村建设为背景,借助网络信息技术来搭建一个统一的信息平台,通过网络平台的嫁接和拓展,将农村的各项农务工作进行集成,其中主要内容包括改造传统效率较低下的农业生产经营方式的交易信息平台、保证电子商务良好建设的安全控制措施、推动农业电子商务发展快速发展的组织模式,通过对安全控制和组织模式的研究来保证农业商务平台的构建顺利进行,协同建设各个平台把传统农村建设成为现代化、高度信息化的社会主义新农村。

新农村电子商务的实施与应用是依托一个完善的农产品网络信息系统的,因此,新农村电子商务的构建是现代农业各种信息活的体现者,是现代农务研究的基础,是提高我国农业经济的又一方法,对促进我国农业经济的发展和研究都有非常重大的意义。

(二)新农村电子商务的特点

新农村电子商务是以我国新农村建设为背景,依托与农村电子商务基础设施建设水平的不断提升,可以有效地整合城市与农村的产品市场。相对于传统的农产品市场,新农村电子商务具有以下特点:

1. 突破了农产品交易时空限制。由于互联网的技术不断发展,为新农村电子商务应用创造了非常巨大的空间。新农村电子商务是依托于农产品市场网络信息化的发展而发展的,电子商务作为农产品的主要营销手段,网上交易、供求信息匹配肯定会成为农产品交易的主要形式。而以无时空约束的网络为依托的农产品网络营销,突破了传统交易的空间、时间、地域、甚至是国籍限制,在进行市场拓展时减少了市场壁垒和市场扩展的障碍。目前,企业可以借助新农村电子商务可以全天候的直接面向全球提供产品营销服务。农产品在电子商务平台上交易的最大特点就是具有互动性,通过网络能让消费者真正参与到营销活动中。双向电子商务平台可以促进买卖双方的一对一交流,并且这种交互式的交流是以消费者为主导的,它使企业与消费者间的沟通变得更直接、方便、迅速和有效。农产品消费者可以在网上选择所需的农产品,或者提出自己的未来需求。而企业也可以根据消费者提出的需求信息,定制、改进或开发新产品来把未来市场的走向。新农村电子商务的交易平台是一种以消费者为主导,强调个性化的营销方式。因而,农产品电子商务的交易平台,让消费者可根据自己的个性特点和要求,在平台上选购自己所需要的产品,而企业则可以从每一个消费者的消费信息中去摸索消费者的习惯,为其产品创新提供客户支持,准确把握市场走向。

2. 参与主体的广泛性。从上面的新农村电子商务的概念,我们可以认识到新农村电子商务所包含内容的广泛性。新农村电子商务参与的主体包括了许多,除了传统的农业生产者,还包括了农资产品生产者、政府和超市等。通过参与到新农村电子商务中,都能一定程度上带来收益。与传统农村电子商务相比,新农村电子商务具有更加广泛的参与者。

对于农产品的经营者来说,通过新农村电子商务平台可以弄清楚消费者的个性化的要求,可以逐步地提高客户的忠实度。传统的农产品电子商务网站主要是以信息发布为主,而没有进一步的对网站的管理,得不到有效的客户和交易。这里提出的农产品电子商务的个性化需求主要是指跟踪用户浏览的路径,挖掘用户行为模式,进而发掘用户的兴趣爱好,成功的引导顾客进行消费。

对于广大的农户和客户来说,通过新农村电子商务平台可以及时有效地获取农业生产的相关信息,农户、客户可以通过电子商务的交易信息平台进行商务洽谈,平台还可以聘请农业技术专家对农民的生产进行技术指导。与传统的农业信息网不同,新农村电子商务平台不仅可以买卖双方发布供应信息和求购信息,也能提供一个网上交易的场所,同时可以根据用户提交的供求信息主动为顾客进行供求信息的匹配方便买卖双方快速对接,当然用户也可以直接去浏览查找相关信息。

3. 农产品及农资产品交易的高效性。借助新农村电子商务平台开展的农产品交易市场作为一种全新的农产品交易方式,和传统交易方式相比具有明显的优势。与传统的农村电子商务相比,新农村电子商务提出通过双向供求匹配系统来加速供求双方信息的快速匹配,保证交易的效率和速度。

农产品在电子商务平台上可以加快农产品信息传播的速度,同时可以实现农产品企业与消费者直接沟通,避免了大部分中间环节,从而降低了交易成本。传统农产品供应链中,农产品由企业到批发商,再到零售商,层层加价,消费者的购买成本加大,并且由于农产品本事的特点也容易造成农产品的自身的交易成本的上升。而在新农村电子商务的交易平台中,消费者以出厂价直接从农产品企业购买产品,实现了消费者和企业的共赢。直接将新鲜的特色农产品快速上架,加快农产品的市场流通。由于我国农产品存在着"买卖双难"的问题,网上交易可以扩大交易范围,增加交易机会,节约交易成本,从而提高交易效率,使我国农业的原有优势得到相应的发挥,而且使其原有的劣势逐步改善,也极大地增强了我国的农产品在世界市场上的竞争力。

4. 经济性。新农村电子商务的交易信息平台可以缩减农产品在供应链中各环节的协调成本,在保证交易进行的同时,能够使得买卖双方联系得更加紧密。平台为消费者提供了信用安全保证,避免了交易过程中错误的发生。

通过新农村电子商务平台,消费者可以有效地降低信息的搜索成本。与传统的交易模式相比,平台可以直接给予用户、供应商及其产品的相关信息,大量的节省了客户的信息收集时间和成本。同时,由于新农村电子商务平台给予了供应商和消费者一个交流平台,买卖双方可以直接进行交流,从而越过了多层次的批发和零售环节,大量的节约了交易中间成本,最终让利给消费者和供应商。相对消费者而言,扩大了客户对供应商的选择范围,大大地提高了市场交易的成功率。

新农村电子商务平台通过网下的物流集成平台,可以有效地降低农产品进行配送的成本。通过集成和配送路径的优化选择,越过多个批发零售环节,可以有效地进行农产品配送。通过电子商务的交易平台,买卖双方可以选择合适的交易对象,进行直接交流,从而加快交易的发生。

在新农村电子商务平台上,所有供应商的信息、产品价格、供求信息和市场动态等信息都会在相应模块进行查询公布,打破了买卖双方的信息公开程度不对称的状态,使得供应商以产品质量、优质服务和产品价格来提升自身竞争力,吸引更多消费者。

(三)我国农业电子商务应用模式

电子商务应用模式最常见的是按交易主体类型进行划分,主要有三类:B2B(Business – to – Business),即企业与企业之间的电子商务;B2C(Business – to – Customer),即企业与客户之间的电子商务;C2C(Customer to Customer),即客户与客户之间的电子商务。在传统的农产品交易模式中可以找到类似的模式,我们暂且将传统交易模式与电子商务交易模式的这种对应关系称为传统农产品交易模式向农业电子商务环境下的平移。大型农产品批发市场类似于 B2B,农产品专营店如农资、化肥、种子专营店类似于 B2C(Business – to – Customer),而农产品集贸市场则类似于 C2C(customer to customer)。

近两三年,随着电子商务行业竞争日益激烈,电子商务行业的应用模式在竞争中不断创新,出现了 B2B2C、C2B 或者 O2O(Online to Offline)等新型电子商务应用模式。但从交易主体上来看,电子商务乃至商务的主体,依然是企业或组织即 B 和个人即 C。就如前所言,农业电子商务的核心是从事农业商务的组织和个人。

(四)农村电子商务的发展优势

1. 经营成本低。零售企业开店投入的资金中,相当一部分花在地皮上。在大城市,寸土寸金,一些繁华地带的地租动辄每平方米上万元,这样的高成本投入,使得我国零售企业在与"狼"共舞中很难拥有价格优势。而农村市场开发程度低,地价也大大低于城市,大大节约了企业的资金,降低了经营成本。另一方面,农村地区劳动力成本也大大低于城市。大城市人口密度大,消费水平高,劳动力工资水平自然也水涨船高,平均工资多在千元以上;中小城市、农村地区,收入水平与大城市整体相差悬殊。

2. 竞争阻力小。相对于大城市你死我活的惨烈商战,中小城市和农村存在着明显的竞争不足。目前,占据这些地区商业领域的主要是一些地方的中小型商业企业以及为数众多的零散经营个体零售业者,普遍存在着规模小、布局混乱、组织化程度低、商品质量差等诸多问题。因此,我国商业零售企业正好可以充分利用自身在品牌、资金、管理等方面的优势轻松占领市场。除了直接投资开店之外,还可通过收购、兼并、嫁接、加盟等形式的资产重组吸纳那些当地不景气的商场、市场,实现低成本、大规模的扩张。

3. 市场潜力大。我国是一个农村人口占绝大多数的国家,13 亿人口中70% 以上分布在农村地区,从这个意义上说,只有占领了农村市场才是真正占领了我国市场。尽管现在农民的购买力相对比较低,但农村丰富的人口资源在一定程度上弥补了购买力的不足。从长远来看,我国要建设小康社会,农村经济的发展、农民收入的提高是关键,因此农民购买力的提高是一个必然趋势,农村市场的潜力是无限的。随着中国加入 WTO,国际零售巨头加快了进入我国的步伐,大城市市场竞争空间日益狭小,外资零售企业进军我国农村市场是迟早的事。

(五)农业电子商务的发展阶段

1. 农业电子商务必经发展阶段

政府为主体、从"无"到"有"的启动建设阶段。此阶段以政府为主导,以面向农民提供农业信息服务为主,兼顾涉农企业。

企业为主体、政府补贴的媒体平台阶段。该阶段的赢利模式有 3 种:一是向农用生产资料企业收取广告费。由于在很多农村地区还未能解决"最后一公里"(即进入农家)问题,广告受众有限,所以广告收费难以维持公司的正常运营。二是政府提供项目经费支持。如在实施农业信息化建设项目、农村信息扶贫项目过程中,通过购买公司开发的手持终端机等方式,对公司给予财政上的支持。三是开展农业电子商务的公司,通过承包政府农业信息化项目建设,如软件开发、为政府提供技术支持等,获得财政上的支持。该阶段也有政府牵头、企业赞助的模式。不过,考虑到经济效益,企业赞助的区域范围及其所赞助的设备和技术是有限的。

以企业为主体,搭建 B2B 商务平台。农民对市场信息的需求超越了简单的供求信息发布之后,就想通过更广阔的平台收获更大的经济效益,农产品电子商务将成为核心之一。

2. 农业电子商务的开展方式

(1)没有农业企业网站的电子商务。很多人认为农业企业要开展电子商务必须要建立自己的网站,其实,如果自身资源有限的话,可以不必建立独立的网站的。目前,国内百度一下(www. baidu. com)有慧聪网、eBay 易趣、淘宝网、一拍网等著名的大型电子商务网站,他们为企业或个人提供了很好的电子商务平台,企业只需要在上面注册自己的网上商店,刊登自己的供求信息,就可以很好地推广自己,这样,企业就可以花少量的投资甚至免费来实现初级电子商务。

(2)拥有农业企业网站的电子商务。由于网站的级别不同,各个农业企业开展的电子商务方式也不相同。比如有的企业网站上面仅仅是提供企业名称,一些简单的产品介绍,联系方式,这种企业仅仅借助于网站,在互联网平台上介绍自己,好比一张名片,实际的商务活动实现仍然是传统的方式;而有的企业网站里面已经实现了在线购物,甚至在线付款等功能,他们完全可以利用互联网平台销售自己的产品和服务。农业企业选择什么样的网站形式,要根据自身实际来决定。

二、新农村电子商务的探索与实践

(一)阿里巴巴农产品电子商务发展概况

正是看到了农产品电子商务的巨大潜力,阿里各平台在 2012 年都组建或强化了涉农业务,用以发展农产品或其他涉农电子商务,从而在 CBBS(主要包括 C2C,B2B、B2C)的大市场体系中形成布局。阿里巴巴 B2B 公司2012 年初拆分为 CBU 和 ICBU 两个公司后,也都保持专门的农业类目,来管理农产品的批发和国际询盘;淘宝网食品类目,为了强化农产品销售,重新组建了特色中国项目,希望用土特产撬动用户对于农产品的蓬勃需求;2012 年 3 月,淘宝网成立新农业发展部,并于 6 月推出生态农业频道,以绿色农产品为主导,旨在探索一条发展农产品电子商务的绿色生态模式;天猫网组织优质的运营服务商资源,为其食品类目下近 4000 个卖家提供更专业的支持和服务;聚划算平台则通过几次聚果行动,确立了生鲜农产品作为对接本地生活,由消费者驱动的主要商品。

除了上述以推进农产品销售的业务设置之外,天猫网物流事业部还发起了“邮 E 站”项目,希望在农村部署更多网点,发展代购业务,解决农民买难;支付宝则于 2012 年 7 月成立了新农村事业部,重点发展农村便民支付普及和农村金融服务合作,尝试搭建涉农企业及专业合作社的融资平台。

(二)行业难题的有益尝试

1. 绿色农产品的布局

绿色经济是人类文明的全球共识与发展方向。发展绿色农业就是探索农业新的发展模式和新的经营理念,从而促进农业现代化,提高农产品竞争力,探索如何实现农业的可持续发展和生态系统平衡与良性循环。

淘宝生态农业频道(ny. taobao. com)在推进绿色农产品的经营模式上进行了有益尝试。他们在 2012 年 6 月上线之初就定位于做安全健康放心的食物社区。引入敢于承诺"拒绝农药、化肥、转基因"的绿色农场,在产品页面上公开产地、生产者、生产过程和生产环境的信息,以及种子来源,如何锄草等,结合淘宝评价体系及 SNS 传播方式,尝试建立起了一套绿色农产品的参与式保障体系。

2. 食品安全溯源机制

在食品安全危机频发的当下,如何解决农产品的安全问题,是发展农产品电子商务不可逾越的一道门槛。2012 年淘宝网与天猫食品类目联合国家工商总局进行的电子台账建设,则是对食品安全溯源机制的一次有益尝试。2012 年 7 月,淘宝网和天猫对卖家发布平台进行优化,要求食品类目下新发布的包装商品,卖家必须填写资料中的生产许可证编号、品名、厂名、厂址、联系方式、保质期、生产日期、进货日期、数量、供货商、规格、包装方式、产地、配料表、食品添加剂 14 个字段。从而完善食品追溯体制,将商品信息更全面的还原给消费者。

建立网络食品安全追溯制度后,"三无"产品得到了有效控制,出现食品安全问题,可以追根溯源。而对于消费者而言,商品信息变得更为透明,特别是消费者最关心的食品保质期、产地等,一目了然。

3. 资金链问题的尝试

对农产品进行生产或加工,资金也一直是困扰众多涉农企业、农业合作社及零散农户的难题,支付宝平台则在这个问题上进行了大胆尝试。支付宝在 2012 年 7 月成立新农村事业部后,将搭建融资平台作为他们的一项主要工作,帮助涉农企业的实现贷款或供应链融资。支付宝将上游的授信机构,与下游的涉农企业链接起来,在中间做一个贷款发放和还款的资金通道,帮助他们实现涉农贷款。

三、发展农产品电子商务的意义

（一）在农产品巨大市场上的试水尝试

阿里各平台在农产品电子商务上的探索,是在一个巨大潜力市场上的试水尝试。随着近两年电子商务的蓬勃发展,一些传统行业已经达到较高的网络渗透率,如 2011 年化妆品的网络零售渗透率达到 16.3%,服装达到 14.3%,而农产品行业的电子商务却才刚刚起步。

2014 年第一届中国县域电子商务峰会时,阿里巴巴 CEO 张勇正式公布了阿里巴巴的农村战略"千县万村"计划,发展中国农村电子商务。在过去的一年多时间,农村淘宝目前在全国 29 个省、328 个县的 1.6 万个行政村设立了农村淘宝服务站,成为中国最大的农村电商平台,联合国贸易和发展会议认为,农村淘宝摸索出一套和企业和政府合作帮助中国农村发展的有效经验,值得向其他国家输出经验。

阿里研究院发布了《2015 年中国县域电子商务报告》和"2015 年中国电子商务百佳县"榜单,以及大众电商创业、大众网购消费、快递服务、电商扶贫等子榜单。报告指出,县域电商进入"多方协同发展"新阶段,企业、政府、电商服务商以及电商发展相关的高校、媒体、协会等,多方合力推动县域电子商务快速发展;亿元淘宝县超过 350 个;服务类消费成为消费新增点;和城市发展一致,县域消费中,移动购物也成为第一选择,根据阿里研究院的统计,在 2015 年,移动购物比例最高的 100 个县,有 95 个在西部,3 个在中部,其中西藏 38 个、陕西和四川各 14 个。而作为农村电商发展最为关注的问题,农产品电商在过去的一年增长势头良好:县域农产品电商销售额同比增长超过 65%,浙江海宁、福建安溪、江苏沭阳、陕西武功、福建武夷山成为 2015 年农产品电商销售额增长贡献最大的五个县。县域电商的发展,带动了电商扶贫的星火燎原,去年 832 个国定贫困县网店销售额达 215.56 亿元,同比增长 80.69%。其中,网店销售额超过 1 亿元的贫困县达 34 个,2014 年为 21 个、2013 年为 11 个。

（二）为农产品买难卖难寻求破题之路

阿里各平台在农产品电子商务上的探索，为破解农产品买难卖难提供了新的方式和渠道。农产品买难卖难是长期以来困扰我国农产品流通领域的一道难题，农业部、商务部等政府部门推出过菜篮子、万村千乡、双百市场、农超对接等多项工程，但是这个问题依然未得到解决，每年农产品丰收之时，也就是各地菜贱伤农事件爆发之日。

淘宝网、天猫、聚划算等平台探索的多种农产品电子商务销售模式，不仅为农产品买难卖难寻求破题提供了借鉴意义，也在农产品生产一线孕育出了一种新型生产力，这种生产力与它的主体—涉农网商一起，必将在未来真正的破题中发挥力量。

（三）新商业结构下对农产品消费方式的探索

阿里各平台在农产品电子商务上的探索，也是在新商业结构下对新消费方式的全新思考。互联网商业讲求协作共赢、生态繁荣、共生进化，小前端、大平台、富生态的商业组织与模式，促进了整个互联网亚马孙雨林生态的形成。在新的商业结构下人们的消费方式发生了极大变化，消费效率提高卜消费者选择权扩大，消费理性增强等。而农产品生产、配送、储存上的独特性，又使它的消费方式也更加独特。

淘宝网、天猫、聚划算等平台尝试的农产品预售、团购模式、体验消费、社交网络传播，以及绿色食品的参与式保障体系等，都是对新商业结构下新型消费方式的对接与探索。

四、新农村电子商务的发展趋势

随着我国信息化和城镇化进程的加快，农村电子商务技术不断更新，影响范围不断扩大，对农村经济社会的渗透不断深入，呈现出以下四个趋势：

（一）由传统电商向新型电商转变

这一转变是信息技术不断发展的结果，初期的农村电子商务主要是农业企业、农民专业合作社和农业生产大户通过互联网平台发布农产品供求信息，实现农产品购销，其模式是：农产品网站＋电话＋货运公司，即先通过网站发布农产品供求信息，再通过电话进行商务洽谈，最后签订购销合同，由卖方或买方组织货运完成交易"这种模式在很大程度上挣脱了地理位置的束缚，拓展了农产品交易市场。随着互联网、电商平台、网络支付、社会信用、商业保险等软环境的发育成熟，更多的农业经济组织和个人走向了即时线上交易平台，并跟随信息产业的成长一路发展了 B2B、B2C、C2C、B2B2C 等电子商务交易模式。这种"本地产品＋电商平台＋网络支付＋专业物流"的模式大大提高了交易的效率，降低了双方的交易成本。甚至在"互联网＋"的推动下，农家乐经营户、民宿业主、观光农场也实现了线上交易、线下现场消费体验的 O2O 电商模式。

（二）从单向电商向双向电商转变

这一转变则得益于部分农村地区仓储、交通、物流、信息设施等硬件设施的逐步完善。与到实体店购物相比，网络购物不仅可挑选范围大、送货上门，而且价格便宜，对远离大城市的农村地区有莫大的吸引力。根据 CNNIC 统计，2014 年底，农村网民网络购物用户规模为 7714 万，年增长率高达40.6%。在农村消费品电商发展的同时，电子商务配套产业的不断发展成熟，专业物流企业农产品仓储物流的触角逐渐延伸到广大农村地区，农村的小生产也逐渐地与更大的市场实现了对接。只要有一台电脑、一根网线，甚至只需要一部智能手机，农户就可以在淘宝网、微店等电商平台零成本开店经营这让农村电子商务不再是农业企业的"专利"，一些受教育程度较高的农村青年从中发现商机，开始把本地特产甚至家具、服装等商品放到网店出售，一大批农民网商涌现这让农村电商实现了农产品从田间到消费者的极简模式"农村电子商务的信息流、物流不再是单向的消费品购买，而是形成了与不同分工的行业和地区互通有无的双向电商。

（三）从经济发展向改善民生转变

这一转变离不开政府的推动。电子商务向农村地区的延伸无疑是经济利益驱动的结果，一方面是生产、生活消费品向农村开拓消费市场，另一方面是农产品、乡村旅游资源对外营销增收。但从政府角度来看，在农村地区发展电子商务不仅可以发展农村经济、带动农民增收，还是优化社会管理、改善农村公共服务、缩小城乡差距、让农民共享发展成果的民生工程"比如政府机构、事业单位和国有企业依托电商平台开展的特色办证、公开拍卖、网络售票、等等。特别是政府推动的"农村信息化示范工程"重在建设"集农产品综合服务、农产品交易、全网代购"于一体的农村电商综合平台,构建农产品信息服务、检测、仓储配送中心,实现农产品生产与营销的全程服务。在浙江、江苏等电子商务发展迅速的省份,将在未来一两年内实现电商服务全覆盖,让村民现金存储、农产品销售、日用品购买、信函、包裹、汇兑、水电费交纳、手机充值等都搭上电商平台。

（四）从个体电商向区域电商发展转变

这一趋势主要体现在:一是遍地开花的农民网商,通过产业集聚自发形成了淘宝村、淘宝镇等区域化农村电商。二是以阿里巴巴、京东、苏宁为代表的电商企业,纷纷启动了电商下乡的步伐。2014 年 10 月,阿里巴巴集团推出"千县万村"计划为主体的农村战略,宣布将在未来 3～5 年之内,投资100 亿元,建立 1000 个县级运营中心和 10 万个村级服务站,覆盖全国三分之一的县以及六分之一的农村地区。在阿里巴巴的带动下,包括京东、苏宁等电商平台也推出了各自的农村电子商务计划,"电商巨头下乡"已成潮流。在这些市场主体的积极推动下,农村电子商务发展速度大大加快。截止到2015 年 6 月底,阿里巴巴的"农村淘宝"项目已累计覆盖全国 17 个省,建立63 个县级服务中心,建成 1803 个村点服务站。三是中央政府将三农作为核心工作,陆续出台各种推动农村互联网发展的政策措施,加快农村电子商务覆盖速度。2014 年农业部开展了"信息进村入户"工程;国家商务部则推出了"电子商务进农村"的示范计划。地方上,浙江政府力推的"遂昌模式"和"赶街"项目已经走在了前列,致力于实现"消费品下乡"和"农产品进城"的双向流通功能,为交通不便利、信息相对落后的农村居民在购物、售物、缴费、创业、出行、娱乐资讯获取方面提供一站式服务。

在提出"互联网＋"战略方针后,互联网就向各行各业渗透、融合,帮助各行业升级转型。互联网＋农业也是在这个大背景中诞生,而构建农村电子商务是其中最受瞩目的模式,国家明确提出发展农业电子商务是作为推动经济新动力之一。而不久前,中央发布的"一号文件"同样给农村电商发出了政策红包。国家政策的大力支持,让农村电商的前景变得更为广阔。在政府工作报告前,国家就已经发布了一系列关于农业政策的文件,囊括了农村电子商务、农垦改革、农村深改等各个方面,其中发展农村电商被视为重点,继续加大对农村电商的扶持,政策层面已然证实"互联网＋农业"的风正刮起。国内经济面临下滑压力,扩大内需、提振经济无疑是今后经济工作重点之一,而且农村市场的需求一直因实体店少而受到压制,因此释放农村市场需求对于扩大内需、振经济有着重要作用,所以国家对农村电商的支持是毋庸置疑的。不过目前农村电商发展仍面临诸多难题,如物流问题、人才问题、产业链信息不对称、农产品标准化程度低等。但随着国家投入的力度加大,这些难题未来几年内都将得到突破性的解决,如即将实施的"实现村村直接通邮"项目,让农村电商发展最后一公里的物流配送难题取得了实质性突破,预计政府将在农村电商的物流方面还将加大投入,物流难题最终也将迎刃而解。农村电商的出现顺应了互联网发展趋势,并能极大地满足农村市场的需求。随着农民收入持续增长,越来越不满足于目前农村商业体系的现状,对生活品质提出了更高的要求。同时互联网向农村市场的渗透,给互联网＋农业市场带来了巨大的想象空间,如产前市场种子、化肥、农业等基础建设规模就超过 2 万亿。综上所述,农村电商未来发展不会一帆风顺,必定会有诸多难题,从业者需解决各类痛点,才能在巨大的市场空间中分得一杯羹。

第三节　涉农电子商务发展定量分析

一、涉农电子商务网购网销数据分析

(一)样本的基本统计特征

1. 区域分布

抽样调查反馈数据占比基本上遵循了各省网民渗透率,广东、山东、江苏、浙江比较靠前。反映了电子商务整体发展水平的区域不平衡(图 1 - 1)。

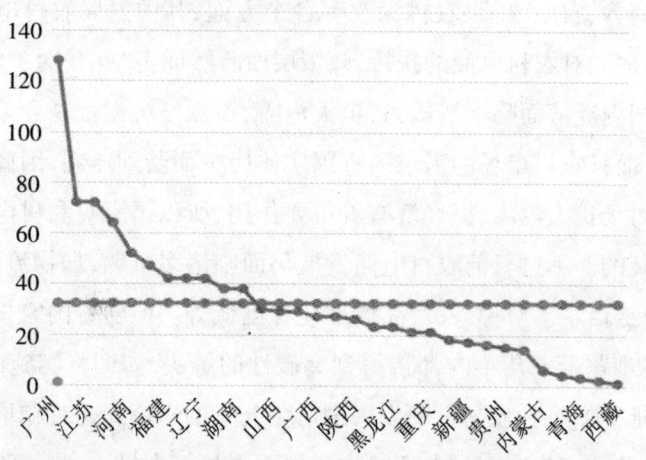

图 1－1　网购调查样本区域分布

2. 性别分布

网上采购行为中,80%多为男性。说明男性网民更容易接受网上采购(图1－2)。

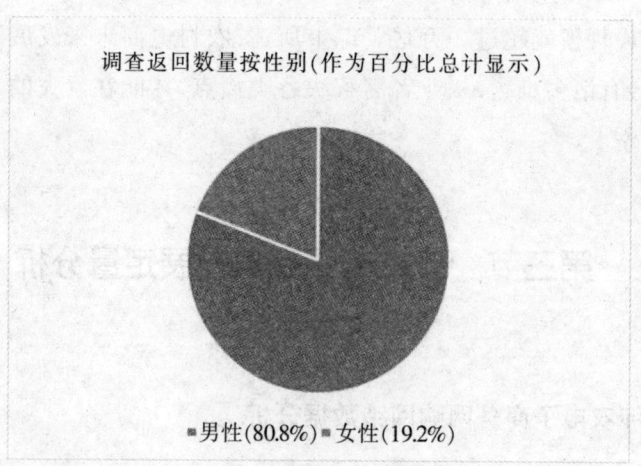

调查返回数量按性别(作为百分比总计显示)

■男性(80.8%) ■女性(19.2%)

图 1－2　网购调查样本的性别分布

3. 年龄分布

调查年龄分析:反映了近3/4的对象为20－29岁的年轻人,说明农村电子商务的主体是年轻人,第二比率的是30－39岁,这两个年龄段的人数占了近95%的份额,反映了农村电子商务主体是青年人(图1－3)。

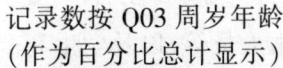
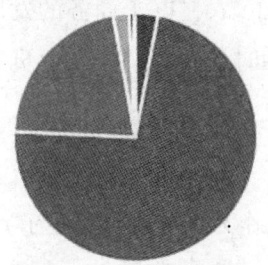

记录数按 Q03 周岁年龄
（作为百分比总计显示）

- (3.1%)10~19 周岁　■(72.7%)20~29 周岁　■(21.4%)30~39%周岁
- (2.1%)40~49 周岁　■(0.60%)50~59 周岁　■(0.1%)60 岁及以上

图 1-3　网购调查样本的年龄分样

4. 教育背景

被调查的农村电子商务主体从业人员的教育背景,主要是高中、大专背景,然后是初中毕业者,小学及以下,硕士及以上,所占比率只有 2% 左右,从业人员教育背景呈现典型的"反哑铃"特征:即中间段粗,而两头细少(图1-4)。

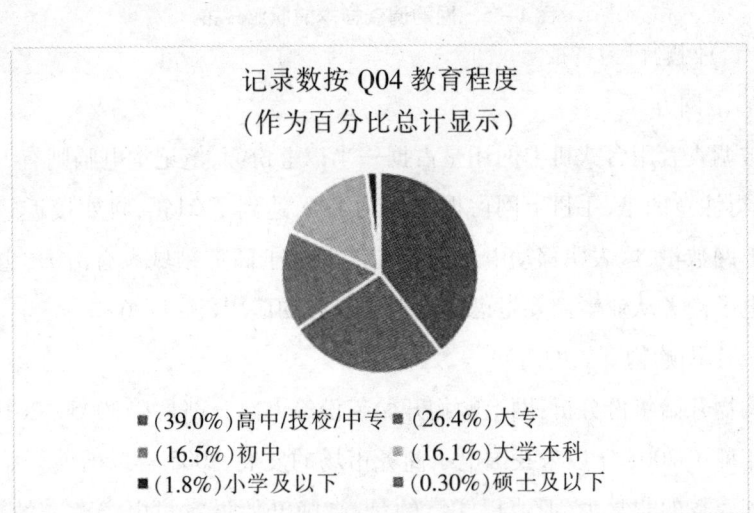

记录数按 Q04 教育程度
（作为百分比总计显示）

- (39.0%)高中/技校/中专　■(26.4%)大专
- (16.5%)初中　　　　　　■(16.1%)大学本科
- (1.8%)小学及以下　　　■(0.30%)硕士及以下

图 1-4　网购调查样本的受教育程度

5. 职业背景

职业分析:很明显可以看出,从事农村电子商务的主体真正意义上从事务农的农民所占比率并不高,只有5%左右,而更多的是农民本来就是个体户、企业员工,甚至专业技术人员等,以及学生和产业服务业工人等有着城市工作背景或经历,这反映了,农村电子商务的发展部分是由于城市化推动或城市电子商务的扩散推动时,一个体户、企业员工和专业技术人员是主要推动力量。(图1-5)

记录数按 Q05 职业
(作为百分比总计显示)

- (22.5%)个体户/自由职业者
- (20.3%)企业/公司一般职员
- (15.5%)专业技术人员
- (7.6%)学生
- (6.8%)产业服务业工人
- (6.5%)无业/下岗/失业
- (5.7%)务农
- (4.5%)其他职业
- (4.2%)党政机关事业单位一般职员
- (3.0%)企业/公司管理者
- (2.9%)农村外出务工人员
- (0.5%)党政机关事业单位领导
- (0.1%)退休

图1-5 网购调查样本的职业分布

(二)网购行为特征

1. 上网方式

被调查者用台式机上网还是占据一半以上份额,笔记本电脑则有1/4以上,值得注意的是,手机上网占据了大约1/4,达到了21%,将要接近笔记本电脑上网数量,这表明移动电子商务在涉农电子商务领域大有潜力,也说明涉农电子商务从业者需要考虑移动电子商务的应用(图1-6)。

2. 上网购物开始的时间

购物开始年份分析:网上购物开始年份绝大部分都是在2005~2010年,这也印证了2005年以来我国电子商务市场的发展,2005年以前就开始做农村电子商务的非常少,但值得注意的是,越晚开始做农村电子商务的,其平均购买频率和金额就越低和越少,反过来,越早做的人则平均购买频率和金额越高(图1-7)。

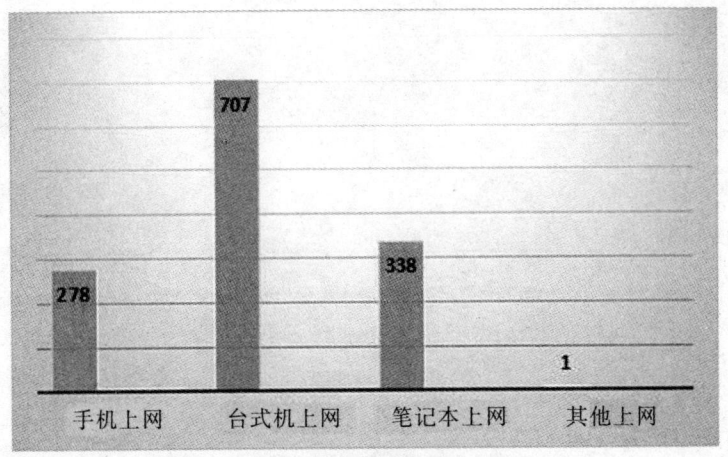

图 1 - 6　网购者的上网方式

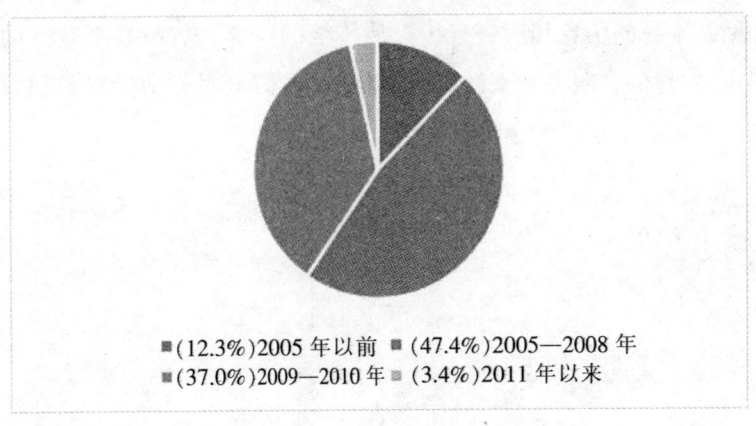

图 1 - 7　网购者开始的年份

3. 购物平台分布

近70%农村电子商务市场由淘宝占据,然后是拍拍、京东商城,其中,农村信息平台份额最少(图1-8)。

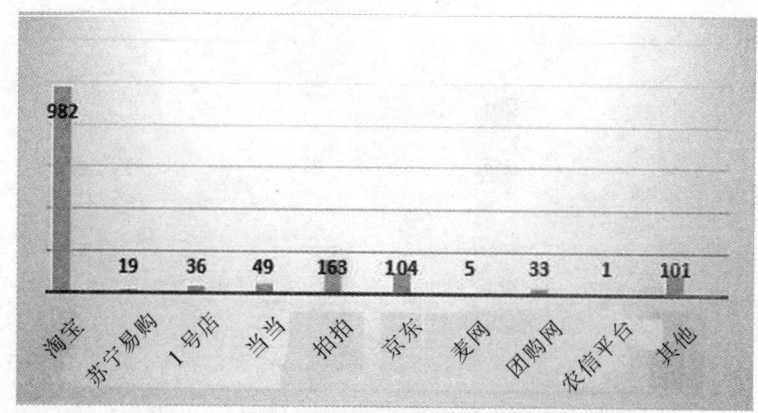

图1-8　网购者购物平台分布

4. 网上采购的信息来源

农村电子商务中的采购网站类信息来源3/4以上来源于亲戚朋友邻居介绍和网站本身的信息和广告宣传。从传统的广播、电视、报纸获得的来源占比很小，农村信息服务站来源更少，说明农村信息服务站没有起到农村电子商务信息传播和推广的主导作用(图1-9)

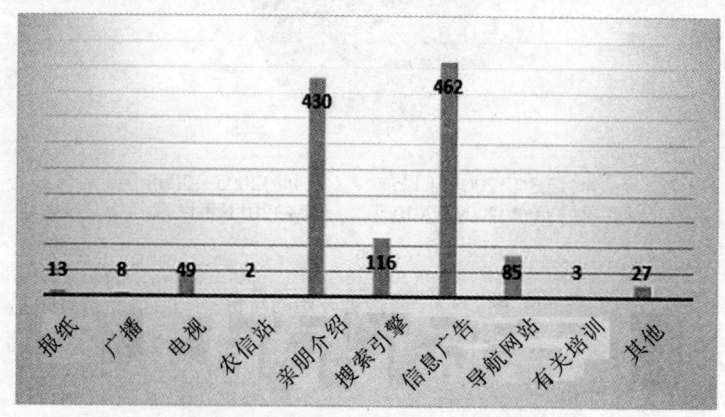

图1-9　网购者购物信息来源

5. 网上采购的商品类别

在网络采购产品中，排名第一的和城市电子商务类似，仍然是服装鞋帽，然后是数码产品和日用百货类，充值类和家用电器交易、游戏点卡等也是占比超过了5%。涉农产品和农资占比相当小，说明农民利用电子商务购买的主要还是非农产品。值得注意的是，礼品、首饰、化妆品、图书等占比超过了2%,属于农村电子商务的下一个热点市场(图1-10)。

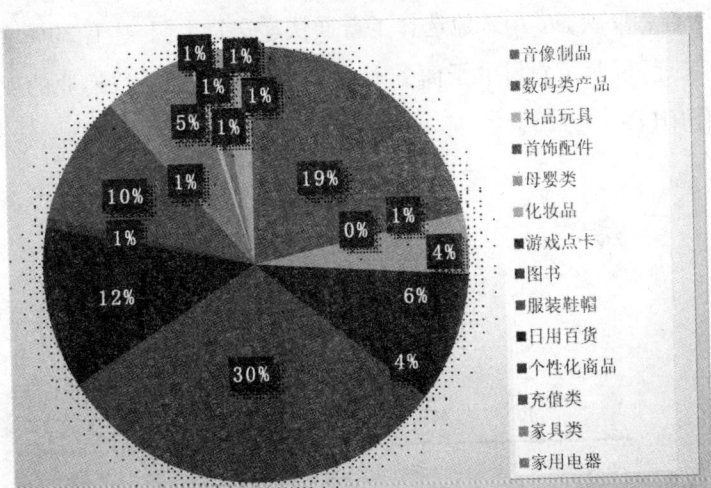

图1-10 网购者购物品类

6. 网上购物的支付方式

调查显示,类似支付宝等第三方支付占据了近60%的市场份额;网上银行转账其次,选择货到付款的也占有11%的比率,而传统的邮局、银行转账少之又少(图1-11)。

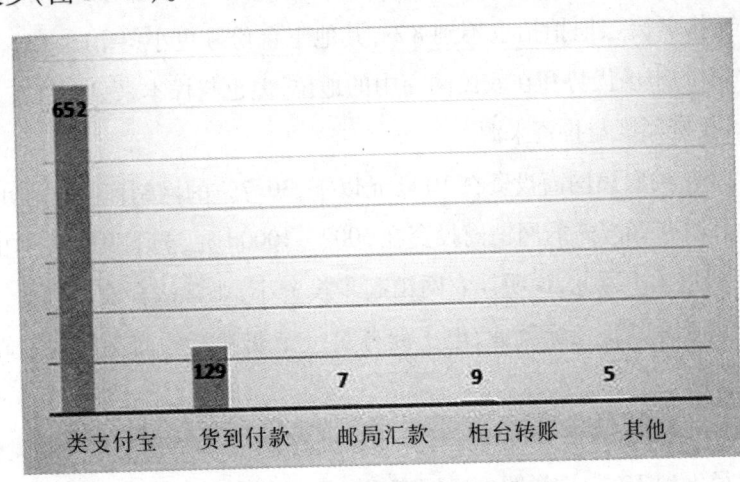

图1-11 网购者的支付方式

7. 物流方式

被调查者反映,近70%地选择了普通快递送货上门,还有20%多地选择了 EMS 快递,说明了农村电子商务对促进物流业特别是快递业的发展具有决定的作用(图1-12)。

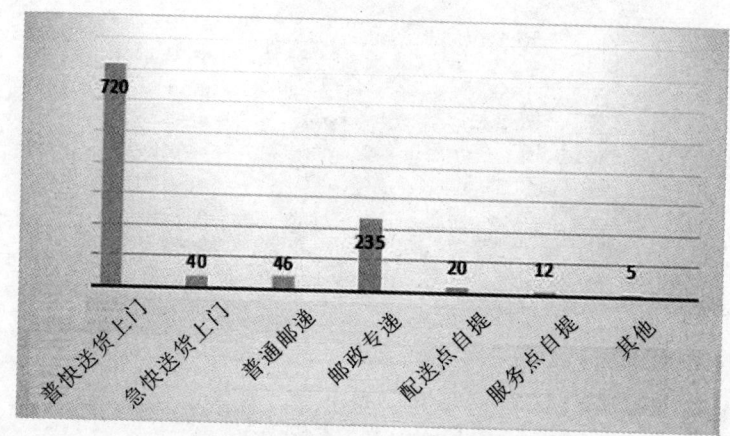

图1-12　网购者的物流方式

(三)网销情况

1. 网销平台分布

由阿里巴巴和淘宝占据的市场份额高达83%多,占据了绝对的市场领导地位,排名第二地拍拍也不到8%,其他平台份额更小(图1-13)。这说明了淘宝的市场优势和在农民网商中的地位,但也与样本采集方法有关。

2. 投资额度与投资来源

31.6%的农民网商投资在1000元以下,30.7%的网销商投资在1000~5000元,还有26.7%的网销商投资在5000~10000元,剩下10%左右的网销商投资超过了1万元,说明涉农网销起步投资小,非常适合农民创业。解决农民工就业尤其是在家就业,电子商务是一个非常有效而又门槛不高的途径之一。

另外,从投资来源分析,92.37%为家庭存款、另有5%左右为私人借款,其他途径不到3%。这说明农民网商启动资金的主要承担者是农民本身,社会和国家资金力量几乎没有起到作用。这一方面体现了农民本身做网销的内生动力和自我发展的压力,以及电子商务对农民的吸引力;另一方面,这

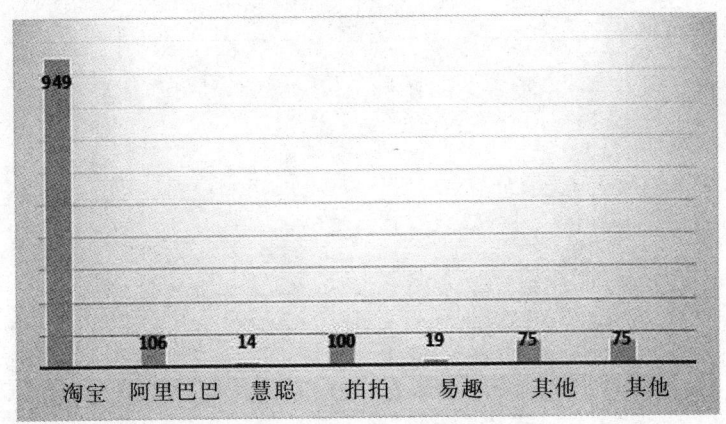

图 1 - 13　网销所使用的平台

也提醒我们,一旦国家和社会加强这方面的资金投入和扶助比如无息贷款等,不仅能有效增加农民收入,改善农村经济和社会现状,对整个国家和社会的作用、价值和意义也会更大。

3. 农民从事网销的交易品

调查表明,有近 1/4 的产品为服装鞋帽类产品,另有 14.8% 为充值类,12.8% 为游戏点卡类,另各有 9% 左右的产品为涉农产品和数码类产品,其他产品比较分散。这说明农村网销并不是仅仅局限于农副产品,农村网销商和城市网销一样,一交易品种类很多,农副产品比率有待于进一步提高。

4. 网销的农产品

就网销交易的农产品来看,其单项产品销售最大的种类是蔬菜与瓜果类产品,达到近 20% ,其次为园艺类,达到了 17.32% ,粮油类也达到了 11% 多,肉蛋禽类近 10% ,其他的都不到 10% 。值得注意的是还有 36.2% 为其他农副产品,这 36.2% 里面有近 3/4 的比率为当地特产,其总量也达到了 25% 左右。总体来说,品种分布比较分散,以当地农副特产为首要;另一个特点是,蔬菜瓜果类、肉蛋禽类都有相当比率,而这些由于在包装和运输上存在不便,在传统电子商务意义上来说属于不容易做成的产品种类,但事实上是,农民网商已经在此领域取得了突破(图 1 - 14)。

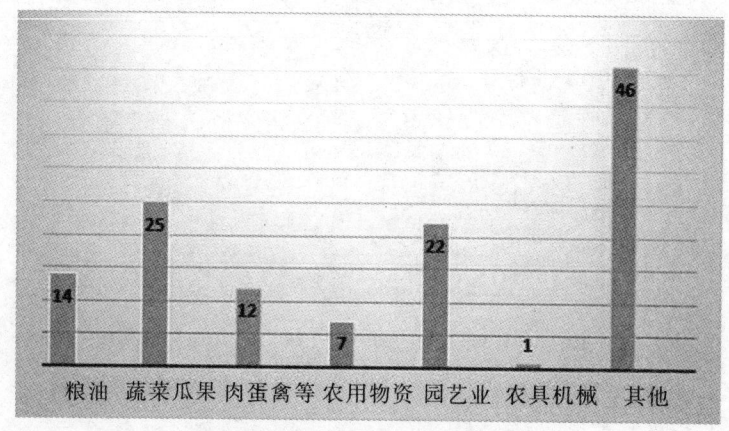

图1-14　网销的农产品品类

5. 农民网商的知识来源

近50%的人网店知识来源是自学,从实践中摸索出来的;有31.13%知识来源于网上搜索,还有14.38%是来源于向其他网商学习,而通过参加有关培训和从书本上学到的加在一起都不到5%(图1-15)。这种现象一方面说明,农民网商自己的自我学习能力和模仿能力很强,同时也说明国家、社会和电子商务平台商提供的培训太少或提供的培训所发挥的作用很小。如果加大这方面的投入和培训,相信将对农村电子商务的发展会有更大的促进作用。

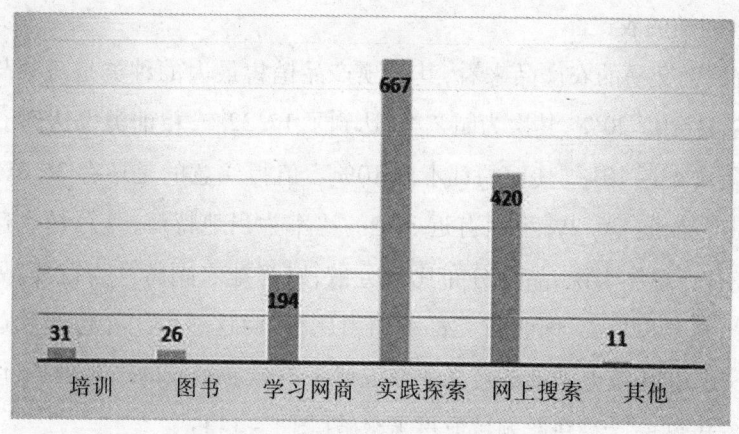

图1-15　农民网商的知识来源

二、与宏观数据的比较分析

(一)电子商务对农民地位的影响

2011 年 11 月 28 日,调研范围涵盖全国 31 个省的《中国农民状况发展报告》出炉。报告称,在贫富差距、城乡差距逐步拉大等情况下,农民的尊严感或继续下滑。过半的受访者认为农民是社会的弱势群体,比其他人低一等。

而调查则显示,电子商务对提高农民的尊严感有直接的促进作用。在全国农民网商中,通过自学,从实践中摸索出网销方法的,对实现个人价值的影响较大,并对尊严感或事业成就感的影响较大;参加有关培训学会网销,对有尊严感或事业成就感的影响较大。

1. 关于样本基本特征值的回归分析结果

在农民网商各基本特征值对电子商务行为的影响方面,回归分析显示:网店成立时间长短对解决自我就业的影响较大;网店平台选择对农民网商的尊严感或事业成就感的影响较大。

这说明,农民网店的可持续发展,对农民就业影响较大,故应加强对小微农民网商的扶持,为解决农民的自我就业提供帮助。同时,通过以平台为核心的电子商务服务业的发展,可以有效提高农民的权益和地位,具有显著的社会效益。

2. 本地网销优势的影响

在区域性比较优势对农民电子商务行为影响方面,回归分析显示:政策扶持对农民以网销创业解决自我就业的影响较大;政策扶持对农民网商提高收入的影响较小;货源优势对农民网商多交朋友的影响较大。

这说明,当地的扶持政策的影响主要在促进就业上,而对提高收入影响相对较小。同时可以看到,农民网商目前还主要是基于自发从事电子商务工作方面要继续发挥社会资本优势,另一方面也要帮助农民提高全面利用社会网络的能力。

3. 网店知识来源的影响

（1）就业

回归分析显示：买相关的指导图书对通过网销解决自我就业的影响较大；网上搜索有关资料对通过网销解决自我就业的影响较大。

（2）收入

回归分析显示：向其他网商学习对通过网销提高收入的影响较大。

（3）社会价值

回归分析显示：向其他网商学习对农民网商多交朋友的影响较大；自学对农民网商多交朋友的影响较大；网上搜索有关资料对农民网商多交朋友的影响较大；参加有关培训对农民网商的尊严感或事业成就感的影响较大；自学对农民网商有尊严或事业成就感的影响较大。

这说明改善农民网商的学习能力和条件，对农村电子商务发展和提升农民网商的社会价值至关重要。为此，我们建议：第一，自学在农民跨过电子商务门槛中的作用，有待重视，建议电子商务网站多提供简明易懂的自助服务，帮助农民即用即学，可进一步提高农民参与电子商务的比重。第二，自学和培训不仅可以使农民获得经济技能，更重要的是可以提高农民的自信和尊严，具有促进社会和谐的功能，因此政府应从提供公共产品角度，加以大力扶持。第三，农村社会资本在电子商务发展中，发挥着比城市更大的作用，应有意识地在电子商务中多引入社会网络化服务。

（二）涉农电子商务对民生产的影响

1. 电子商务有助于农民自力更生解决民生问题

（1）农民工返乡带动了涉农电子商务

调查显示，我国农村电子商务网上购物主要在 2005—2010 年兴起。近 70% 农村电子商务市场由淘宝占据，然后是拍拍、京东商城。20 - 40 岁的年轻人是农村电子商务的主体，占了近 95% 的比重。这一部分年轻人是进城务工经营的主体。农民务工经商，推动了电子商务在农村的普及。调查显示个体户、企业员工和专业技术人员是主要推动力量，农村电子商务的发展部分是由于城市化推动或城市电子商务的扩散推动的。

做网销之前，大部分都在本乡企业打工和在外乡企业打工，部分本身就是做生意的,这 3 部分的人占据了总数的 3/4 强,说明从事网络销售的大部分还是本身有一定的"闯世界"的经历或背景,在农村属于见过世面的人,真正本来就是在家务农或无事可做的人转行做网络销售,并不多见,总共不到 10%。这个现象同时说明网销有助于城里的农民工返回农村,并实现在家就业,减少城市压力,又解决农村空巢现象。

(2)涉农电子商务具有较强自发性,农民自下而上自我改变命运,成为突出特点

1)资金自筹

在自下而上的涉农电子商务资金来源中,92.37% 为家庭存款、另有 5% 左右为私人借款,其他途径不到 3%。说明涉农电子商务的启动资金的主要承担者是农民本身,社会和国家资金力量几乎没有起到作用。

2)知识自学

近一半的人网店知识来源是自学,从实践中摸索出来的;有 31.13% 知识来源于网上搜索,还有 14.38% 是来源于向其他网商学习,而通过参加有关培训和从书本上学到的加在一起都不到 5%。这种现象一方面说明,农民网商自己的自我学习能力和模仿能力很强,同时也说明国家、社会和电子商务平台商提供的培训太少或提供的培训所发挥的作用很小。如果加大这方面的投入员和培训,相信将对农村电子商务的发展会有更大的促进作用。

3)信息自寻

农村电子商务中的采购网站类信息来源 3/4 以上来源于亲戚朋友邻居介绍和网站本身的信息和广告宣传,从传统的广播、电视、报纸获得的来源占比很小。

2. 上网开展电子商务有助于农民改变自身的经营与生活方式

(1)改变经营方式

从事电子商务前,农民往往采用传统流通方式。未上网的调查者反馈销售产品大部分仍然是批发商上门、集市等传统方式。与此形成对照,通过上网从事电子商务,农民正在改变传统的生产方式。在电子商务中,类似支付宝等第三方支付占据了近 60% 的市场份额,而传统的邮局、银行转账少之又少。近 70% 地选择了普通快递送货上门,还有 20% 多地选择了 EMS 快

递。说明农民正在接受网上支付、现代物流等新的流通方式。目前,有近3成的没有上网者愿意并打算上网。

（2）改变生活方式

电子商务改变了农民闲散的生活方式。有近20%的人认为从事电子商务最大感受就是忙,没有时间了。电子商务也影响着女性的生活方式。女性涉农网购人数不如男性多,但从频率占比看,女性明显比男性网购更频繁。也就说,女性的网络购物翻性比男性更大。

3. 电子商务对农民创业和就业产生深刻影响

（1）对就业的影响

几乎所有的省份,平均每店拥有网商数量超过1人,一般在2人以上。这意味着仅在村一级,电子商务就带动了百万人就业。

在就业方面,总体来看,不发达地区比发达地区带动就业效果更加明显。平均每网店带动3人以上就业的省区有山西、贵州、云南、内蒙古、宁夏、甘肃、青海和西藏。

（2）对创业的影响

调查中,有26.22%农民反映从事电子商务是为了尝试创业。涉农网销起步投资都非常小,90%在1万以内,非常适合农民创业,资金门槛不高。解决农民工就业尤其是在家就业,电子商务是一个非常有效而又门槛不高的途径之一。

26.91%的人认为开网店,做网销比其他创业方式的优势在于成本低,做网销的绝大部分创业成本不超过1万元。另有16.75%的人认为优势在于风险小,因为投入小,有公共的免费平台,就可以开店创业;11.86%的人为人可以对接全国市场,提高销售量;10.41%的人认为简单易学,还有近10%的人认为可以充分利用现有资源优势和做网销有乐趣。

64%以上受调查者在家里上网从事电子商务活动,说明涉农电子商务是典型的在家办公业态,非常有利于家庭和谐和农村社会生活稳定的建设,有利于解决农民工不进城也能就业致富。

4. 电子商务对农民提高收入带来显著影响

农村电子商务带给来的人均月收入大部分集中在2000－5000元,而未上网农民的收入主要集中在无收入和1500-2000元。说明农村电子商务已在改善民生方面发挥实际作用。70%以上的人收入在1500元以上,明显高于一般普通农民的月均收入水平。

绝大部分省区,涉农电子商务都是销售金额大于采购金额,电子商务促进了农村产品销售,有助于农民收入增长。

5. 电子商务有效提高了农民的尊严

从网商自己眼中看,做网销的最大价值和影响就是熟悉了网店的运营,占20.62%;18.24%的人认为提高了收入,15.32%认为多交了朋友;11.54%的认为实现了个人价值,还有6.5%的人认为解决了自己的就业问题;5.37%反映做网销有尊严和事业成就感。

第四节　以区域为核心的农村电子商务模式

一、发展较好的区域性农村电子商务发展模式

国家"十二五"规划推动了我国农村电子商务的发展,而且为其可持续发展提供了战略思想指导且取得了一定程度的成就。随后,电子商务在"十二五"期间的发展规划已经基本完成了,该规划则会通过商务部等相关部委共同发布。据悉此次的电子商务十三五规划将会把工作重点放在农村、社区以及跨境电商上,主要是实现电子商务走进农村和社区并推进跨境电商的发展进度。

(一)A2A农村电子商务模式　A2A农村电子商务模式实质上是区域对区域的电子商务发展模式,该模式主要是将分散的小农户所生产出来的小宗农产品用各种交通运输工具汇聚到城市,然后将产品分销给广大的消费者,而且该发展模式需要依赖完善的销售网络体系的支持。

A2A农村电子商务模式的具体运作为分散的农户,利用先进的互联网技术,将产品信息发布在网络上,并且实时的调查掌握市场信息、行业信息等,及时地调整销售方案,并且及时的回馈消费者的信息,另外在物流配送

上,在每个村构建一个信息站,并且配置多名配送员,进行短程的集中配送,用综合信息平台对配送情况进行督导,冕成一系列的配送任务。

（二）A2B农村电子商务模式 A2B农村电子商务模式实质上是区域对商家的电子商务发展模式,目前,该模式在新农村建设上发挥着重要作用,在新农村建设中"一村一品"农产品深层次加工现象逐渐的突出,这无疑打破了传统的发展模式对电子商务营销范围、规模效应的限制,利用专业的合作社,在先进的互联网技术的支持下,农产品的营销与配送均由专业人员负责,从而降低运行风险,另外,A2B农村电子商务发展模式能够将一个区域内的类似农产品信息利用互联网凝聚起来,形成更加规范的期货信息,在网上进行实时的发布与更新,从而实现网上农产品交易,如竞拍、合约、期货、网上洽谈等项目的开展,降低网上交易风险,而且在物流上建立一个虚拟的专业市场,从而全面的提升农民的经济利益,服务于新农村建设,产生强大的社会效益。①

（三）B2A农村电子商务模式 B2A农村电子商务模式实质上是商家对区域的电子商务发展模式,该模式下,农村电子商务商家将各种农资,如农产品、花费、农药等通过信息员从农民手中统一采购,标价发布在网上,并且在网上加强产品的宣传,吸引消费者的注意力,在一个区域内进行一系列的采购、销售、管理,缩短中间流通环节,从而降低价格,商家、农民、消费者的经济利益共赢。

二、农村电子商务对区域的影响

（一）农村电子商务对个人的影响

最近几年电子商务的发展速度超出了常人的想象,它波及的范围越来越广,电子商务已经不是城市的代名同,它在农村也生根发芽,农村参与电子商务的各个环节也享受着它的便捷。农村的消费者要想搭上便捷的快车,还必须对自己提出严格的要求,不仅要了解有关这一新的经济的基础知识,而且还要熟悉交易平台的规则,实现无障碍的购物。所以消费者只有不

---

①郑亚琴,郑文生. 美英农业电子商务应用状况及共性特征分析[J]科技管理研究,2009,(12).

断地学习和更新新知识,才能满足时代的发展。农村的消费者也可以实现足不出户,可以多层次的获取相关的信息,在家中轻松完成购物,并利用网络快速地完成交易环节,无形当中使消费者对服务的满意程度大大地提高。

(二)农村电子商务对企业的影响

农村电子商务的应用对企业最大的影响就是决策化更加的规范,使之前一些不规范的决策由电子商务系统完全的取代。借助电子商务系统,管理者的决策也是发生了前所未有的变化,管理者更多地倾向于非结构化决策,这种决策能给消费者带来很多的好处,管理幅度与管理层次都发生了显著的变化,最终实现企业想要的效果,管理的最优化呈现在了管理者面前。在今天如火如荼的农村电子商务市场上,网络成为农村企业内部信息交流的主要工具,也是外部信息交流的一个窗口,信息的主流模式也发生了变化,由之前的"一对一、一对多"转化成了"多对多",一份业务报告可以同时实现多个上级和多个部门的协同,业务的范围也会更加的广泛,由之前的区域转变成了跨区域、跨国家等特点,对从事农村电子商务的企业也是提出了更高的挑战。农村电子商务企业所面临的是顾客需要和购买行为的全新变化。企业要转化之前的思路,更多的依据现实客户的变化而变化,重新设计和优化消费者的购物流程,改变之前针对消费者的传统经营运作方式。

(三)农村电子商务对产业的影响

农村电子商务的发展是农村急需拓展产业的产物,在区域的信息产业逐渐没有障碍的今天,产业的服务信息显得尤为重要,这样对区域的产业提出了更高的要求,小到影响一个区域的产业布局,大到影响一个国家的经济结构的调整。我国的农村市场上农产品的种类多,地域分布广,每个地区都有类似的区域特色,时而会出现产品滞销的问题。在没有互联网之前,农户处于信息流的弱势,不能实现有效的信息对称,销售困难,农产品滞销。随着农村电子商务在农村的推广,农户可以足不出户利用互联网的工具了解市场的最新需求,获取自己想得到的相关服务信息以及在线技术支持。这样就可以将之前松散型的、低效能的组织转变成为新型的农村电子商务组织,这个组织包含了生产、加工、储存、运输、销售等的功能。农村电子商务发展对新时代的农民提出了更高的要求,农民对接受知识的内容、形式、手段都有了不同的认识,这种鲜明的变化所带来的是农民的转型,也会促使在公共服务行业上有高效统一。

(四)农村电子商务对政府的影响

农村电子商务的发展对政府职能部门也提出了更大的考验,考验着政府职能部门,其相应的管理行为也提出了新的挑战。参与农村电子商务的已经不是简单的交易双方,它涉及农村电子商务的各个环节,经过梳理发展农村电子商务的发展仅靠政府其中的一个部门是远远不够的,而是需要多部门的联动,涉及的部门众多,需要协作主导,这就需要有政府部门来主导此事,那就需要有法律来做依托,政策框架的强有力的综合协调。① 农村电子商务的发展对政府管理带来新的挑战,政府要从宏观和微观上双重把握,根据农村电商环境的变化适时调整管理策略,使农村的经济发展实现跨越式的发展。

三、区域环境下农村电子商务应用

(一)内容分析

1. 区域环境下"多维嵌套"式农村电子商务应用现状与可行性调研。主要包括农村电子商务应用基础设施建设现状;农村电子商务第三方网络平台现状;农村电子商务物流平台现状;农村电子商务金融平台现状;农村电子商务人才现状;区域环境下农村电子商务应用可行性。

2. 区域环境下"多维嵌套"式农村电子商务需求分析。农业生产对电子商务的需求分析;农业生活对电子商务的需求分析;农村劳动力市场对电子商务的需求分析;新农村建设对电子商务的需求分析。

3. 区域环境下"多维嵌套"式农村电子商务应用思路与步骤。主要包括解决农村电子商务应用困境的"上下联动、内外结合、大小结合、跨区域合作、村校合作、村企合作、村专合作"建设思路,以及基于该思路下的规划、分析、设计、实现、保障的建设步骤。

4. 区域环境下"多维嵌套"式农村电子商务应用特性研究。农村电子商

---

①苏奇志.电子商务在新农村建设中的重要作用[J].中国农村小康科技,2007,05:9-10.

务构建的区域性;农村电子商务构建的合作性;农村电子商务构建的层次性;农村电子商务构建的服务性;农村电子商务构建的支撑性。

5. 区域环境下"多维嵌套"式构建对策研究。构建对策概括为:一个环境、一批人才、两个区域,两种机制。一个环境是指营造农村电子商务的硬件环境;一批人才是指培育本地化电子商务人才;两个区域是指建立农村网商创业园区和培育农村电子商务示范区;两种机制是指农村电子商务工作运行机制和农村电子商务发展专项扶持机制。

(二)方案设计

维度一。"资源与资源支持匮乏型区域"。对农村现有资源进行分析,适用于现有资源较匮乏、行政资源接入较少区域。使用已有的成熟的市场化的电子商务平台,采用"农户＋网络＋公司"模式,让农户成为网商直接对接市场,依靠"典型网商"销售模式进行裂变、复制、扩张。[①] 这种模式具有简单、灵活、易操作、易传播的特点。但同时也有它的局限性,例如,分散、缺乏规范等等。

维度二。"资源优势明显型区域"。适用于自身已形成较为成熟的优势资源,利用网络平台进行辅助销售。采用"农产品连锁企业＋农户＋多网络＋公司"模式,该模式利用已经形成的自身优势资源,例如,特色产品超市、连锁店等,将优质产品带进城市,为农户提供可销售的实体网络。同时利用虚拟网络平台建立基于区域特色产品的电子商务平台,结合分散的农民网商,形成实体网络、专业农产品平台、分散农民网商相结合的多网络产供销体系。促进农业发展,提高农民自身水平。这种模式具有分散整合、保证传播、平台共享、资源共享、虚实结合等特点。

维度三。"行政资源支持丰富区域"。适用于自身就具有较为丰富的资金、行政支持区域。可开展自建或合作建立区域自己的特色电子商务网络平台、农村信息社区、农村电子政务。采用"政府＋企业＋农户＋多网络＋公司"模式,该模式充分利用自身丰富的资金和政府有力的行政支持。将农村电子商务、农村信息社区和农村电子政务联系起来。搭建线上与线下、政

---

① 何德华. 农村地区移动服务采纳模型和发展策略研究[D]. 华中科技大学,2008.

府与企业、企业与农户、农户与公司、虚拟与现实的多角色多网络的交易环境,将区域、资金、政府优势充分融合,开拓农村电子商务更新更高的局面。这种模式具有多项整合、政企联合、农企联合、多平台、高度共享等特点。

四、区域为核心的农村电子商务模式发展

(一)相关政策的支持

我国农村电子商务的发展离不开政府的支持是众所周知的事实,而政府该如何发挥作用是研究的重点,经实践发现,基于区域为核心的农村电子商务模式战略发展中的相关政策的支持,需要从政府的扶植意识和能力上抓起,在扶植的过程中,政府要严格的落实"不缺位、不越位",不能越俎代庖,为农村电子商务的发展环境提供良好的因素,不能越过农民的意愿和市场的需要进行不必要的干涉,应根据市场调查结果,制定出详细而科学的政策文件,指导农村电子商务发展。另外,政府要相信农民和市场都具有自我调节的能力,政府只负责支持和监督。但是对于那些市场失灵,农民不能自主解决的问题,政府则要严加干预,发挥政府职能,发挥政府强大的调节能力,帮助农民解决问题,推动新农村建设,维护广大农民的切身利益,为我国的农村电子商务发展提供公共服务,促进我国区域性农村电子商务健康、可持续发展。

(二)"播神火"和"接地气"——体现农村电子商务强大的包容性

为了有效地体现出农村电子商务强大的包容性,需要"播神火"和"接地气"谈起,其中"播神火"是指政府鼓励和促进、大力传播自下而上的农村电子商务发展模式,旨在为我国的农村电子商务的发展营造良好的学习氛围和政策环境,以便促进我国农村电子商务的健康、可持续发展,而且农民在电子商务过程中,政府帮助农民解决自身难以解决的问题,保障农民的切身利益,维护市场稳定;其中"接地气"是指政府的辅助作用在农民自主实现电子商务发展中起到促进作用,将亿万农民的切身利益落实实处。

(三)创新区域性农村电子商务发展模式且全面的提升相关工作人员的综合素质

创新是发展的不竭动力,因此,根据现代社会的发展特征,积极的创新

农村电子商务发展模式,另外,长期以来,由于我国农民的科学文化素质还是比较落后,导致农民对电子商务的认识存在一定的偏差,往往使得农民在从事电子商务的过程中出现许多问题,大多农民不敢轻易尝试,致使我国农村的电子商务发展相对滞后。① 因此,需要通过各种各样的方式全面的提升相关工作人员的综合素质,纠正他们的认识偏差,使得农民可以借鉴成功的案例,端正自己的人生态度,并且增强他们的社会责任感,从而为推动农村电子商务健康、可持续发展保驾护航,从而帮助更多的农民走上农村电子商务的创业致富之路。

(四)构建完善的电子商务市场化网络平台

利用了多媒体技术、互联网技术、现代管理技术、云计算技术等优势,构建完善的电子商务市场化网络平台,促使农民自发在淘宝、拍拍等市场化的交易平台进行产品交易,减少中间流通环节,实现网络平台的开放性。根据市场变化,及时地调整相应的信息,而且任何人都可以在这种市场交易平台上开店,进行销售、交易等,基本上满足消费者的所有需要,拓展农产品的营销范围。另外,可以自动生成信用机制,交易双方都需遵守支付安全体系并有安全支付绑定。重要的是,网络市场化平台产生了空前的人气凝聚,交易双方、服务等都归纳在一个庞大的体系之中,简化了农产品营销流程,农民可以根据人气指数调整产品的销售方式和销售价格,促进交易额的上升,从而全面的提升农民的经济收益,且能够有效地帮助"三农"问题的解决。我国现有的基于区域为核心的农村电子商务模有 A2A 农村电子商务模式、A2B 农村电子商务模式、B2A 农村电子商务模式,而且 ABC 农村电子商务发展模式是我国区域性农村电子商务未来的发展必然趋势。与此同时,只有不断加强相关政策的支持"播神火"和"接地气"—体现农村电子商务强大的包容性、创新区域性农村电子商务发展模式且全面的提升相关工作人员的综合素质、构建完善的电子商务市场化网络平台,才能有效地推动我国农村电子商务的健康、可持续发展。

---

① 周旺,张引琼,李朋飞. O2O 电子商务模式在湖南省新农村建设中的应用探索——以石门柑橘为例[J].电脑知识与技术,2014,26:6257 – 6259 + 6262.

第五节　电子商务与农村经济社会转型

一、经济社会转型视角下的我国农村电子商务

（一）农村经济社会转型与新农村建设

1. 农村经济社会转型

我国正处于经济社会转型过程中。在我国当代语境下，简而言之，经济转型，一般指的是我国经济资源配置方式由计划经济向社会主义市场经济转变、经济发展方式由粗放型向集约型转变（或简称"两个根本转变"）的过程；而社会转型，指的是中国社会由传统社会向现代社会的转化过程。

必须强调指出，对于中国经济社会的现代化转型，我们的认识经历了由传统工业化向新型工业化的转变。

有研究者曾将我国社会转型的内容归纳表述为："从传统社会向现代社会、从农业社会向工业社会、从封闭性社会向开放性社会的社会变迁和发展"，或表述为"从农业的、乡村的、封闭半封闭的传统社会，向工业的、城镇的、开放的现代社会的转型。这种转型包含了社会结构的转型、社会运行机制的转型和社会价值观念的转型三个方面的内容"。在以上观点中，工业化、城镇化以及改革开放带来的市场化、国际化，成为实现中国社会现代化转型的必经之路。

然而，中国社会的现代化转型与发达国家不同，我们是在工业化任务尚未完成的情况下，便已经置身于全球信息革命的时代。如何理解信息化的历史要求，如何处理信息化与上述"四化"、特别是与工业化的关系，是我们不可回避的战略性问题。在信息革命时代，信息通信技术在中国经济社会转型中，也必将发挥越来越重要的作用。信息化不仅涉及手段，而且关涉目标。国家业已提出"五化并举""两化融合"和"两化深度融合"的战略方针，这是我们在当今信息化的时代，推进中国经济社会转型的必然选择。

"五化并举""两化融合"更是农村经济社会转型的任务，作为覆盖国家

发展全局的战略任务,当然也适用于农村。不仅如此,从城镇化、工业化的某种角度上看,"五化并举"、"两化融合"更是农村经济社会转型的任务。农村的经济社会转型是整个中国经济社会转型的基础和主体。①

2. 农村转型与新农村建设

涉及"三农"的信息化,本身包含了非常丰富的内容。涉农电子商务也会从多层面、多角度发挥助力农村经济社会转型的作用。虽然人们对涉农信息化、包括对涉农电子商务与农村经济社会转型之间关系的研究刚刚开始,还有待深入,但从理论界到实践者,相关研究成果已开始出现。

(二)我国涉农电子商务新发展阶段的特点

在我国,基于互联网的涉农电子商务发展时间并不长。1994 年 12 月,我国最早提出并投入建设的"金农工程",按当时的设计,还是一种依托数据通信专线建立的、连接国内和一些国外农业信息数据库的农业综合管理和服务信息的专用网。此后,随着互联网技术和电子商务应用的发展,人们开始利用互联网开展涉农电子商务的探索,其主要标志就是在政府主导和大力推动下,一大批涉农电子商务网站从无到有地发展起来。

进入 21 世纪,国家对解决"三农"问题更加重视,不断加大对"三农"发展的支持力度,包括对农业农村信息化建设的资源投入力度,全社会对"三农"发展的关注度也在不断提高。特别是近年,有越来越多的迹象表明,我国涉农电子商务在总体上已开始进入一个新的发展阶段。其主要表现有以下 3 个方面。

1. 由以往政府主导向多元主体联合驱动发展

从总体上观察我国涉农电子商务的发展,一方面,政府各涉农主管部门仍一如既往或更加大力推动涉农电子商务;另一方面,特别在近年,有更多的企业、包括通信运营商、电子商务平台服务商、信息技术解决方案提供商和其他非政府机构、组织,在涉农电子商务,尤其是自下而上的涉农电子商务发展中,正在发挥越来越明显的作用。

---

①李海平,刘伟玲. 农村电子商务存在的问题与模式创新[J]. 陕西科技大学学报. 2011,29.

2. 由长期徘徊于信息服务向交易服务深化拓展

涉农电子商务交易的实现,不能离开信息流,但也不能仅靠信息流,除信息流外,它还受到交易产品本身特性、成本、利润、批量、物流、支付等诸多因素的影响。由于种种主客观条件的制约,多年以来由政府主导的涉农电子商务一直主要徘徊于信息服务,很难进入和完成实际交易过程。

然而,我们近年在农村大量实地调研中欣喜地发现,随着涉农电子商务条件逐步趋好,各地从事涉农电子商务交易服务的探索也日见增多。不仅依托市场化第三方平台,涉农电子商务的在线交易越来越多地得以完成,而且,包括一些原来长期从事农村电子商务信息服务的主体,也开始探索向在线交易进军。

3. 由原来侧重涉农电子商务的经济意义转向助力农村经济社会的全面转型

涉农电子商务在实践中有着多种不同形式的发展,其主要的驱动主体、发展起点、条件组合、演进路径有所不同。在更多地方的实际发展中,涉农电子商务的起步最初主要是为了满足驱动主体的经济诉求,驱动主体之所以从事电子商务,看中的是它能为自己带来的经济效益。但在其后的发展中,特别在那些发展较为成功的地方,我们看到,电子商务不仅让这些驱动主体、相关的从业者增加了经济收入,而且还全面改善了他们的社会地位,推动了当地农村经济社会发生了多方面的变化。

4. 涉农电子商务进入新阶段的主要驱动力

我们认为,涉农电子商务进入新的发展阶段,在其背后,主要有如下3种驱动力联合发挥了重要作用。

一是国家政策。国家确立并持续实施新农村建设战略,贯彻实行了"城市反哺农村"、城乡统筹发展的方针政策。从而,涉农电子商务的发展获得了更多的支持,特别是开展涉农电子商务所需的信息基础设施、交通物流条件等进一步得到改善。

二是市场环境。近年,社会化、市场化的各类电子商务平台的发展日趋成熟,电子商务服务业有了长足的进步。

三是用户拓展。中国的互联网和电子商务应用发展到了从城市向农村自然拓展的阶段。通过要素在城乡间的流动,电子商务应用由城市向农村蔓延已成为必然趋势,农村中蕴藏的电子商务潜能也必然越来越多地被激发出来。农村网商中的成功者,为身边乡亲们利用网络脱贫致富,提供了看得见、学得会的示范,如同燎原的星火,正以点带面地吸引着更多农民投身到农村电子商务中来。

(三)我国涉农电子商务的新进展

近年,我国涉农电子商务主要在以下方面取得了程度不同的进展。

1. 涉农电子商务的能力建设取得明显进步

政府、企业和其他各类主体以及越来越多的用户,在信息网络设施、信息终端普及、信息资源开发、信息技术手段和应用系统建设、信息队伍建设等方面,持续不断地投入资源,其中,包括国家采取"村村通"工程"家电下乡""信息支农"等各类形式进行能力建设,明显改善了包括涉农电子商务在内的涉农信息化的能力。

尽管现阶段我国城乡数字鸿沟仍然存在,但农业农村信息化能力的进步,毕竟为涉农电子商务的发展提供了必要的条件。

2. 涉农信息服务成绩显著

在涉农信息化应用中,包括农产品供求和价格信息、市场预警、农业生产资料市场信息和监管信息等在内的、与涉农电子商务、特别是农业电子商务密切相关的信息服务,在政府的大力倡导和支持下率先发展起来。其中,农业部相继建设了农业政策法规、农村经济统计、农业科技与人才、农产品价格等60多个行业数据库。

这些涉农信息资源的开发和信息服务,对涉农电子商务的开展,以至于大量的线下交易,都具有积极的促进作用。

3. 涉农电子商务的在线交易有实质推进

在先行启动大宗农产品期货和现货的电子交易的基础上,近年,越来越多的涉农经营主体开始利用各种电子商务平台和渠道,开展小宗的农产品和非农产品的交易活动,难以标准化经营的生鲜类农产品的在线交易,也在引起市场主体越来越大的兴趣。

特别值得关注的是,如前面的数据和案例所示,越来越多的草根农民也开始以不同方式接入某种、甚至是同时接入某几种电子商务平台,在线直接销售或促销当地的农副产品与非农产品;也有越来越多的农民以电子商务的方式采购所需的生产资料和生活资料,通过电子支付的方式实现交易。

(四)涉农电子商务与农村经济社会转型

随着涉农电子商务进入新的发展阶段,一方面,涉农电子商务自身在发展中会出现越来越多的新气象;另一方面,它在推动农村经济社会转型方面的作用,也必将越来越多、越来越明显地表现出来。[1] 然而,就目前现实情况看,涉农电子商务与农村经济社会转型尽管客观上存在关联,但人们对它的认识尚不充分,在相关政策的安排上也有值得改进之处。

加强对涉农电子商务与农村经济社会转型关系的研究,探索和揭示二者间的规律,立足亿万农民追求美好生活的内在需求,调整和改进相关政策,对于以信息化助力新农村建设,加快我国农村经济社会的转型,是非常必要的。

二、农村电子商务在农村经济社会转型中的作用

在新农村建设的过程中大力发展涉农电子商务,不仅在提高农民收入、促进农村的"两化深度融合"上具有重大的经济意义,而且对于破解"三农"难题,推动农村社会转型,助力社会主义新农村建设目标的实现,也具有十分明显的社会价值。

当然,需要指出,农村经济社会转型是诸多因素共同作用的结果,而电子商务只是其中的一个因素。电子商务助力农村经济社会转型,在不同地方、不同案例中也有不同程度的表现,因此不能一概而论。

尽管农村经济社会转型的原因相当复杂,然而,电子商务推进农村经济社会转型中的作用依然是可以观察到的。这里,我们从以下方面,归纳讨论电子商务助力农村经济社会转型的作用。

(一)改变农村从业者传统的社会身份

通过在网上开店持续从事电子商务经营,越来越多的村民放弃了几千

---

①肖治垣.论我国传统企业实施电子商务改造的战略构想[D].对外经济贸易大学,2000.

年来"面向黄土背朝天"的劳动方式,改变了他们原来"日出而作,日落而息"的生活方式。他们用鼠标、键盘代替了锄头,按用户网络购物的时间调整自己的作息表,足不出户地在网上做生意,以网上订单组织生产和销售活动。从而,通过经营活动的变化,改变了他们传统的社会身份。

一些经营规模快速成长的农村网商,通过雇佣关系,变身为老板。农村网商给城里人给知识分子发工资以不再罕见。有的网商雇用了很多当地和周边的农民,像城市的大工厂一样,上下班需要打卡。

(二)提高从业者和相关农户的经济收入

涉农电子商务在取得实质发展的那些地方,事实上明显提高了当地从业者的收入水平,让自己和相关参与者的经济生活发生了巨大的变化。

(三)提高农民组织化水平

农村电子商务的开展,有助于改善当地农民和农业生产组织化的状况。涉农电子商务的经营者们,担负着组织和汇聚农民原本分散的买卖需求的重任。他们利用各种不同的经营方式组织农民,或直接、或间接地通过电子商务平台对接市场,从而让原本分散的农民提高了组织化水平。

一是发展了乡镇,尤其是村级的信息点和信息员。农村从业者将自己的经营模式命名为 A2A,即区域对区域。其立意就是为突破农民的分散性和低素质限制,用根植村级的加盟信息点和信息员,聚合农民分散的需求,开展涉农电子商务。调研表明,遍布村镇的原有商业、科技、文化、组织等网点,经过必要改造,可以成为发展农村电子商务的有力支点。

二是发展了草根物流。由于自然条件和经济条件的限制,在许多农村地区,物流快递都难以深入覆盖到村。农民分散的需求,使市场化的物流快递经营者拓展其网络覆盖无利可图。"快递要到 30 里外的县城自取",便是这些地方发展电子商务不得不面临的问题。农民网商开始时为了节省快递费用,都是亲自送货到城里物流公司网点的。不过,一旦电子商务营业规模发展起来,物流快递状况便会逐步改善。

三是有助于发展农民专业合作组织。这主要是通过专业合作社和协会等方式实现的。电子商务大大提升了他们专业合作社的营销、生产和管理水平。中一些电子商务公司更是专门为农民合作社开辟网上专栏、展开培训、甚至搭建起农超对接、农校对接的平台;电子商务协会起到了组织网商、进而组织农民,支持农户特别是青年人网络创业的积极作用。

（四）助力农民返乡创业与就近就业

在我们了解的许多自下而上式涉农电子商务的案例中,各地农村从事电子商务的领军人物和中坚力量,多为有较高文化、较多阅历的"农二代",他们或在外地接受过较高学历的教育,或有过在大城市、大企业打工的经历,或有过创业和管理的经验。当他们选择返乡通过电子商务创业并初见成效后,便引起周围乡亲们纷纷仿效,从而产生一种"滚雪球"的效应,带动更多的人返乡创业和就近就业。农村电子商务的这样一种普及效应,显然得益于农村"熟人社会"特有的有利于知识和技术传播的社会土壤。

农民返乡创业和就近就业,带动了当地经济和社会的发展,使传统的农村显现出小城镇的雏形。其中,服务业的发展扮演了重要的角色。除了返乡人员带回新的劳动方式和生活方式,成为服务业发展的动力外,外来人口的进入和落户更是对当地服务业的发展起到直接推动作用。为了满足农民网商外聘和留住高端技术人才和管理人才的需要,当地政府已将公寓式房地产建设项目纳入电子商务园区规划之中。大量农村打工者返乡创业和就近就业,对于农村富余劳动力就地转化,对于我国探索新的城镇化道路提供了新的启发。

（五）改善农民家庭生活质量和农村社会面貌

由外出打工到返乡创业的农村人口,大都是农村中年龄结构、文化结构处于最佳阶段的人群。他们返乡创业和就近就业,不用再背井离乡进城打工,直接给他们家庭生活质量带来明显改善。

农村当地网商有将近一半的农民外出打工,这给当地造成明显的"空巢家庭""空巢村"现象,老人没人管,孩子没人问,夫妻长期分居,带来了很多社会问题。

现在,随着大量外出务工者返乡从事电子商务,使"空巢家庭""空巢村"带来的很多社会问题迎刃而解。村民家庭生活发生了巨大变化,农村人将现在的生活归纳出"五不耽误",即不耽误照顾老人、不耽误照看孩子等,一家人在一起一边努力为自己的事业打拼,一边享受着天伦之乐。村镇面貌也因此焕然一新,治安状态大为改善,村民们有正事干,就不再无事生非。这不仅有利于和睦家庭、和睦乡里,而且也造福整个社会。外出打工者的回归,还为当地农村社会管理和公共事务注入了蓬勃生机。

（六）提升农民网商的素质和幸福感

农民开展电子商务,毕竟需要克服文化知识、劳动方式乃至思想方式上的限制。然而,越来越多的成功案例,纠正了人们关于农民文化水平低不适于从事电子商务的偏见,而且显示出涉农电子商务包容性发展的特征,让越来越多的农民体会到实现人生价值的幸福感。

（七）农村经济社会的"转基因工程"

总之,涉农电子商务助力农村经济社会转型的作用,可归结为改变了结构,赋能于"细胞",转变着"基因"。也就是说,电子商务助力农村经济社会转型的作用,已不仅限于农村经济社会活动的表层,而是改变了其深层结构,并且作用于和体现在农村经济社会的"细胞"和"基因"上。

改变了结构:自农村实行分田到户家庭联产承包制度以来,农民一家一户分散的小生产如何对接大市场,一直存在着结构性的不足。农户要么直接对接市场,要么在"统分结合、双层经营"的"公司＋农户"机制下,通过"公司"的中介去对接市场。以上两种农户对接市场的方式,都存在着明显的信息不对称问题,农户因其信息劣势带来经济和社会地位的弱势是明显的事实。本来"公司＋农户"是为了解决农户直接对接市场时的困难提出来的,在实践中,"公司＋农户"的结构事实上并没有真正解决农户市场对接的问题。不仅如此,本应作为农户对接市场中介的公司,却利用自己的市场地位牵着农户的鼻子走,与农户争利,更有甚者一些公司还在市场上兴风作浪,以致近年出现"蒜你狠""豆你玩"以及后来黑龙江五常大米"卖难买贵"和"霸王订单"等现象,搞得民怨沸腾。

涉农电子商务的发展,通过"网络"的介入,打破了"公司＋农户"信息不对称的结构,为农户了解和把握市场变化、克服信息弱势,提供了一种新的可能和现实手段。他们既可以不通过传统公司的中介而直接对接大市场,也可以因掌握了更多的信息,在与中介公司打交道时有了更多的话语权。

赋能于"细胞":电子商务的赋能,对于作为农村经济社会"细胞"的农民网商来说,已不再是一个外生的因素,不再是政府或 IT 公司推送给他们的可有可无的东西,而已经成为他们根据自己内在的需求主动选择所形成的劳动方式和生活方式。电子商务与他们这些农村经济社会的新"细胞"已经不可分离。

转变着"基因":电子商务的赋能影响之深,正在转变着农村经济社会发展的"基因"。它让农民网商及身边越来越多的乡亲们,收获到其祖辈从未有过的信息化所带来的感悟。在实地调研中,我们经常会为那些掌握了现代电子商务能力的农民网商的自信而感动。他们的感悟和自信,代表着信息时代我国农民新的发展观、资源观和价值观。

第二章　新农村电子商务发展现状

第一节　新农村电子商务的现状

一、电子商务发展基本状况

我国电子商务始于 1997 年。如果说美国电子商务是"商务推动型",那么中国电子商务则更多的是"技术拉动型",这是在发展模式上中国电子商务与美国电子商务的最大不同。在美国,电子商务实践早于电子商务概念,企业的商务需求"推动"了网络和电子商务技术的进步,并促成电子商务概念的形成。当互联网时代到来的时候,美国已经有了一个比较先进和发达的电子商务基础。在中国,电子商务概念先于电子商务应用与发展,"启蒙者"是 IBM 等 IT 厂商,网络和电子商务技术需要不断"拉动"企业的商务需求,进而引致中国电子商务的应用与发展。

在 1997 年和 1998 年,我国电子商务的主体正是一些 IT 厂商和媒体,它们以各种方式进行电子商务的"启蒙教育",激发和引导人们对电子商务的认识、兴趣和需求。经过这一阶段,随着电子商务应用与发展的深化,随着资本市场泡沫的破灭,网站电子商务开始跌入低谷,而企业特别是传统企业却开始大规模进入电子商务领域,我国电子商务从 2001 年开始进入第三个阶段,企业电子商务成为中国电子商务新的主体。

这一变化是深刻的,然而也引发了对我国电子商务形势的一些不正确看法。人们已经习惯以网站电子商务,特别是以一些"热点"网站电子商务作为了解和判断电子商务形势的重要甚至唯一的依据。因此,一些"热点"网站电子商务的衰落,导致不少媒体和专业人士做出了我国电子商务处于低谷、走向衰退或者干脆从此一蹶不振的判断,许多人因此对电子商务的发展前景产生极大的怀疑,对电子商务的优越性开始出现越来越多的负面的、否定性的意见。

这是看法可以理解但并不正确。事实上,与表面情形相反,中国电子商务正在向深度和广度发展,总的态势是健康的。电子商务的主体正在由 IT 厂商、媒体和电子商务服务商转换为企业,传统企业正在大规模进入电子商务领域,其特点是坚定、有效但不太吸引"注意力"。

当然,在中国电子商务应用与发展的历程中,有不少很基本的问题需要重新思考,比如,究竟什么是电子商务,电子商务是 E—Commerce 还是 E—Business,电子商务的范围有多大,政府采购算电子商务还是电子政务,网络广告是不是电子商务,电子商务包不包括 ERP,电子商务交易额怎么计算等等。

二、农村互联网络基础条件

互联网在农业生产方面的应用,最近几年也在逐渐普及,出现了一大批类型各异的涉农网站,其中最具代表性的是以第三方平台形式出现的农业门户,不仅为农产品的产、供、销提供信息服务,也为供求双方直接架起桥梁。

近年来,我国政府非常重视电子商务的发展,在《国家中长期科学与技术发展规划纲要》中把"电子商务应用平台技术""农业信息化技术"列为发展重点。

我国是农业大国,农业网站发展很快。不仅各省市普遍建立了"农业信息网",还涌现了类似"中华十亿农副产品网""福州亚峰""南京白云亭"这样一些大型网上市场。网上经营的品种也一改过去以粮食、化肥为主的局面,副食、家禽、农药、土特产、花卉、园林、水产品、茶叶、鲜果等全部实现网上经营,为农村经济信息进村入户搭建了平台。[①]

农村拥有丰富的农产品,急需成本较低、覆盖面较广的市场渠道,而这正是电子商务的优势所在。蓝皮书说,未来几年,农村网民将成为中国网民增长的重要来源,也是中国互联网未来发展的潜力所在。

三、农村电子商务的发展现状

国家在大力推进农村数字化管理的同时,作为农村数字化管理重要方面之一的农村电子商务的管理已提上议事日程。各地方政府机构正在逐步开展农村电子商务管理的建设与研究。但在农村电子商务领域,缺少有结合我国农村地域特色的电子商务管理的专利、软件著作权和相关的标准规范。

农村电子商务的发展是建立在现有社会软硬件的基础之上的,受网络运用技能、地域特征、信息化水平、网络服务和运行模式以及信息需求和个人或组织的参与等的影响。在目前阶段,网络信息基础设施建设和农村地区农民的掌握程度对农村电子商务的发展至关重要。农村电子商务的实施面临着诸如信息基础设施建设落后、信息资源贫乏、观念陈旧、信息化意识薄弱等多方面的制约因素。

四、农业电子商务的应用水平

农业电子商务是指在农业的生产加工及配送销售过程中全面导入电子商务系统,利用信息网络技术,在网上进行信息的发布和收集,同时依托生产基地与物流配送系统,在网上完成产品或服务的购买、销售和电子支付等业务的过程。农业电子商务网站的发展在我国正处于初级阶段,及时了解国内外农业电子商务网站的服务与发展状况,便于我们借鉴其成功经验,使我国农业电子商务网站建设能更好地为受众提供服务。[②]

电子商务是未来商务交易的主要运营方式,电子商务的实施与运作依

---

①杨静,刘培刚,王志成. 新农村建设中农业电子商务模式创新研究[J]. 中国科技论坛,2008,08:117–121.

②侯晴霏,侯济恭. 以区域为核心的农村电子商务模式[J].农业网络信息. 2011.

赖于电子商务系统,网站则是电子商务系统工作和运行的主要承担者与表现者,构建网站是通向电子商务的重要的关键的一步。

经过多年的发展,我国农业网站基本上覆盖了农业领域的各个方面,农业电子商务功能和农村信息服务日益增强,对于促进农民增收、引导农业结构调整、加快农村市场流通等起到了积极的作用,引起政府、农业主管部门和社会各方面的高度关注。

但是,我国农业电子商务的发展也存在一些关键性的问题。主要是认识不到位,对我国农业电子商务运行模式比较模糊,特别是政府和农业行政主管部门建立的网站过分强调信息服务功能,而相对忽视网站的商务功能的拓展,甚至将商务功能和信息服务功能对立起来,认为信息服务功能具有社会效应、公益性质,完全要求国家财政给予支持,对网站的商务功能缺乏应有的认识和重视。

目前,我国农业电子商务模式主要是信息服务模式。这是我国开展农业电子商务采取的最主要和最常见的一种模式。商务对象主要面向农民,也有一部分兼顾涉农企业。这种商务模式利润的来源一般由下列几个方面组成:一是信息服务收费。但由于多种原因,如农业信息标准化程度低,信息时效性差,农民支付能力和认识等,这部分收费难以维持公司的正常运营;二是政府项目经费支持。如在实施农业信息化建设项目、农村信息扶贫项目过程中,通过购买公司开发的手持终端机等方式对公司给予财政上的支持;三是开展农业电子商务公司通过承包政府农业信息化项目建设,如软件开发、为政府提供技术支持等获得财政上的支持。

开展农业电子商务,必须充分考虑我国农业生产的特点和农民的素质。农业作为特殊的产业类型,其生产受到多种条件影响,比如政策法规、市场需求、气候、地理环境等等。目前我国农业小规模的生产和经营方式,导致农业产业化水平低,与市场的对接困难,小生产与大市场的矛盾非常突出。在物流环节,很多农产品具有季节性、不易储存的特点,在保鲜、运输、后熟处理上较为困难,这使其物流环节相对于工业品更难于实现。

目前,信息技术在农业的应用研究与推广取得了显著成效。如建立了部分农业综合数据库,并研制开发了各类应用系统,其中以粮棉油为主的信息技术成果约占 1/3。农业部还利用网络协议、信息通讯、数据库及查询等技术,建成了专业面涵盖较宽、信息存储及处理和发布能力较强、信息资源丰富及更新量较大的中国农业信息网。

但从总体上看,我国农业信息化还处于人才缺乏、体系不健全的状况。虽然一般县级以上的各级政府都有网站,但网站提供信息的时效性差,针对性不强,发布的内容以生产信息、实用科技信息居多,市场信息、供求信息和农村经济信息偏少,缺乏对主要农产品的生产、销售、贮存、加工的动态分析、监测和预警预报等。

对农业来说,由于农业生产的特点以及农业标准化程度较低等众多原因,开展农业电子商务步履维艰,真正成功的农业电子商务公司凤毛麟角。怎样突破农业电子商务瓶颈,尽快提高我国农业国际竞争力,是值得我们深入研究的一个重大课题。

五、农村电子商务的制约因素

(一)制约农村电子商务发展的主观因素

1. 思想观念的束缚。由于有各种不利于农业电子商务发展的因素,使得很多人对农业开展电子商务顾虑重重,不论是从商业模式和流程的设计角度,还是从现实的可操作层面而言,似乎都要比其他的行业的推广应用难得多。与此同时,新闻媒体在宣传农业电子商务和引导网上交易方面的力度不够,有时甚至没有给予正确的导向,没能积极有效地推进农业电子商务的发展。

2. 发展意识的滞后。在我国一些经济较发达的农村地区的农民电子商务发展观念和意识较强,而经济相对落后的地区思想观念明显滞后,大部分村民对网上交易陌生,认为网上交易见不到买家,心里不踏实,就连村委会成员一级对电子商务也不大感兴趣,认为村民种田用不着上网交易。由于我国农民总体文化水平较低,长期受传统生活习惯的影响,再加上农村信息闭塞,使得农民无法接触社会最新的消费观念。电子商务作为一种商务形式,有别于传统一手交钱一手交货的面对面交易。网络交易的虚拟性要想被农民接受需要一个较长的过程。相当多的农民没有条件及时、直接地从网上获取信息,也没有能力对获取的信息进行分析筛选,更没有可能上网发布信息。事实也证明,东部沿海经济比较发达地区的农民在消费观念方面更加现代,接受电子商务这种交易方式也更加容易。

电子商务这种新型的交易手段存在着不能估计的风险,采购商可能毁约造成农民的损失,农民大多数惧怕风险,"小农意识"让农民不敢去尝试电子商务业务,从而阻碍电子商务在农村的实施。

3. 农业企业电子商务意识淡薄。一些农业企业负责人对电子商务应用意识不强,对如何开展电子商务理解比较片面,过于注重短期利益。农业电子商务基础建设一般具有初期投入较大,而回收较慢的特点,我国许多农业企业在进行投资决策时,过于注重短期利益,对短期内效益较低的农业电子商务兴趣不大,从而使农业电子商务在我国的推广遇到障碍。一是认为建立了门户网站就是发展了电子商务。二是认为电子商务对企业来说是可有可无,习惯于传统的经营模式。三是不重视技术人才培养,企业懂网络管理、善于经营电子商务的人才少。一些企业在实施电子商务过程中"盲目超前",过分追求先进的硬件设备和不成熟的高技术,忽视了对企业内、外部信息资源的优化和整合,难以获取企业商务活动的高质量、高效率和高效益。

4. 缺少相关的电子商务知识。在不上网的原因中,不懂电脑、网络是农村居民不上网的又一重要原因,占到农村不上网居民的28.3%。不懂电脑和网络知识很大程度上源于农村居民总体受教育程度较低。很少有政府部门或其他组织为他们进行电子商务知识培训,要在农村发展电子商务,最好的方法是首先培训大学生村官的农村电子商务知识,让他们来带领农村开展电子商务。说实话,现在的大学生村官,在村委会里,谈农业操作技术比不上一个有实践经验的农民,如果大学生村官发挥他们的长处,重点用网络技术,查找农业农村发展的信息,有电子商务帮农民朋友开展农产品网络营销,就会大有可为。[①]

(二)制约农村电子商务发展的客观因素

1. 硬件建设不足。要实现真正实时的网上交易,要求网络有非常快的

---

①崔立标. 电子商务运营实务[M]. 北京:人民邮电出版社,2013.

响应速度。而我国的网络基础设施建设还比较滞后,投入不足,网络使用费用高、速度慢。农业体系信息网络则更为落后,远未达到电子商务的要求。由于网络成本较高,大多数农民买不起计算机,有些贫穷的山区甚至连电话都没有,这就给农村建立电子商务提出了极大的挑战。有的乡级电子商务平台和村级终端系统建设尚属空白。

2. 电子商务基础薄弱。电子商务的发展程度,与国家和地区经济实力、技术进步以及政策、法律法规等各方面的因素都息息相关。经济欠发达地区电子商务起步晚,各方面的条件都不完善。虽然近些年基础设施建设在国家的大力支持下取得了巨大的发展,但与发达地区相比,网络基础建设比较滞后,社会对电子商务的认识与应用存在偏差,农户信息意识和利用的能力不高,缺乏信息化建设的高级人才。

(三)制约农村电子商务发展的产业因素

1. 农产品的特殊性。众所周知,在进行电子商务过程中是没有办法对产品进行实地考察的,只凭网上介绍来了解产品本身状况。农产品尤其是鲜活农产品在标准化方面有着先天不足,行业内也没有统一的要求,这导致了目前农产品交易中掺杂使假、以次充好、鱼目混珠的现象屡见不鲜,因此给交易带来很大的困难。农产品是种类繁多的实体商品,生产单位小,配送呈现多点次的特征,物流技术难度高。加之很多农产品具有季节性、不易储存的特点,在保鲜、运输、后熟处理上较为困难,这使其物流环节相对于工业品更加难于实现。

2. 农村生产规模小。目前国内的农村大多采取的是家庭承包责任制,土地比较分散,农作物生产规模较小,这样就导致单个农民不能提供足额的农作物供给,进而丧失网上交易的竞争性。当前,我国农业问题关键在于"小农户与大市场"的矛盾。但是,单个农户作为农业生产经营的基本组织单元规模和实力非常有限,肯定无法支撑起日益庞大的农副产品市场化的发展。而规模很小、实力较弱的农业生产经营单位和市场之间缺乏有效的连接机制,又是造成农业生产与市场需求脱节、交易成本高、库存压力大、专业化和规模化程度低等问题的主要因素。

从整体上说,目前我国农业还比较落后,但是国家每年对农业的政策和扶持力度在不断加大,农业信息化基础设施建设、农民文化素质和信息技术应用水平、农业企业的管理理念、电子商务运行环境、网络运行成本等必将快速得到改善,因此,当务之急就是快速搭建一批农业电子商务的应用平台,引导农业企业转变经营理念和管理模式,尽快实施电子商务。

3. 电子商务发展缓慢。由于我国农村的文盲率还很高、农业科技化水平低、电脑拥有率低、信息闭塞等原因,造成我国农产品流通环节长、交易成本高、供需链之间严重割裂等状况,农民增收难、农业负担重、农村问题多等"三农问题"仍然在困扰着我国广大农村地区。归纳起来,制约农业电子商务发展的主要因素有以下几点:一是农业信息化程度低。目前,我国相当多的农业企业信息化水平较低,信息网络不够普及;涉农电子商务网站的数量极其有限,在线交易功能不全;内部管理信息化严重不足。二是传统的生产方式和交易方式的惯性极大,农民对新知识、新技术存在着"不知用途,不知用法、不知谁用"的现象,"不懂电脑和网络,不具备上网所需的技能"是导致农民不上网的最主要因素。农民对信息技术和电子商务的相关知识了解甚少,严重阻碍着农业电子商务的发展。三是农产品产业化经营发展滞后。经济欠发达地区农产品结构性过剩比较严重,优质农产品特别是具有知名品牌的农产品较少。在目前农业产业化程度较低、农产品市场还未完全放开的情况下,人们的"品牌"意识比较淡薄,申请商标注册的农产品比较少。这对作为经济欠发达地区的农业企业和农业组织来说实施难度较大。

(四)制约农村电子商务发展的外部环境

1. 农产品电子商务环境有待提升。适合电子商务的商品主要是标准化产品和可鉴别性产品,农产品电子商务要求对网上交易的农产品品质分级标准化、包装规格化以及产品编码化。但由于季节性强,在不恒定的自然环境中易变质,农产品尤其是鲜活农产品在标准化方面存在先天不足,行业内也无统一要求,这就导致目前农产品交易中以次充好现象屡见不鲜,"优质优价"难以做到。

2. 电子商务环境不健全。网络安全不仅是农业电子商务所面临的难题,还是整个电子商务发展的难题。现如今,网络相关制度与法规的不健全,经常会受到病毒的攻击。网络认证、支付、信用体系没有能够完善建立,网络安全将是农业电子商务发展长期面临的一个难题。目前,我国电子商务所涉及的银行、信息产业、税务、海关、金融、法律等相关标准、规范等还不够完善,农产品市场规范化、组织化程度低,影响了广大农民朋友对电子商务的信赖。

第二节　新农村电子商务存在的问题

一、农村基础设施不完善

(一)具体问题

1. 认识不到位

长期以来,由于我国农村人口多、基础差、底子薄,农村教育相对落后,造成了农民文化素质偏低,特别是农村干部对计算机网络知识缺乏基本的认识,加上传统观念的束缚,对电子商务缺乏足够的信心,对网络经济的作用认识不清,这是农村电子商务发展缓慢的重要原因. 然而在信息经济时代,谁掌握了信息,谁就将处于竞争的有利位置,认识落后者将会被市场无情淘汰. 因此,必须加强这方面的教育和引导,使农村干部改变传统观念,树立网上营销与消费的新观念。

2. 我国农村电子商务所处的信息环境

电子商务,作为建筑在现代信息技术和通信网络基础上的新兴的营销模式,其对信息环境的依赖度很高,离开了信息环境的支撑,任何形式的电子商务都是妄想。信息基础设施是电子商务存在的基石,相关信息服务的提供则是电子商务的地上建筑、信息用户对电子商务的关注和契合则是电子商务发挥作用的关键。其中任何一项,出现问题,都会极大地影响到电子商务发展的加速度。然而,对于中国的农村电子商务的发展来说,面临的信息环境,无论是信息基础设施,还是相关的信息服务的提供,抑或是信息用户对于电子商务的关注和契合都存在着诸多的问题。

3. 农村信息基础设施现状是农村电子商务发展的障碍

完备、高效的基础设施和通信设施是电子商务迅速发展和安全保障的前提,而我国农村现今网络通信设施的现状,在网络技术、网络管理信息内容、资费水平、通讯速度、安全和保障条件各方面都难以适应高速发展的电子商务的要求。交通和通讯基础设施薄弱直接关系到电商平台和物流企业在农村地区的延伸和布点。而物流设施不完善会引起单笔物流成本偏高,导致农产品电商的整体规模偏小,网购的渗透率偏低。同时,缺乏冷链物流的生鲜农产品容易腐化变质,危及消费者的身体健康甚至生命安全。

近年来,我国城市建设占据了国家建设的大量资金,在信息化建设方面也是如此,而农村资金投入不足,基础设施落后。农村现有的网络通信设施难以适应高速发展的电子商务的要求,虽建立了一些大型数据库,但真正可以投入运行的并不多,而完备、高效的基础设施和通信设施是电子商务迅速发展与安全保障的前提. 在电子商务软件设施方面,由于农村社会经济和文化环境的限制,一些懂得电子商务技术和电子商务管理的人员不愿意到农村去,农村本身培养电子商务人员又没有现实的可能,使得农村电子商务人才严重缺乏,影响了农村电子商务的快速、健康发展。另一方面,农产品及其消费特征不利于电子商务的开展,农产品的生产对自然条件和资源的依赖性非常强,种植、培育周期长,储存条件要求高,运输成本也较高。此外,农产品同质化现象比较明显,没有像工业产品那样多的品牌和差异可供消费者选择,而这些都不利于电子商务优势的实现,农产品生产端到消费端路线较长,农户很难了解消费者的偏好,不得不借助中介的力量间接掌握消费者需求信息,这就决定了农业电子商务需要有组织的第三方加入。

在广襄的中西部地区,在农业人口比重更高的不发达地区,互联网络主要分布在城镇。乡村的基础设施则比较落后和残缺,有些乡村网络建设还是完全的空白。这就造成了中国农村电子商务比较成功的案例都集中在东部地区或者中西部信息基础设施比较好的示范村。农村电子商务的初衷是为农民开拓更加广阔的农产品市场,方便廉价地获取生活生产物资,那些深入内地,因为交通、销售渠道不畅通无法将农副产品出售或者不方便获取生活生产物资的地区,其实是最需要农村电子商务的地方。那里的农业从业者,是中国农村电子商务发展的生力军。农村电子商务的发展和繁荣,需要全国,特别是中西部地区信息基础设施水平的全面提高。

4. 产品标准化缺失导致的产品质量挑战

消费者都习惯于货比三家,不仅比价格,更重要的是比质量,但在农产品电商中,消费者由于不能亲自挑选而对农产品的质量存在担忧,即使到手的商品新鲜度、形状、色泽、口味极好,消费者心里也难免存在农药残留、激素残留、防腐剂等食品安全隐忧。目前我国农产品电子商务的市场准入机制缺失,农民网商个体和农业企业数量繁多,农产品的品质和安全无法保障,而在信息时代一旦出现质量和安全问题,必将对同类和同区域的农产品销售产生严重打击。

5. 农民组织化程度不高带来的管理挑战

目前,我国农村网店普遍存在网店经营水平低、规模小且分散、服务质量不高、专业化程度低等问题。这些普遍存在的问题主要是由于此类农村网店大多属于自营性质,农民网商只是开设网店并将自家农产品信息放在网店上进行销售。对于如何有效推广营销自家农产品、如何做好售前售后服务、如何吸引消费者并锁定消费群体等专业知识和手段并不了解,导致销量仅能维持在一个相对较低的水平,出现了小农户、大市场的矛盾。单家独户开设的农村网店会造成资源浪费、同类农产品恶性竞争,无法整合资源、发挥农产品电商的集中优势。同时由于农民网商的组织化程度低,在人才等要素的吸引力、农产品质量的把控能力、市场的谈判能力和资源共享功能上缺乏优势。

6. 农产品保鲜困难带来大量包装物的挑战

相较于工业产品,农产品更加脆弱。作为农村电子商务中必不可少的一环,农产品在运输过程中不仅要力求保鲜,还要面对长距离运输和相对较差的路况,因此对包装品的要求也更高,客观上造成过度包装,单笔物流成本上升。随着农村电子商务的兴盛,这些包装物造成的浪费和污染问题也更加突出。

（二）加快农村电子商务发展的建议

1. 加强电子商务知识的宣传普及

对农民进行信息技术和电子商务培训,教育农民使用和掌握检索网络信息和网上交易的方法和技术,提高农民的信息素质和技术水平。通过各种舆论宣传工具,如"三下乡"活动等形式面向大众进行电子商务宣传,普及电子商务常识,提高农民电子商务意识,在农村营造出了一个良好的电子商务氛围。让农民真正看到电子商务便捷、高效、省时的特点,调动他们参与电子商务的积极性。

2. 处理好电子商务对农村经济发展与民生改善的作用

农村电子商务的发展关系到农业经济发展、农村基础设施建设、农民就业致富、农业物流、农村生活品质提升、农村组织结构优化等事关"三农"的各个方面,成为改变农村面貌的新兴力量。积极发挥政府在规划、政策、标准等方面的引导作用,加强互联网与农业农村融合发展,引入产业链、价值链、供应链等现代管理理念和方式,研究制定促进农村电子商务发展的意见,出台支持政策措施,支持优质农产品走向市场。以市场为导向,充分发挥电商企业的市场主体作用,积极拓展农村电子商务覆盖面,探索企业电子商务平台与农村经济协同发展新模式。开展电子商务进农村综合示范,推动信息进村入户,利用"万村千乡"市场网络,改善农村地区电子商务服务环境。电子商务发展落后地区要以政府为主导,建立电子商务服务站,培训电商操作员,逐步建成覆盖城乡、配套衔接、布局合理、便民惠民的电商骨干网和服务网店,尽早实现"乡乡有网点,村村通快递"。

3. 营造良好的农村电子商务发展环境

政府、企业和相关的行业部门应合作进行规划协调,从经济、合理、资源整合的角度规划电子商务在农村地区的布局。强化快递枢纽、服务网点与重点农产品、农资、农村消费品集散中心的有效对接,引导有条件、有能力的快递企业在特色经济乡镇、交通枢纽乡镇等地区建设较高标准的服务网络。鼓励快递企业与农村商贸流通企业、供销合作社等共同制定运输、配送计划,发展农村共同配送。加快基础设施、信息网络、末端网点的健全完善,切实提升农村地区电商网络覆盖。鼓励农村电子商务主体、商贸流通企业在服务创新、末端投递等领域广泛开展协作,实现资源共享,降低服务成本,提升服务效率。健全冷链物流基础设施,提高信息技术在冷链物流各环节的应用,从生产、运输、销售建立整套可追溯的信息系统。建立健全的农业电子商务的法律法规体系,加强农村电子商务市场的监管,规范市场秩序,同时加强信用环境的建设,以保证农村电子商务健康、有序地发展。在大众创新、万众创业的背景下,为电商人才在农村创业就业提供支持和帮助。

4. 加强农产品质量管理

消费者购买线上农产品不仅买的是产品,还有安全、服务和品牌,健全农产品标准化、建立农产品品牌是农产品电商发展的需要。要加强鲜活农产品标准体系、动植物检疫体系、安全追溯体系、质量保障与安全监管体系建设,大力发展农产品冷链基础设施。各地政府、农协等应根据各类农产品的具体情况,借鉴现有应用中的农产品标准,制定出适于各地各类农产品的统一标准。政府和行业要推广并培训标准化生产技术,提高农户的标准化意识,加强农产品安全质量监督。农村网商、专业服务商、农业协会等应建立品牌意识,借助地理标识、生产者标识、文化故事标识来建立农产品品牌,在包装设计、品牌标识的设计上做到品牌的提升,提高农产品附加值。

5. 加快新型电子商务主体培育

要扶持农民专业合作社、农业发展公司、电子商务协会等组织发展农产品电子商务,发挥新型电子商务主体在产品质量把控、仓储物流、融资和吸纳人才方面的优势。扶持新型电商主体通过设立专门的电子商务中心,树立农产品品牌形象,促进农产品的流通和农村地区网上购物的发展,使广大农村和全体农民都从电子商务中受益。同时要扶持农产品电商的专业服务商发展,为农村网商提供客服外包、专业培训、技术讲解等各种服务;发掘本地农产品资源和本地特色农产品;综合当地农户的农产品资源,集中向电商平台供货;帮助农村网商借助专业涉农服务商的力量,提高网店的专业度和服务质量。

6. 加快推进农产品绿色包装

绿色包装是电子商务未来的发展趋势,农村电子商务发展要尽早对这样的趋势做出反应和改变,以适应市场的需要。鼓励发展绿色包装,在将对环境的伤害减至最低的同时控制包装成本,以提高利润增强竞争力。从长远的发展来看,完善法律法规,行业积极倡导绿色物流,规范快递包装。要尽快出台网购快递包装的技术规范,促进包装标准化。转变包装理念,逐步实现包装材料的绿色性,包装制造环节的绿色性以及包装材料消耗的最少量化。具体的指导理念是:减少包装材料;回收使用材料;重复使用包装材料;循环使用包装材料和包装标准化。引导农村电商主体和物流企业树立一种节约的风气,比如在设计包装时秉承节约的原则,尽可能降低能耗,便于拆卸,使材料能得到循环使用;在包装上附上一些环保小贴士,提醒消费者不要乱扔包装废弃物;加强企业内部信息网络系统的建设,进行统一的配送、装载和包装回收。

二、农村电子商务人才匮乏

电子商务产业业态属于智力密集型产业,需要大量高素质懂技术的实用性人才。不管是刚创业的电商,还是已经形成规模的电商,都在感叹电商人才难找,对于相对高端的电商人才,各大企业更是你争我夺。

在清远农村电子商务产业园的一个农村电商老板说,他原先在珠三角打工,今年返乡创业。回家乡搞农村电商,物流成本高,这是创业前就预计到的,但找不到合适的电商运营人才,却有点措手不及。

为了招揽电商人才,他不惜重金。"我给出的待遇水平,在珠三角地区都有竞争力。像电商运营经理,我给的月薪是12000元,还给他公司股份。"他说,清远市区房子均价5000元/平方米不到,这个收入在当地绝对是高水平。可是几个月过去了,依旧没有招到合适的人才。

清远农村电子商务产业园目前入驻36家企业。产业园副总经理程女士表示,园区企业与她交流,都说物流虽然贵一点,但最头痛还是人才稀缺。"最缺就是美工和运营。我们产业园雇了4个美工,供园区企业共用,一方面解燃眉之急,另一方面也可降低企业成本。"

虽然一台电脑、一根网线、一个鼠标,就可以开一个网店,但开店容易运营难。清远连南返乡创业的一名大学生,她把自家产的红茶通过微店推广销售,但需要考虑的事情太多了,"农村电商急需懂网上商城销售的复合型人才,需要具备产品包装、产品营销、运营推广、美工设计、沟通、售后等能力。"

但在很多地区,许多村庄大批青壮年外出打工,仅有留守老人与儿童相依度日,操作电脑无从入手,人才严重匮乏。"有的地方一个村连一个会摆弄电脑的人都没有,怎么搞电商?"她说,他们村以前产的红茶都是给茶贩子,压根就不知道通过网络包装销售出去。

而据阿里研究院与淘宝商学院联合发布的《县域电子商务人才研究微报告》预测,未来两年全国县域网商对电商人才的需求达 200 万,其中最缺推广、美工设计和数据分析三类人才。

电子商务专家、西安交通大学教授李琪表示,目前,我们电子商务专业在校生人数达 40 多万,但相较于庞大的市场需求"懂电商、会电商,把电商做好的人才还是太少,供不应求。"

"农村电商相比较于传统电商,欠发达地区相比于发达地区,电商人才的缺失要严重许多。"李琪说,农村电商人才紧缺,并不比发生在广东,全国各地都遇到类似的问题。"短时间内,该状况改变不了。"

中央一号文件提出,"支持电商、物流、商贸、金融等企业参与涉农电子商务平台建设。开展电子商务进农村综合示范"。这是中央一号文件连续第三年提及促进农村电子商务发展。而近日,商务部、交通运输部等 19 部门联合发文,提出进一步推动农村电子商务发展。

电子商务带来了"大众创业、万众创新"的局面。2014 年以来,商务部会同财政部在河北、河南、湖北等 8 省 56 县开展综合电子商务进农村示范工作,推动阿里、京东、苏宁等大型电商和许多快递企业进入农村市场,同时,鼓励传统的供销、邮政等实体企业在农村积极尝试线上线下融合发展。目前,全国已有 24 个省市、31 个地县在阿里巴巴的平台上设立了"特色馆",农村电商发展步伐日益加快。

然而,农村地区电商人才缺乏、农民对电商的接受度不高已经成为电子商务在农村进一步发展的瓶颈。最近,阿里研究院与淘宝商学院联合发布的《县域电子商务人才研究微报告》指出,未来两年县域网商对电商人才的需求量将超过 200 万,运营推广、美工设计和数据分析三类人才将面临巨大缺口。高校人才培养模式滞后、农村电商人才缺乏和人才流失都是农村电商人才队伍建设中亟待解决的问题。

第一，高校电商人才培养模式滞后。目前，全国兴起了电子商务人才培养的热潮，然而，电子商务专业的毕业生就业情况不甚理想，很难寻找到与专业相匹配的工作，而从企业来看，他们又很难找到合适的人才。这种矛盾的出现，主要是由于高校培养中理论和实践相脱离导致的，学生只有理论却缺乏实践动手能力，导致出现了供需结构性矛盾。第二，农村电商人才缺乏。首先，农村人口自身文化素质较低，不少人没有接受过正式的教育和培训。其次，城市与农村的经济发展、公共服务、基础设施、优惠政策的差异比较大，人才越来越多地选择留在城市发展，即便是有相关能力的人也不愿意选择留在农村，这就造成农村电商人才的短缺。第三，农村电商人才流失。企业即便是通过各种优惠政策引进了人才，也可能会因为薪资待遇等现实问题出现人才流失的现象。

发展农村电子商务是一项系统工程，需要齐抓共管上下联动，要真正解决这个问题，需要加大培训力度，形成浓厚的宣传氛围，重视人才引进和培养。

三、农村物流的发展分析

（一）我国农村物流体系的理论基础

1. 物流的基本含义

至今，国内外学者都没有给"物流"一个十分精确的定义。结合众多有关的阐述，归纳起来总体含义，物流是指物质资料从供应者到消费者的物理性运动，主要是创造间价值和空间价值的活动。更进一步说，物流是指为了计划、执行和控制原材料、在制品库存及制成品从起源地到消费地的有效率的流动进行的两种或多种活动的集成。这里所说的物质资料既包括生产资料也包括生活品，消费者既包括直接消费者（最终消费者）也包括间接消费者性产者。

2. 农村物流

农村物流是农业产业的综合性，故泛指农村从物料采购到农产品形成、从农产品储藏、农产品流通加工到农产品销售(消费)的多种活动以及农村区域内农民获得生活用品的过程的集成。研究农村物流主要是指以农业生产为中心而发生的一系列物质运动和有关部门的技术组织,物流管理活动。它涉及农用物资、农产品的运输、储藏、加工、包装、装卸搬运、配送和信息管理等。

根据物流在各阶段的任务和形式的不同,全部物流过程又可以分成三段物流形式:一是供应阶段的物流形式,称为农村供应物流或称农用物资供应物流;二是生产阶段的物流形式,称为农业生产物流;三是销售阶段的物流形式,称为农副产品销售物流。农村物流的主体功能有储存、运输与配送。除此以外,在这个物流体系框架中,还存在以下四个辅助性功能:包装、装卸搬运、流通加工和信息处理。

3. 农村物流体系的内容

所谓农村物流体系是就宏观概念而占的。农村物流体系是与农村经济有关的相互作用和相互依赖的若干组成部分结合而成,具有特定功能的有机整体。具体而言,农村物流体系是指为农村生产、生活和其他经济活动提供物流支持和服务的经济组织所组成的体系。

从理论上讲,农村物流体系是存在的,因为农村物流体系的结构和功能都是可以辨识的,组成农村物体系的要素也是客观存在的,并且在实际的工作中人们有意或无意识的已经有过规划、设计、管理农村物流的经验。但是实际上它不一定真正存在。因为,农村物流体系是农村物流体系要素的新的存在形式,在人们对农村物流没有清晰的认识之前,也就是人们在对农村物流系统资源进行规划、设计和管理。通过对农村物流系统的集成将被分割至不同企业、不同部门、不同行业的农村物流资源、要素按照农村物流系统的要求重新组织,以更大程度的发挥农村物流系统对农业生产、农民生活乃至对整个国民经济的作用。

4. 农村物流体系的构成

(1)农村物流体系构成所需的一般要素

人是农村物流体系的主要因素,是农村物流网络体系的主体。物流体系运作的最终目的是为了人,同时人也是保证物流体系得以运作的关键因素。从宏观上讲,农村物流体系的建设需要人去设计、实施;从微观上讲,人的具体操作又是农村物流体系中各子系统和经营单位得以正常高效运作的基本保证,它包括了政府官员、物流企业人员和企业物流人员等各行各业的人员。

物品,只有物品的存在,才能有货物的流通,它是整个物流体系中的对象。农村物流体系中的物品在一定程度上可以说成是与农村生产、生活消费相关的所有物品,包括了农业生产所需的种子、化肥、农药、畜禽、饲料及饲料添加剂、药品、畜牧机械及零部件和一切用于农村人口消费的各种日常生活用品、房屋建筑用品等等。

(2)农村物流体系构成所需的支撑要素

物流设施,它们是组成农村物流网络体系运行的基础物质条件,包括:仓储设施、交通线路、车站码头机场、能源设施等。

物流装备,物流装备的水平在很大程度上决定了农村物流网络系统的运作效率,如装卸机械、运输设备、加工设备、保管设备、储存设备等等。

物流工具,物流的辅助性设施,包括包装机械、维护保养工具、办公设施等。信息设施(设备)。它包含了所有有助于物流系统中获取有关政策法规信息、市场信息、经营信息、与物流本身运作相关的运输信息、库存信息、货物动态信息、各种运输工具的技术信息、气候地理信息等信息的设备,如计算机、广播电视、报纸、杂志等。

(3)农村物流体系构成所需的功能要素

农村物流体系的功能要素是指其所具有的保障物畅其流的基本能力。物流能力是通过网络设计、信息、运输、存货、仓储等的协调以及相关材料的搬运和包装等活动来实现的,而与这些功能领域有关的工作相结合,便产生了实现物流需求所需要的能力。物流功能是为目标服务的,由于农副产品的鲜活特点,对于农村物流中的功能要素要求的更特殊和复杂,尤其在保鲜性、时效性、安全性、清洁性等方面。农村物流体系中的功能要素包括以下几部分。

①运输。从运输专业化来讲包括铁路运输、汽车货运、远洋货运、沿海船运、内河船运、航空货运、集装箱联运等。

②包装清洁。农产品的包装清洁有两个方面的意义,一是促销,但更重要的是品质的保管保护和环境保护,由于农产品种类繁多,每种产品对包装的要求各不同,如鸡蛋和面粉。目前净菜、免淘米等在逐渐走入城乡居民家庭中,除了保护环境和减少城市垃圾外,更重要的是延长了农村人口的产业链和价值链,增加就业机会。装卸搬运。装卸搬运的目的是准确地按照作业流程的要求将物品分类放到指定位置。

③流通加工。农产品在被送到最终消费者手中前,一般都经过多次的加工处理,其价值链相对较长,这为增加农产品附加值提供了广阔的空间。

④分拣、配送。农村物流系统的分拣、配送主要包括两个方面。一是农用生产资料和农民生活资料的分拣、配送,其渠道特征是城市到乡村、到农户、到田野;二是农副产品的分拣、配送,其渠道特征是由各农产品生产主体,集中到加工场所或农贸市场或一些大型商业机构的加工配送中心。

⑤中介服务。包括中转储运、托运、运输代办、集装箱租赁、托盘联营等为农村物流服务的功能;还包括为农户、农村物流企业和企业物流提供咨询服务的功能。

(4)农村物流体系构成所需的市场要素

农村物流系统市场是指与从事农业及农村相关物品流通有关的市场交易行为各方所组成的供需体系。这个体系由农村物流系统市场的主体、客体、载体、中介机构等组成。

农村物流系统的市场主体。包括进入农村物流市场进行交易的经济组织、政府机构、非营利性组织与个人等。具体讲,作为物流服务的需求方,有政府机构的海关、商检及其他物流需求的政府机构;有非营利性组织;有农用品供应企业、农产品生产加工企业、农产品销售企业及个人。

农村物流系统的市场客体。其涵盖围绕农用品及农产品从生产到最终消费全过程所涉及的位移及相关服务。人作为进入物流网络系统市场的客体,并不是为了某种消费,而仅仅是为了位移,即所谓的客运服务。

农村物流体系的市场载体。就是为农村物流网络体系市场主、客体服务的设施与场所。农村物流网络体系的市场中介组织。包括行业协会及为物流市场主体提供服务的中介公司。随着我国物流业的快速发展,相应的行业协会也相继诞生,这些协会起着政府不能或不便于起到的作用,实施行业自律,规范市场行为。

(5)农村物流体系构成所需的其他要素

除了以上要素,要使这些要素所组成的体系真正运转起来,还必须有其他一些要素支持,这些要素包括以下两部分。

组织及管理。农村物流系统组织与管理包括两个基本层次,一个是整个国家的宏观物流管理,另一个是物流企业和企业物流的组织管理。在各种物流要素一定的情况下,物流组织与管理水平越高,物流资源配置越优化,物流的效率也就越高。

法律与法规。适用于农村物流体系的法律法规不仅是政府部门制定政策进行宏观调控的法律依据,也是农村物流及生产企业必须遵守的"游戏规则"。在市场经济条件下,建立健全农村物流相关的法律体系,是农村物流体系得以正常运作的基本前提。

(二)农村电子商务物流发展存在的问题

1. 基础设施落后。相比城市来说,广大农村地区的基础设施还相当落后。很多农村地区道路状况差,物流成本高,物流工具无法发挥作用,甚至还有少数地区没有实现村村通公路的情况;缺乏科学的冷藏、冷冻设备;现代化的集装箱,散装运输发展很慢,农村物流用车仍主要靠中卡和轻卡,重型卡车拥有率较低,不利于大规模运输和降低运输成本。

2. 信息化水平低。总体来看,我国农村物流信息化水平较低,无法满足当前农村物流的发展要求。农产品物流的流向和流程,以及由此而产生的效率和效益与农业物流的信息体系密切相关,而现在农业物流信息系统所能提供的信息品种和质量都不能满足需要,缺乏有效的信息导向,农资和农产品物流的流向带有盲目性,流程不合理。

3. 市场主体发育程度低。虽然我国农村物流市场主体已经出现多元化的趋势,但总体来说,物流市场主体仍然不成熟,流通渠道狭窄,阻碍了农村物流市场规模的扩大,无法满足农村物流市场的需求。目前,农村物流市场主体依旧是以农民个体为主,规模小,现代化程度低、抵御风险的能力较弱,农村物流龙头企业缺乏。

4. 人才匮乏。人才是最重要的资源。农村物流人才是促进农村物流又好又快发展的重要基石。目前,我国极为缺乏符合市场需求的农村物流人才。虽然近年来许多高校和中等职业技术学校开始开始有关物流方面的专业,有关物流方面的职业资格认证体系也不断发展,但仍不能满足蓬勃发展的物流业的需要,参与到农村物流发展中的人才更是少之又少。

5. 技术水平低。在农村物流中,由于各环节标准不统一,致使设备浪费,导致产品成本增加;另外,物流设备落后,在运送产品过程中,大多使用敞篷卡车,缺少冷藏、冷冻设备和技术,产品保鲜大打折扣。

(三)农村电子商务物流的发展对策

农村物流发展是一个循序渐进的过程,发展过程中必然要出现许多问题,对于出现的问题要及时发现、及时解决,不断促进农村物流健康发展。

1. 加强农村物流基础设施建设农村物流水平的提高需要有较为健全的农村物流基础设施作为保障。政府应加大对农村物流基础设施的投入力度。地方政府应在中央财政拨款的基础上根据本地实际情况设立农村物流基础设施建设专项经费制度,并列出农村物流基础设施改进计划表,分阶段、分步骤的完成;制定优惠政策,吸引民间资本、外国资本投入到改善农村基础设施中来;通过税收政策、金融政策等向农村物流基础设施项目倾斜。

2. 加大农村信息化建设力度农村物流基础设施不完备是我国农村物流发展的硬件制约因素,而农村信息化建设的落后是制约物流发展的软件因素。农村物流信息对于农村物流的发展至关重要。农村物流信息具体包括与农村物流有关的政策法规、生产经营信息;与物流本身流程有关的运输、仓储、包装、搬运、加工等各种物流技术信息等。各级政府应该根据本地区农村物流发展的需要建立健全符合实际的农村物流信息平台,并在农村物流发展相对发达的地区设立多个物流信息子平台,时刻收集物流信息,发布物流信息;加大宣传推广力度,使更多的农民了解物流信息的搜集方式;促进农村物流信息咨询服务业的发展。

3. 培育农村物流市场主体积极促进农村物流资源的整合,实现市场主体多元化。加快原有农产品流通企业资产重组改造步伐,改变规模小,服务单调和封闭运行的现状,按照农产品流通产业化的发展方向,重点加大对农产品批发市场,农产品运输企业、进出口企业、物流配送企业和大型食品连锁超市的扶持力度,以市场为依托,组织农产品运输协会,鼓励"生产地 + 农户""加工企业 + 农户""产运销企业 + 农户""配送中心 + 农户"等模式的发展和培育,提高市场主体的组织化程度。

4. 大力培养现代农村物流人才物流专业是新兴专业,在我国高等教育中处于初期发展阶段,对于物流特别是农村物流的专业化研究较为薄弱,农村物流人才极为缺乏。针对这种情况,政府和各高等院校、中等职业学校应当联合共同致力于专业农村物流人才的培养。政府对于开设有关农村物流专业的学校给予一定的资金支持;大中专院校和中等职业学校应在大力引进物流师资人才基础上开设适合我国农村物流发展的专业课程。

5. 提高农村物流技术水平随着现代科技的发展,物流设备、物流技术在不断地提高,可以最大限度地改善农产品运输、储存过程中的损耗,降低物流成本,提高产品附加值。政府应通过财政贴息、金融支持等方式鼓励农村物流企业或个人购买先进物流运输设备、冷藏保鲜设备等;不断加强农村物流标准化工作,在运输、包装、加工、仓储等物流环节根据市场要求,积极采用国际或国内相关物流标准,积极发展集装箱、大型冷藏车运输,不断改进农村物流技术。

(四)农村电子商务发展对物流业的影响

1. 激发农村电商物流业快速发展

我国农业生产一直具有很强的自给自足特征,农村比较分散的居住特征已经让农民习惯了赶集购买所需物品的形式。在此背景下,农村物流基本以满足农民日常生活、农业生产所需以及农产品收获后的向外输送为主,其物流内容和物流形式非常单一,且具有较强的季节性。近些年来,伴随农村电子商务的发展,农村居民网上购物热情高涨,农村物流需求不断扩大。在农村电子商务发展带动农村经济发展的情况下,农村居民的购买力得以提高。

2. 导致农村电商物流建设空间不均衡

一方面,与城市相比,我国农村人口密度较低,且经济越是落后的地区这一特征越明显。另一方面,我国大部分农村地区信息化建设相对滞后不少农村地区还无法通过电脑上网。这两个特征决定了我国农村电子商务发展相对滞后,与此相伴而生的是农村物流配送的分散性,极大程度增加了农村电商物流成本,并导致农村电商物流建设空间不均衡。

3. 农村电商物流表现出很强的季节性

对电子商务环境下的农村物流季节性特点可以从以下两方面进行分析。首先从商品下乡视角看,主要是由在城市务工人员为家庭购买大件商品,或购买生产资料,所以农忙季节及春节前是商品购买旺季。其次从农村商品进城视角看,由于农民销售的主要是农副产品,其物流配送自然与农副产品收获季节紧密关联。因此,在农副产品收获后的一段时期内,为了避免农产品出现更大损耗或降低仓储成本,农民会较为集中地在网上销售农产品,就此形成农产品销售旺季。

4. 改变农村电商物流商品付款模式

千百年来的购物习惯,使得农民的网上购物仍然带有明显传统特征,包括他们对电子商务的信任仍然远远低于城市网购消费者。如农民会更多地选择货到付款而不是先付款后收货。因此,对于从事农村电商及农村物流配送的企业而言,应在提供物流配送服务的同时兼顾农民的这一习惯。唯有如此,农村电商物流才能在我国广大的农村市场打开局面并站稳脚跟。

四、国家政策支持力度小

近几年来,我国政府一直大力支持互联网经济的发展,制定了一些电子商务的法律法规,但这些法律政策主要是针对城市地区,针对农村电子商务的政策少之又少商务部在 2015 年联合 19 部门印发的《关于加快发展农村电子商务的意见》,是第一部专门针对农村电子商务的政策文件。但只有这一个政策意见显然远远不够,在多元化电子商务市场主体发展、建设农村电商物流系统、培养农村电子商务发展环境等方面,我国依然缺少相关法律法规。

第三章　新农村电子商务平台系统建设

第一节　新农村电子商务系统的信息平台

一、新农村电子商务信息平台的内涵

基于互联网技术的农村电子商务信息平台项目,是一个集农村公共信息服务和农村商贸信息化服务于一体的基础建设项目。项目以用信息技术提升农村生产力发展、推动农村全面小康社会建设为目标。其基本内涵是:

一是开发一个面向农村的网络交互平台,让广大普通农民有能力、有兴趣,在自己家里,无须别人帮助的情况下,亲自操作普通计算机、电视机、手机等终端设备,利用互联网发布产品买卖信息。将每个上网农民发布的个性化供求信息转换为能够为广大农民需要的公共信息,从而建立起一个在使用过程中能够实现自我更新、低成本可持续运行的农村公共信息服务平台。

二是应用经济机制设计理论中的显示性原理,通过公共信息平台自动地将买卖双方连接在一起,使信息需求者获得类似于采用拍卖、招标手段能够获得的较为完整的信息,从而建设最有效率的交易机制和效益最大化的交易平台,使农民由"被动接受"变为"主动营销"。

三是系统设计追求网络和数据库结构的开放性、专业性、实用性和创新性;对硬件功能和网络环境的要求控制在先进适用性水平;对上网农民的信

息技能要求降低到具有小学文化水平的农民可以在使用过程中自学并熟练掌握。

总之,通过此平台的建设与应用,逐步建立高效先进的农村商贸信息网络运行机制,采用先进适用的信息技术手段,降低运行成本和费用,广泛推广应用可以提高农业和农村发展的社会效益和经济效益。

二、新农村电子商务信息平台建设的架构

农村电子商务信息平台建设包括农民信息互动、物流配送、农村电子商务、农村社会服务等主要内容,一端联结着广大农民,另一端联结全县、全省、全国乃至国际大市场,这样就实现了千家万户小生产与千变万化大市场的有效对接。[①]

该平台的基本架构分为省、县、村三级(之前试点单位只建设了县、村两级),在县设置信息处理中心,上接互联网、涉农企业和省级平台,下连村级。各村的数据采集点通过互联网络与县信息处理中心连接,实现双向增量数据交换,采用农民文化研制,适合农民使用。县级中心,汇总来自全县农户终端的商贸信息,并代理发布到互联网和省级平台,统一下载互联网的涉农信息,汇总来自涉农企业的信息,经整理、筛选、编辑后增量发给千家万户的农民终端。省级平台主要对网内信息进行综合分析、市场供求趋势预测,为制定有关农村政策提供依据,为广大农民、涉农企业提供充分的市场信息服务。

三、新农村电子商务信息平台运营管理的基本内容

农村电子商务信息平台运营管理主要分基础管理与增值服务两类,为用户提供通用与个性化服务,提升经营管理水平与盈利能力。

提供基础服务,保证平台业务正常运转、数据交换畅通与数据安全。

提供增值服务,在实现基本商品流通与为农服务业务的同时,提供更多的盈利增长点,实现多方共赢。

---

①李道亮.中国农村信息化发展报告(X007)[M].北京:中国农业科学技术出版社,2007.

四、产品在新农村电子商务平台上的流通方式

新农村电子商务的主要平台建设,主要是指农产品的网上交易模式研究,从根本上解决农产品销售难的问题,从而实现加快农民农产品的快速流动和资金的周转,逐步缩小城乡差距,实现城乡的二元共生平衡发展,最终实现农村市场同国际市场对接、城乡共同富裕的最终目标。同时对农产品的质量安全、农村电子商务组织模式、农产品物流标准化和电子农民培养等方面的进行研究,可以保证新农村电子商务的快速有效实施,提高运用效果。接下来将逐步介绍电子商务的主要平台功能及目前比较流行的几种农村电子商务应用模式。

(一)网上农贸市场

网上农贸市场是新农村电子商务应用的最为重要的应用前景之一,它直接反映了农产品在新农村电子商务平台上的流通的方式,影响了消费者进行产品购买的消费方式,进而影响到农产品供应链的好与坏。因此,很多电子商务就是按照产品的交易模式的不同进行分类的。农产品交易模式在这主要是指电子商务平台下农产品在传统生产和经济活动中发起的新的网络社会经济运作模式。好的商务运作模式必须能够赢得顾客,吸引投资者和创造利润,并且它的成功运行需要各个部分的相互支持和改进,其中的任何一部分发生改变,也将成为另外一种模式。而网上农贸市场就是一种将传统的农副产品市场与信息技术相结合的成果。

网上农贸市场在我国已经开展了几年,并取得了一定的效果。目前,国内各大城市出现的网上农贸市场,是近年来新起的一种农副产品网上交易的新模式。传统农贸市场是我国农产品的主要集散地,也是我国农副产品的主要交易场所。通过网络信息化的集成,将传统农贸交易嫁接到网上,使得消费者足不出户就可以通过网上采购就可以获得新鲜的农产品。通过对网上农贸市场的功能完善,还可以添加许多新的功能,如按菜谱提供买菜方案等。通过将现代电子商务模式与传统线下农产品零售业进行创新性融合,以现代网络信息终端设备,简单方便的获取消费者购物信息。通过快捷方便的物流为消费者提供高品质的农产品。

以"农家店"连锁网上超市为代表的网上农贸市场既可以向城市居民直接在网上销售各村特色的农产品,也可以向大型的农资品提供商(如城市的各大百货商场,以及化肥、农药、种子等大型品牌生产商)统一采购农资品。"农家店"连锁网上超市的统一采购可以集成订单提高农民讨价还价的能力,而统一配送则能降低物流成本,降低农资品价格使农民受惠。

网上农贸市场是我国新农村电子商务未来发展的一个美好前景,虽然由于各种原因,许多网上农贸市场出现经营不善的情况,但是不影响百姓对网上农贸市场的强烈需求。网上农贸市场的发展应用有利于改善我国居民生活的质量水平;有利于提高农产品供应商的网络技术;有利于农产品供应链的缩短,降低农产品的成本。

（二）数字农家乐

随着农村旅游业的不断发展,通过农村电子商务的集成,旅游者将不只是单纯的观光型旅游,而且是通过网络化信息化平台对自己的乡村出行进行规划设计,通过以"农家乐"为主的乡村旅游方式进行一种参与和体验。"数字农家乐"是在传统农家乐的基础上,将其成功的集成到新农村电子商务平台中,农村可以通过网络信息平台直接对旅游产品进行宣传和销售,通过套餐的形式给消费者带来一条龙的旅游体验服务。"农家乐"这种乡村旅游方式结合了我国农村旅游业的发展特点,符合我国农村经济发展,在国内有着非常好的发展前景。据调查统计,我国各大省具有不同程度上的"农家乐"旅游项目数,带来乡村旅游业收入逐年增加。然而,随着"农家乐"项目的不断开发与发展,许多项目在不同程度上都出现了一定的问题。主要问题包括:品牌特色不足,存在一定的城市化倾向、项目基础设施的不完善,产品结构化单一和市场风险抵御能力较弱等问题。

因此,通过将"农家乐"与新农村电子商务进行良好对接,通过网络信息化技术,服务于广大的消费者和农村居民。通过平台的在线统计功能,结合历史的数据,可以有效地对市场进行监控,以备及时地调整。同时,如果出现产品供应不足的情况时,可以通过新农村电子商务平台的网络信息发布平台,发布新的"农家乐"旅游项目,以便缓解当前其他项目的供给不足问题,保证旅游消费者的旅游舒适度。借助数字农家乐,可以增加农产品的销售出路,由于是直接从田地到餐桌上,因此节省大量的物流成本,给双方带来较大利益空间。

(三)网上公社平台

由于信息技术的不断发展,城乡居民对生活质量水平的要求也越来越高。网上公社平台是新农村电子商务未来发展又一重要前景,直接影响着城乡居民的生活水平质量。网上公社平台集成了网上乡政府、网上医院、网上学校、网上邮局、网上农民俱乐部等。我国农村地域辽阔、人口居住分散,农民看病难,去乡政府办事难,尤其是空巢家庭问题非常严重。

网上农民俱乐部的重要功能是亲子乐园,可让留守的孩子(老人)在网上和异地打工的父母(孩子)网上视频聊天,尽享亲情;鉴于农民进城看病难,可通过全国联网的网上医院,预约名医,并通过视频聊天初步确定病情;网上学校可以培养信息农民,并让农村的孩子尽享免费开放的教育资源;通过网上乡政府工作告示,农民可以了解官员的去向(在办公室、在下乡、在外地出差、生病请假等)方便出门办事,同时官员可以通过工 Internet 异地为农民办公。网上乡政府还可以向农民宣传国家的农村政策、发布天气预报信息、预测农产品销售行情等。而对于一些特色农业县(如古村落旅游县等)则可以开通国际电子政府网站,借助于互联网这全球开放平台直接向世界展示本地的风采。

第二节　农村电子商务系统发展现状

一、农业电商信息平台的功能

农业电子商务是始于"商机"的,在信息平台上获得有用的商务信息是进行电子商务的开端。以互联网为代表的公共信息平台就是一个蕴藏巨大商机的平台,交易中所涉及的信息流、物流和资金流都与信息系统紧密相关。互联网信息系统是指企业、组织和电子商务服务商,在互联网的基础上开发设计的信息系统,它可以成为企业、组织和个人消费者之间跨越时空进行信息交换的平台,在信息系统的安全和控制措施保证下,通过基于互联网的支付系统进行网上支付,通过基于互联网的物流信息系统控制物流,最终保证企业、组织和个人消费者之间网上交易的实现。因此,互联网信息系统的主要作用是提供一个开放的、安全的和可控制的信息交换平台,它是电子商务系统的核心和基石。

提供平台服务的电子商务服务商主要有四种:接入服务商(Internet Access Provider IAP),主要提供 Internet 通信和线路租借服务:服务提供商(Internet Service Provider ISP),主要为企业建立电子商务系统提供全面支持;一般企业、组织与消费者上网时只通过 ISP 接入互联网,由 ISP 向 IAP 租借线路;内容服务提供商(Internet Content Provider ICP),主要为企业提供信息内容服务,如财经信息、搜索引擎:应用服务系统提供商(Application Service Provider ASP),主要是为企业、组织建设电子商务系统时提供解决方案。

农业农村信息化是农业电商信息平台实现的必要前提。农业电商信息平台功能的实现必须依托信息平台的建设,农业信息平台建设是农业与农村信息化的重要任务之一。[①]

根据农业部制定的《全国农业和农村信息化建设总体框架(2007—2015))。我国农业和农村信息化的主要目标是:农业和农村信息化建设要遵循"政府部门主导,社会力量参与,完善运行机制,实现多方共赢,服务亿万农民"的基本原则,以解放和发展农村生产力为核心,以优化配置信息资源为基础,以开发应用信息技术为支撑,以提升信息服务能力为重点,通过农业部门与相关部门及社会力量的共同努力,到 2015 年,农业和农村一体化信息基础设施装备水平有明显提高,信息化对现代农业、农村公共服务和社会管理的支撑能力显著增强,乡村两级信息化服务组织得到充分发展,农业和农村信息化可持续发展机制逐步完善,基本满足发展现代农业和建设社会主义新农村对信息化的需要。在我国广大的涉农组织中,绝大多数为中小微型企业。我国的农业企业信息化具有与大型企业信息化、国外同类企

---

①侯济恭,李朝灿,潘春来,林铭沥,陈建阳.具有造血功能的农村信息化模式[J].农业网络信息.2010,10.

业信息化的不同特点和规律。从现阶段实际情况出发,走中国特色的农业企业信息化发展道路,没有现成的经验可循,需要在实践中不断摸索和总结。政府部门要在充分发挥中小微企业主体作用的基础上,加强引导,激发中小企业信息化建设的积极性、主动性和创造性。要针对当前制约农业企业信息化的关键问题,通过政策引导、营造环境、组织协调、提供服务,集中力量,重点突破,逐步实现信息化推进工作的目标。

二、农业电商的主要安全技术

(一)加密技术

加密技术是电子商务采取的主要安全技术手段。采用加密技术可以满足信息保密性的安全需求,避免敏感信息泄露的威胁。通常信息加密的途径是通过密码技术实现的,密码技术是保护信息的保密性、完整性、可用性的有力手段,它可以在一种潜在不安全的环境中保证通信及存储数据的安全,密码技术还可以有效地用于报文认证、数字签名等,以防止种种电子欺骗。可以说,加密技术是认证技术及其他许多安全技术的基础,也是信息安全的核心技术。密码技术包括密码设计、密码分析、密钥管理、验证技术等内容。密码设计的基本思想是伪装信息,使局外人不能理解信息的真正含义,而局内人却能够理解伪装信息的本来含义。其中,密码设计的中心内容就是数据加密和解密的方法。所谓"加密",就是使用数学的方法将原始信息(明文)重新组织与变换成只有授权用户才能解读的密码形式(密文),而"解密"就是将密文重新恢复成明文。根据不同的标准,密码体制的分类方法很多,其中常用的主要有对称密码体制(也叫作单钥密码体制、秘密密钥密码体制、对称密钥密码体制)、非对称密码体制(也叫作双钥密码体制、公开密钥密码体制、非对称密钥密码体制)等。

(二)安全认证技术

安全认证技术是为了满足电子商务系统的安全性要求采取的一种常用的必需的安全技术。安全认证的主要作用是进行信息认证。信息认证的目的有两个:一是为了确认信息的发送者的身份;二是为了验证信息的完整性,即确认信息在传送或存储过程中未被篡改过。安全认证技术主要有数字摘要（Digital Digest）、数字信封（Digital Envelop），数字签名（Digital Signature）、数字时间戳（Digital Time – Stamp）、数字证书（Digital Certificate Digital ID）等。数字摘要是采用单向 Hash 函数对文件中若干重要元素进行某种变换运算得到固定长度的摘要码（数字指纹 Finger Print），并在传输信息时将之加入文件一同送给接收方，接收方收到文件后，用相同的方法进行变换运算，若得到的结果与发送来的摘要码相同，则可断定文件未被篡改，反之亦然。数字信封是用加密技术来保证只有规定的特定收信人才能阅读信的内容。日常生活中，通常通过对某一文档进行签名来保证文档的真实有效性，可以对签字方进行约束，防止其抵赖行为，并把文档与签名同时发送以作为日后查证的依据。在网络环境中，可以用电子数字签名作为模拟，从而为电子商务提供不可否认服务。数字签名把 HASH 函数和公钥算法结合起来，可以在提供数据完整性的同时，也可以保证数据的真实性。数字时间戳服务（DTS）是网络安全服务项目，是由专门的机构提供的对电子文件发表时间的安全保护。在交易支付过程中，参与各方必须利用认证中心签发的数字证书来证明各自的身份。所谓数字证书，就是用电子手段来证实一个用户的身份及用户对网络资源的访问权限。

（三）杀毒软件和防火墙

计算机病毒的发作给全球计算机系统造成巨大损失，令人们谈"毒"色变。上网的人中，很少有谁没被病毒侵害过。对于一般用户而言，首先要做的就是为电脑安装一套正版的杀毒软件。现在不少人对防病毒有个误区，就是对待电脑病毒的关键是"杀"，其实对待电脑病毒应当是以"防"为主。目前绝大多数的杀毒软件都在扮演"事后诸葛亮"的角色，即电脑被病毒感染后杀毒软件才忙不迭地去发现、分析和治疗。这种被动防御的消极模式远不能彻底解决计算机安全问题。杀毒软件应立足于拒病毒于计算机门外。因此应当安装杀毒软件的实时监控程序，应该定期升级所安装的杀毒软件（如果安装的是网络版，在安装时可先将其设定为自动升级），给操作系统打相应补丁、升级引擎和病毒定义码。由于新病毒的出现层出不穷，现在各杀毒软件厂商的病毒库更新十分频繁，应当设置每天定时更新杀毒实时监控程序的病毒库，以保证其能够抵御最新出现的病毒的攻击。每周要对电脑进行一次全面的杀毒、扫描工作,以便发现并清除隐藏在系统中的病毒。当用户不慎感染上病毒时,应该立即将杀毒软件升级到最新版本,然后对整个硬盘进行扫描操作,清除一切可以查杀的病毒。如果病毒无法清除,或者杀毒软件不能做到对病毒体进行清晰的辨认,那么应该将病毒提交给杀毒软件公司,杀毒软件公司一般会在短期内给予用户满意的答复。而面对网络攻击之时,我们的第一反应应该是拔掉网络连接端口,或按下杀毒软件上的断开网络连接钮。

自从 1986 年美国 Digital 公司在 Internet 上安装了全球第一个商用防火墙系统,提出了防火墙概念后,防火墙技术得到了飞速的发展。作为内部网络与外部公共网络之间的第一道屏障,防火墙是最先受到州门重视的网络安全产品之一。防火墙(Fire Wall)是一种隔离控制技术,在某个机构的网络和不安全的网络(如 Internet)之间设置屏障,阻止对信息资源的非法访问,也可以使用防火墙阻止专利信息从企业的网络上被非法输出。防火墙是一种被动防卫技术,由于它假设了网络的边界和服务,因此对内部的非法访问难以有效地控制。在逻辑上,防火墙是一个分离器、一个限制器、也是一个分析器,能有效地监控内部网和 Internet 之间的任何活动,从而保证内部网络的安全。

(四)网络安全协议

SSL 是 Secure socket Layer 英文缩写,它的中文意思是安全套接层协议,指使用公钥和私钥技术组合的安全网络通信协议。SSL 协议是网景公司(Netscape)推出的基于 WEB 应用的安全协议,SSL 协议指定了一种在应用程序协议(如 Http, Telenet, NMTP 和 FTP 等)和 TCP/IP 协议之间提供数据安全性分层的机制,它为 TCP/IP 连接提供数据加密、服务器认证、消息完整性以及可选的客户机认证,主要用于提高应用程序之间数据的安全性,对传送的数据进行加密和隐藏,确保数据在传送中不被改变,即确保数据的完整性。

SET 协议(Secure Electronic Transaction,安全电子交易)是由 VISA 和 MasterCard 两大信用卡公司联合推出的规范。SET 主要是为了解决用户、商家和银行之间通过信用卡支付的交易而设计的,以保证支付信息的机密、支付过程的完整、商户及持卡人的合法身份以及可操作性。SET 中的核心技术主要有公开密匙加密、数字签名、电子信封、电子安全证书等。SET 协议比SSL 协议复杂，因为前者不仅加密两个端点间的单个会话，它还可以加密和认定三方间的多个信息。

可以从以下 4 个方面来比较 SSL 和 SET 的异同。①认证机制：SET 的安全要求较高，因此，所有参与 SET 交易的成员（持卡人、商家、支付网关等）都必须先申请数字证书来识别身份，而在 SSL 中只有商店端的服务器需要认证，客户端认证则是有选择性的。②设置成本：持卡者希望申请 SET 交易，除了必须先申请数字证书之外，也必须在计算机上安装符合 SET 规格的电子钱包软件，而 SSL 交易则不需要另外安装软件。③安全性：一般公认 SET 的安全性较 SSL 高，主要是因为整个交易过程中，包括持卡人到商店端、商店到付款转接站再到银行网络，都受到严密的保护，而 SSL 的安全范围只限于持卡人到商店端的信息交换。④基于 Web 的应用：SET 是为信用卡交易提供安全的，它更通用一些。

安全是一个系统的概念。安全问题不仅仅是个技术性的问题，更重要的还有管理，而且它还与社会道德、行业管理以及人们的行为模式等联系紧密。安全是相对的。不要追求一个永远也攻不破的安全技术，安全是相对的，而不是绝对的，如果要想以后的网站永远不受攻击，不出安全问题是很难的，我们要正确认识这个问题。安全是有成本和代价的。在速度与安全上要均衡考虑，牵涉支付等敏感问题对安全的要求则更高。作为一个经营者，应该综合考虑这些因素；作为安全技术的提供者，在研发技术时也要考虑到这些因素。安全是发展的、动态的。安全技术的敏感性、竞争性以及对抗性都很强，这就需要不断地检查、评估和调整相应的安全策略。没有一劳永逸的安全，也没有一蹴而就的安全。

三、农村电子商务信息平台存在的问题

（一）平台的技术和运营能力不足，省内的资源共享与整合不够

目前，各地由于覆盖能力限制还不能享受平台提供的信息服务。此外，在信息资源和客户资源方面，也缺乏在范围内的共享平台，资源的利用效率

没有得到充分发挥。目前我国还有多个地区自行开展涉农信息服务,这种分散发展的平台架构不利于平台业务的进一步扩展与深化应用。这些问题也反映出平台设计者对于涉农信息服务业务的发展缺乏战略层面的考量。

(二)缺乏主导业务,行业应用深化不够,没有形成信息产业链

目前,平台的主要业务基本都是根据各地情况开发的信息交换服务,尚未形成主导业务;此外,当前平台提供的主要是大众性的普遍信息传递服务,缺乏对用户需求的深入研究和针对行业特定需求的应用,难以有效创造商业价值。比如,面向现代商贸流通全产业链的电子商务服务亟待开发。

(三)服务手段单一,用户的互动参与不够

虽然电脑和手机能够帮助用户随时随地实现与服务平台之间的双向互动,但在现有服务中并未得到充分发挥。目前,所有的平台业务只提供信息交换服务,基本没有实现用户的参与和互动功能,没有发挥通过用户参与解决最初一公里信息收集和准确了解用户需求,解决信息流、商流、物流、资金流合而为一的全产业链的技术优势。

(四)服务内容缺乏个性化,信息传送的针对性和精准度不够

农业生产具有区域性、分散性、季节性、时效性等特点,能否为客户提供个性化、及时的、有针对性的服务,将是信息服务成败的关键。目前,平台业务基本上停留在泛泛的信息传送层面上,还无法达到根据地域、品种、产业以及用户特定需求进行信息精准匹配的程度。

(五)缺乏有效的商业平台架构,可持续发展能力不足

目前,平台业务以公益性服务平台架构为主,基本没有收费。由于尚未形成有效的商业平台架构和赢利平台架构,因而也无法给合作伙伴带来价值。这不但会降低合作伙伴的参与积极性,而且有可能动摇电子商务平台业务发展的经济基础。

第三节　新农村电子商务平台的规划
方案及建设对策

一、如何选择适合自己的农业电商平台

（一）农业电商平台与农业企业自建电商网站

涉农企业在网上销售自有产品，可以有两种途径：一是电子商务平台上注册会员，开设个人店铺；二是自立门户型的企业电子商务网站建设。电子商务平台就是一个为企业或个人提供网上交易洽谈的平台，通常由买卖双方以外的第三方平台服务商提供服务。企业电子商务平台是企业（通常是供应链的核心企业）建立在互联网上进行商务活动的虚拟网络空间和保障商务顺利运营的管理环境；是协调、整合信息流、资金流、物流、商流有序、关联、高效流动的重要场所。企业、商家可充分利用电子商务平台提供的网络基础设施、支付平台、安全平台、管理平台等共享资源有效地、低成本地开展自己的商业活动。企业电子商务网站主要面向供应链上各节点单位，例如供应商、客户或者企业产品（服务）的消费群体，以提供某种直属于企业业务范围的服务或交易，或者为业务服务的服务或者交易为主。

1. 第三方电商平台

（1）优势

①信用体系比较完善，信用制度和可信度都较高；

②有较完善的购物流程；

③较具规模的平台，流量较大，客户目的性较强；

④有自身的商城模板，可快速搭建网上门店；

⑤直接利用平台已有的庞大用户资源，帮助企业节省自建及维护电子商务网站的费用和长期的推广费用。

（2）劣势

①在运营上有较多的规则限制，店面样式比较单一，显现不出自身的

特点；

②需要向第三方电商平台提供商缴纳一定的佣金或者保证金,例如目前较具规模的电商平台均收取会员费；

③功能方面较受限,扩展性较低,以及多个性化功能如果第三方平台没及时推出就无法使用,或者需要额外支付费用。总结成两点就是:其一,开店成本极低；其二,经营方式灵活。

2. 自建独立电商网站

（1）优势

①没有佣金负担；

②网站空间容量不受限制,可以任意展示更多的商品,提供更好的用户体验；

③可拓展性高,网站无论是框架还是风格内容全都由自己掌控；

④结合自身和用户的特点,可以贴合用户使用习惯和消费习惯来提供个性化服务；

⑤在销售和服务流程中,可以采用比第三方电商平台更高标准来要求自己,提供更好的服务；

⑥通过自建电商网站,对企业的长期健康发展非常有益。

（2）劣势

①需要购买服务器域名和软件等基础设施；

②初期投入较高,效果需要时间积累；

③建站初期可信度低,推广难度较大；

④如果需要自建运营维护团队需要投入较大的人力物力成本,总结成两点就是:其一,建站初始成本高；其二,运营的自主性、独立性强。

（二）如何选择开展电子商务的平台

如果你没有足够的人力、物力和财力,又缺乏经验,本手册建议你还是从第三方行业门户类电子商务平台"起家",开启你的电子商务之旅。待日后有了足够的人财物力并积累了从事电子商务的经验后,可以自建网站。对于有实力有经验的涉农企业,本书建议最好将自建网站和平台店铺一同开起。

　　如果你是农产品的供应方(即交易卖家)你可以有如下选择:对于农产品提供方来说,待售的农产品通常已经确定,例如你种庄稼,就不可能卖蔬菜。在待售农产品已确定的前提下,建议你根据农产品的细分门类来选择网络交易平台。如果是基础性农产品,即所售农产品是粮、棉、油、糖等,建议你选择农业大类里的细分行业门户网站,例如你待售的是玉米,你可以选择前文介绍的中国玉米信息网等玉米行业门户网站。如果是生鲜农产品,即所售农产品是水果或蔬菜等,建议你选择生鲜品电子商务平台。目前,提供此类平台服务的提供商主要有三类:第一类是综合性电商平台的生鲜频道,例如阿里的瞄鲜生、京东的生鲜频道、顺丰的顺丰优选等;第二类是细分行业门户网站,例如中国枣网等;第三类是具有区域特色的生活服务类电商,例如安徽朗坤物联网公司的"农市通"电商平台。

　　如果你是农产品的需求方(即交易买家),你则需根据你对农产品的用途来进行选择:如果你的采购主要用于初级农产品的再加工,你可以参考以上所述供应方的选择;如果你的购买主要用于消费,则需根据你的消费习惯及消费环境进行选择。

　　总之,无论你是供应方还是需求方,及时准确地获取信息,便捷互动的信息沟通均是你选择电子商务平台首先需要考虑的条件。

二、新农村电子商务平台建设对策

(一)加强农村网络基础设施建设

　　1. 鼓励各种社会力量参与,构建保证信息的完整性和安全性的多层次的开放的网络体系。把网络连接到种植、养殖大户、农民经纪人、农业企业和农户的家中。在农村网络基础设施建设上,应具有针对性。在经济发达、农民素质较高的地区,应积极采取各种措施,鼓励和帮助农民上网;在经济不发达、农民知识水平较低的地区,可以依托目前较为普及的电话网、电视网、广播网,大力发展广播电视和通信工程。

　　2. 加强农业基础信息资源系统建设。农业基础信息资源系统主要包括农业市场信息系统、农业生产信息系统、农业科研教育信息系统、农业资源环境信息系统、农业管理信息系统、农业企事业单位信息系统、农业政策法规信息系统等。要加大收集各方面的信息,以充实现有数据库的内容,给农业电子商务从业人员提供全面、丰富、准确、及时的科技、市场信息服务。

3. 增强信息化基础设施,提高农民文化素质水平可以采取政府企业联合的方式。例如2007年8月,联想集团与广东信息产业厅签署《广东农村信息化建设合作框架协议》。广东省政府投入3500万推动农村信息化建设,在区县建200个信息体验中心和体验点。联想集团也正式启动"新农村战略",投放农村天福及圆梦二代系列等主打产品,价位分别为1499元、1999元、2499元、2999元。

4. 建立农业信息服务体系。逐步建立农业生产资料的生产、供应体系;农产品加工、销售体系;农业科研、教学、技术推广体系;农作物种子、家禽畜种的培育、繁殖、加工、销售体系及农产品质量检测、监督体系等一系列的农业信息服务体系。

5. 真正实现网上在线交易。新农村电子商务网站要深入地、比较完善的为会员提供整套必要的交易服务,突出农产品的交易功能,实现在线查询、搜索、发布、展示、洽谈、反馈、订购招标、拍卖等商务功能,着力构建一个以信息流来驱动物流和资金流的网上信息港和交易社区。

6. 移动通信运营商应更多地参与到农村信息化和电子商务建设。因为手机相对电脑是价格较为低廉的信息化终端,语音、短信、WAP上网已经是目前运用较为成熟的信息化手段。如果相关费用降至农民均可以承受的程度,则移动电子商务灵活、简单、方便的特点,简单、易于操作的界面,再辅以安全可靠的电子支付平台,将给更多的农民带来福祉,也必将对农村的信息化和电子商务建设产生极其深远的影响。

7. 利用电子商务平台推进农村电子商务发展。目前,我国已经有卓有成效的电子商务平台,例如阿里巴巴。农民利用这样的平台,在不用建立自己的网站的情况下就可以和外界联系,出售农产品,做电子商务。通过利用平台涉足电子商务领域从而带动更多农户开展电子商务活动。

(二)建设高效农业电子商务平台

建设农业电子商务平台,为农业产业化提供大量的多元化信息服务,为农业生产者、经营者、管理者提供及时、准确、完整的农业产业化的资源、市场、生产、政策法规、实用科技、人才、减灾防灾等信息;同时,为企业和农户提供网上交易的平台,支持 B2B,B2C,C2C 等多种交易模式,降低企业和农户从事电子商务的资金门槛,培育、扶持农业电子商务企业。

1. 选择适合的电子商务切入模式。应根据各地区农业经济发展的特点,采用适应本地区发展的农业电子商务切入模式。经济发达地区可通过电子商务平台实现接洽、合同和货款支付的电子化交易,除物流之外,商流、信息流、资金流都在网上进行,以真正体现电子商务的优势。不发达地区可以采用通过农业信息网的信息发布平台在网上发布供销信息,网下完成交易的初级电子商务模式。

2. 加强农业产业化数据库建设。应统筹规划,协调指导,加强农业产业化数据库建设,提高数据库资源的拥有量和开发利用水平。同时,应在各地区、各部门结合本地农业产业化发展的实际情况建设各具特色的数据库的基础上,实现数据交换的及时通畅,共享信息资源。

3. 建立高效的规范的信息数据库系统。信息时代,谁最先获得信息、谁最先运用信息,谁就能获得市场、获得利润。要发挥农业电子商务的巨大潜力,一定要建立一个高效的规范的信息数据库系统,即建立一个良好、高效的收集信息、分析信息的数据库系统。从而优化自身的资源配置,降低成本,提高效率,增强市场占有率。

4. 农业电子商务平台的功能设置。当前,不少涉农电子商务平台只有静态的浏览信息,这显然是不够的,还应该具备如下功能:产品信息发布、产品信息快速查看、在线客户咨询、订单查询、在线商务谈判、在线交易支付、物流配送、客户反馈、客户服务、投资机会、产品知识、常见问题解答(FAQ)、全球销售网络分布、全球采购、新闻中心、产品中心、人才中心等。只有功能完备的电子商务平台才能赢得更多的商业机会。

5. 农业电子商务平台的宣传和推广。不管采取哪种方案搭建了电子商务平台,都要做好网站的宣传和推广工作,扩大访问量,赢得社会关注和认可。对此,应注意:平台设计应具有农业特色;具有较好的安全性和交互性;在各种公共媒体上发布网站信息;在互联网的相关网站上发布广告条,设置友情链接;给潜在的客户发送电子邮件,寻找可能的贸易机会;在搜索引擎中设立自己的位置,让潜在客户发现自己。

三、农业电子商务平台构建方案

对于势力雄厚、信息化基础设施条件较好的发达地区,农业企业可选择构建自有的电子商务平台,并通过互联网实现国际化的电子商务;对于一些中小型企业,可依托第三方电子商务平台来实现电子商务;对于业务联系紧密、集约化经营的企业联盟,可通过协同集成的方法构建协同电子商务平台;对于力图开拓国际市场、具有较强市场竞争力的企业或企业联盟,可通过构建国际化的电子商务平台,参与国际市场竞争。

(一)创建农业电子商务平台

农业电子商务平台大体上可分为三类:一类是起宏观指导作用的政府农业网站。此类网站的特点是农业信息服务和管理。另一类是起农业信息中介作用的非政府组织网站,此类网站的特点是提供综合性农业信息或专业化信息。第三类则是直接用于农产品交易的网络,这是农业电子商务的最终表现形式,此类网站的特点是能够提供农产品网上订购和网上支付的网络。除此以外,还可以根据各地的特点搭建特色农产品交易平台。

(二)加快软件服务平台构建

应重点扶持几个综合性农业网站,重点扶持的对象是具备相当规模的,集农业信息资源与电子商务等多功能服务于一体的,信息齐全、功能强大的综合性农业网站;为顺应网络经济时代农产品贸易电子化的趋势,必须大力发展适合我国国情的农产品电子商务,以促进农产品产供销网络化,提高农产品流通效率。

(三)培育网上交易的客户群

加强电子商务有关知识的宣传与培训,提高电子商务在农户中的可信度。通过举办形式多样、生动活泼、图文并茂的电子商务科技宣传和培训,传播电子商务的应用方法和注意事项,扩大农村居民对电子商务的了解和认识。此外,对于大多数人有顾虑的网上交易安全、货物质量、付款、送货等方面问题,政府应该从立法、执法方面加以规范,减少风险。

四、电商平台提供的农业电商服务

(一)顺丰优选

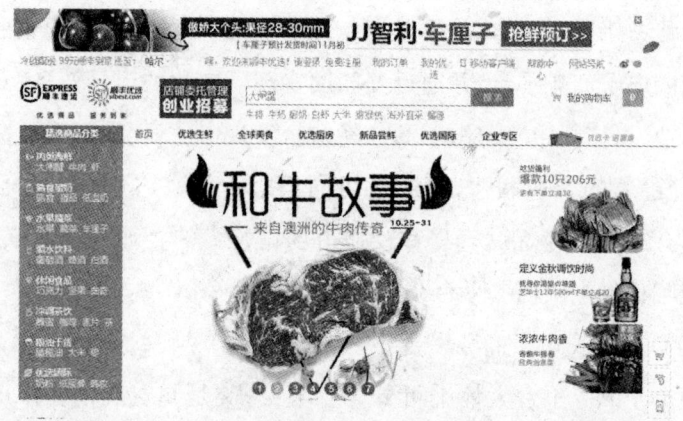

顺丰优选网站首页截图3.1

2014年9月25日,顺丰速运有限公司在上海发布"顺丰冷运"品牌,表示将为生鲜食品行业客户提供"一站式供应链解决方案"。顺丰冷运是在整合顺丰现有物流、电商、门店等资源的基础上,为生鲜食品行业客户提供冷运仓储、冷运干线、冷运宅配、生鲜食品销售、供应链金融等一站式解决方案。事实上,在2012年5月顺丰的自有电商平台,顶丰优选上线之初,顺丰便开始在冷链物流领域布局。2013年12月,顺丰正式成立了食品供应链事业部,之后逐渐推出"仓干配销"一体化的行业解决方案。2014年9月,集冷运存储和中转功能的顺丰上海和厦门冷库也已正式启动。预计到2014年底,顺丰将建成启用包括北京、广州、深圳、武汉、成都等地的总计10座B2C冷库。眼下,顺丰冷运的主要服务对象仍是顺丰优选,但公司已逐渐引入其他电商客户,如易果网、冰天美帝冰激凌等。据公司称,在顺丰优选,生鲜商品可以覆盖全国54个城市;易果网在上海仓库的生鲜商品也可以被多批次、小批量地送至北京仓库。

顺丰因看好冷链物流的巨大市场潜力,已将冷链物流作为公司重要的战略业务支柱。顺丰冷运目前在国内的冷链物流行业中排在前十,"顺丰优选"进仓后的货损率不到2%。在此基础上,顺丰此前布局的"嘿客"门店成为顺丰冷运的又一关键环节,在公司设想中,由于生鲜食品不能脱温,当顾客无法及时收取货物时,顺丰冷运可以将嘿客作为商品的"缓存"区域,由顾客上门自取,或由嘿客员工送货上门。此外,由于生鲜食品的物料包装比较复杂,嘿客还可以承担物料回收的功能。顺丰是完全的自建物流体系,目前常温已经铺盖全国并已布局低温。近年来出现的24小时之内将南方荔枝送北京、北方内蒙古的羊肉送到海南的经典案例都是由自建的冷链物流快速实现的。

（二）京东的生鲜频道

京东生鲜频道页面截图3.2

2012年7月18日京东正式宣布推出生鲜食品频道,成为继顺丰优选后网售生鲜食品的B2C平台。该频道展出的商品包括水果、蔬菜、海鲜水产、禽蛋、鲜肉、加工类肉食等频道。上线首日便推出了水蜜桃、牛肋条的限时抢购,以及部分进口水货的降价活动。顺丰优选先于京东进军生鲜市场,还专门为生鲜食品搭建了冷冻冷藏仓、恒温恒湿库房并实行全程冷链配送。从仓库到顾客家里,商品暴露在常温中的时间须控制在10分钟以内。京东上线生鲜频道,物流方面是软肋。此外,对于还没有网购生鲜习惯的国内消费市场来说,建立顾客信任、转变顾客消费习惯也是运营生鲜食品电商的前提。京东于2014年启动了末端配送服务站模式并开始尝试从田间直达餐桌的"ABC"(Agricultural to Business to Customer)模式,12月14日京东自营生鲜配送站已试运行,这种模式刚好迎合O2O的末端最后一公里的购物体验;其中的B环节将覆盖全部采购、仓储、配送、营销售后环节;但京东的冷链仓储、干线、支线配送等方面还有得整合,只能拭目以待。

第四章　加快农村电子商务人才培养

第一节　农村电子商务人才的现状

在我国大部分农村,农业网站数量快速增加,各种企业开始快速入驻电子商务平台或是农村农民自主建设电子商务,我国农村的电子商务建设逐步加速和完善。但是,我国农村的电子商务建设还是处于摸索前进的初级阶段,和农村电子商发展比较成熟的发达国家比较还存在很大的差距。电子商务的健康发展不仅要借助可靠的信息技术及通信技术支持之外,更需要农村基础主体农民的大力支持,而农村电商人才这块短板在一定程度上阻碍着农村的发展,所以,农村电子商务人才的培养必须要加快推进,农村自建企业也要对电子商务有正确的认识,就先来浅谈一下农村电商人才发展存在的一些问题。

农村地区电商人才缺乏、农民对电商的接受度不高,已经成了一个非常严重的发展瓶颈。在探索农村电子商务人才培养路径的过程中,高校人才培养模式、农村连锁超市的人才缺乏和人才流失都是人才培养过程中亟待解决的问题。

其一,高校电商人才培养模式滞后。目前大多数高校已开设电子商务专业,全国兴起了电子商务人才培养的热潮。在这股热潮的背后却出现了一个令人遗憾的结果,电子商务毕业生就业情况不甚理想,很难寻找到与他们专业相匹配的工作。从企业来看,他们又难以寻找到与自身企业相匹配的专业商务人才。这种矛盾现象的出现，主要是由于高校培养模式中理论和实践相脱离导致的，这样就有可能出现毕业生就业难，而相关企业出现人用工荒的矛盾现象。从培养电子商务人才的实践来说，高校缺乏实践环境，更缺乏连锁超市电子商务业务的实践环境。高校教师仍然未能摆脱以理论说教为主的教学方式，虽然目前大部分高校已经引入了实验室等基本硬件设施，但由于实验室各种软件质量的差异，硬件设施和软件设施难以与时代接轨，导致实验能力与效果都比较差，所以高校目前无法满足电子商务人才的实践需要，也无法满足电子商务人才的教学目标。

从电子商务人才培养的师资力量来看，高校电子商务专业教师的储备并不充分，电子商务专业的教师大部分来自高校的管理学专业和计算机专业，这些教师自身也缺乏电子商务的知识，自身也在学习之中，他们无法系统深入的为学生输灌知识，使得电子商务教学效果大打折扣。

其二，高校关于电商人才培养的模式比较落后后，农村电商人才僵乏

现阶段，由于互联网热潮的影响，全国各地都在围绕电子商务进行人才培养，然而市场调查，这些热门专业的毕业生却出现就业难题，大家都反映很难在市场上找到与自己专业十分匹配的那类工作，而招聘的企业却反映，他们更难以招聘到符合企业的人才。究其矛盾产生的原因，就是我国高校在学生培养过程中，造成理论与实践的脱节，大部分毕业的学生空有来源于书本的理论，而真正的实践能力却比较弱，长久积累就导致了劳动市场面供给和需求出现矛盾。电商人才在农村的缺乏。首先，我国农村很多人口受教育程度低，又化素质比较低，不少的农村人口甚至没有接受过关于电子商务的相较而言正式培训。其次，由于城市和农村在基础设施、公共服务等方面的差异性，大多数农村人口选择留在城市打工而不愿回到家乡。第三，入驻农村的电商企业即使招聘到一些优秀员工到农村电商市场，都是也可能因为薪资环境等产生流失。

其三，农村连锁超市电商人才缺乏。目前农村对于发展和建设的需求与农村需要人才的需求远远不对等，农村人才缺乏的问题亟待解决。农村人才缺乏有着深刻的原因。首先，农村人口自身文化素质较低，缺乏正式的入学教育。其次，由于我国城乡二元差异的增大，城市与农村的经济发展、

公共服务、基础设施、优惠政策的差异逐渐扩大,人才越来越多的选择留在城市发展,造成农村与城市的人才矛盾也越来越大,形成了恶性循环,甚至是来自农村的孩子有萌发了走出农村的向往,农村自身的人才也流向了外地。再次,农村的自然环境和社会环境不同于城市,我国城市地区的基础设施完善、交通快捷、生活品质高、薪酬待遇高、工作机会多,这些因素都极大地吸引了全国各地的人才涌向城市。对于农村连锁超市而言,缺乏电子商务的人才自然也会由于农村人才的缺乏受到波及。

其四,我国农村互联网普及低,城市和农村的发展差距较大

现阶段,除了电商人才存在的问题外,制约着我国农村的电子商务发展的因素还有很多。2016 年有关于我国互联网在农村发展的状况报告显示,城乡互联网普及率差异在 2015 年出现缩小趋势,2015 年城镇地区互联网普及率超过农村地区 34.2 个百分点。随着农村地区互联网普及工作力度加大,城乡差异正在逐步缩减,但普及率差异仍超过 30%。城乡间存在差距一方面是由城镇化进程在一定程度上影响了农村互联网普及推进工作的成果造成;另一方面则是由地区经济发展不平衡造成,这也是城乡差距的主要原因,如何解决城乡数字鸿沟需要继续探索。

其五,农村人口的受教育程度较低

农业部的有关调查显示,在全国 56147.9 万农村从业人口中高中以上教育的仅有 3258.7 万人,仅 5.8%,小学 23665.5 万人,占 42.15%,初中 21356.3 万人,占 38.04%,平均受教育年限 6.54 年,纯农业为 6.23 年。我国农村中农民平均受教育年限不足 7 年,4.8 亿农村劳动力中,小学文化程度和文盲半文盲占 40.31%,初中文化程度占 48.07%,高中以上文化程度仅占 11.62%,大专以上只有 0.5%。导致很多人对计算机的认识与使用等都不会,而涉及电子商务这一块的更是盲点。所以这就严重制约着电子商务在农村的进一步发展。由于受教育的程度低,所以农民很少有机会去了解时下最新的一些消费理念,而电子商务又有时间和空间上的差异性,它不像传统的金钱与货物的当面的交易,所以,老百姓对这种虚拟性产生怀疑,更多人甚至排斥。相较而言,经济较发达地区人们的思想而观念更容易去接受电子商务的发展。

　　近几年,伴随着我国互联网的快速发展,加之国家农村经济又化等多方面的改革推进,我国农村实现了经济的飞跃,农村人口生活水平极大提高,农村人口正在寻求更高质量的生活模式。而互联网就是一个窗口,让戴着眼镜的农村人口去寻找电商发展的空间,让农村这片土地更加肥沃。但是,由于农村长期以来都是我国的薄弱环节,我国农村也面临着电商人才的短缺和电商人才综合素质较低等弱点,这又极大地限制和阻碍电子商务在我国农村的发展,所以,我们需要从实际情况去分析深层次原因,找到一条健康有序的发展之路。

第二节　农村电子商务人才队伍建设

　　首先,农村电子商务要培育的是"哪些人"? 从农村电子商务的建设方向上分,把人员划为工业品下乡的从业人员、农产品或者在农村的电商从业人员、农村电子商务产业链的服务人员(服务商)三类人。

　　从资源形态和组织行为上来看,农村电商的人才培育,大致有这些力量。一是政府的公共服务培训力量,比如人劳社保部门、农办、团委等;二是农村自发的帮带力量,这点在各个淘宝村看到很多模型,邻里帮带,很土但是很实用;三是企业市场推动力量,比如阿里巴巴淘宝大学、赶街网教育体系。

　　农村电商的人才培育"貌似充足",那么,难点应该更多是出在人才培育的方法和办法,以及养成的基础土壤环境。

　　一是要解决谁来培育与培育标准。由于电子商务快速迭代以及农村电商的新兴,农村电子商务的课程及师资相比标准化类产品要稀缺,2014 年以来淘宝大学、阿里巴巴商学院等社会培训机构或高校都有专门的调研与交谈,却发现这个部分的课程体系还是在形成过程中,缺少合适的课程与师资,培育效果自然可想而知。把一些单项技能,比如农村电子商务包装,列入区域的劳动技能单证考核培训体系中,形成职业农民的"新劳务品牌"。

　　而在一些县域,网商才刚刚起步,大都把培训委托给职业高中等机构,就有了电子商务培训教计算机应用的培训场景。

二是农村电商人才培育的方法和办法。在农村电商实用人才培育的知识、技能分布上,有观念性培育、技能培育。在很多区域进行农村电商人才培训,经常忽视农村电商这个主体的观念培育。这些学员,往往小像城里的学员对电子商务、互联网已经像水电一样习惯,假设小进行基础的观念更新与习惯养成,一上马就是注册、开店、上新、推广、PS,往往达到理想的效果。

三是持续的跟踪培育服务体系。把农村电商人才称为"培育",而是简单的"培训"。有个观点说:电商人才短缺也是其他原因,因为电商本身没有人才,谁都是人才,如果三个月接触电商,这三个月之内你什么都看,你可能就知道这个行业了。

四是高校体系与市场的对接。有一个非常好玩的现象,全国对高校毕业生的专业有个风险警示,某几个专业的学生是比较难分配的,其中一个就是电子商务专业。而阿里研究院的数据表明,未来两年县域电子商务的人才缺口是 200 万以上。虽然这一点,小是特指农村电商的范畴,但非常值得思考的是现有人才培训体制的问题。各地县域电子商务发展起来以后,急需实战性的农村电商人才培训,要借助市场的力量,借助市场化平台的力量,只有这样才"解渴"。

五是农村电商人才培育的土壤。"空心村"情况严重,有生产力、有互联网应用能力的农村青年大量外流,以及政府职业技能培育的考级导向等问题普遍存在,这个方面,人才的基础土壤环境还需改良。

首先,与高校建立人才对接机制。从电子商务人才培养的源头着手,与高校建立密切的合作关系,通过农村电商的用人标准、人才所要达到的技能水平、人才至少需要在农村工作的期限等条款与高校达成就业协议。学生可以利用寒暑假时间参加实习,提高实践能力。其次,提升农村电子商务人才的薪酬待遇,以避免人才流失。制定完善的薪酬体系和晋升机制,定期发放绩效奖金,激发工作潜力和积极性。最后,加强职业技能培训。随着农村电子商务的不断发展,农村电商所需人才结构也不断发生变化,相关单位可以定期组织职业技能培训,一方面提高在职人员的职业技能水平,另一方面培养更多的适合农村电商工作的人才。

随着社会的进步、科技的发达、信息网络的畅通、网络购物平台的兴起、农村居民消费观念的转变及零售业态的创新与融合,农村电商发展离不开电子商务人才的核心驱动,不断改进电子商务人才的培养模式,培养更多符合市场需求的专业人才,尽快弥补农村电商人才缺口才是农村电商持续健康快速发展的必由之路。

一、电子商务专业人才培养模式存在的问题

为了满足社会和企业对于电子商务人才的迫切需求,教育部于2000年批准部分高校增设电子商务专业。到目前为止,大多数高校已开设电子商务专业,全国兴起了电子商务人才培养的热潮。在这股热潮的背后却出现了一个令人遗憾的结果:电子商务毕业生就业情况不甚理想,很难寻找到与他们的专业相匹配的工作。从企业来看,他们又难以寻找到与自身企业相匹配的专业商务人才。这种矛盾现象的出现,主要是由于高校培养模式中理论和实践相脱离导致的,这样就有可能出现毕业生就业难,而相关企业出现人用工荒的矛盾现象。

从电子商务的专业定位上看,目前没有学校有连锁超市电子商务业务方面的专业定位,普遍现象是电子商务专业融合了计算机网络、营销学、管理学、经济学等专业的学科知识,没有形成一套电子商务自身的理论体系。主要表现为高校在对电子商务人才培养的课程设置上,盲目追求技术型、商务型的复合人才,没有市场侧重点,没有岗位针对性,对于专业的定位不清晰,许多高校将电子商务人才的培养混同为综合管理类人才培养,还有部分高校将电子商务人才培养成电子计算机专业的人才,前者人才主要是学习熟悉经营管理知识,后者主要是学习计算机技术。这就成为企业招合适的人难的主要原因,电子商务人才的管理能力学习者缺乏实践积累,计算机技术学习的电子商务人才的技术水平高,但是相关管理理论缺乏,这也成为一大问题。所以,电子商务人才需要自己清晰的专业定位和合理的课程设置,从而才能更好地培养出符合社会需求的人才。

从培养电子商务人才的实践来说,高校缺乏实践环境,更缺乏连锁超市电子商务业务的实践环境。教学应该是以激发学生兴趣、激发学生的创新

思维和求知欲、探索欲为目的。电子商务本身又是一门需要学生参与实践活动的专业。目前国内高校教师仍然未能摆脱以理论说教为主的教学方式,虽然目前大部分高校已经引入了实验室等基本硬件设施,但由于实验室各种软件质量的差异,硬件设施和软件设施难以与时代接轨,导致实验能力与效果都比较差,所以高校目前无法满足电子商务人才的实践需要,也无法满足电子商务人才的教学目标。

从电子商务人才培养的师资力量来看,高校电子商务专业教师的储备并不充分,电子商务专业的教师大部分来自高校的管理学专业和计算机专业,这些教师自身也缺乏电子商务的知识,自身也在学习之中,他们无法系统深入的为学生输灌知识,使得电子商务教学效果大打折扣。还有许多高校老师也是大学刚一毕业就进入了工作岗位,他们也缺乏实践,只会给学生讲解一些基本的概念和词汇,高校缺乏对他们的职业培训,也间接导致教师队伍的落后。

二、电子商务人才的缺乏

我国长期以来的人才开发政策重心主要在城市,农村人才的缺乏一直成为制约农村发展的重要因素。虽然近年来,党中央和政府部门一直将农村人才开发作为一项重要任务,也开展许多切实有效的工作,但从目前的形势来看,农村对于发展和建设的需求与农村需要人才的需求远远不对等,农村人才缺乏的问题亟待解决。

农村人才缺乏有着深刻的原因。首先是农村人口自身文化素质较低,缺乏正式的入学教育。其次,由于我国城乡二元差异的增大,城市与农村的经济发展、公共服务、基础设施、优惠政策的差异逐渐扩大,人才越来越多的选择留在城市发展,造成农村与城市的人才矛盾也越来越大,形成了恶性循环,甚至是来自农村的孩子又萌发了走出农村的向往,农村自身的人才也流向了外地。再次,农村的自然环境和社会环境不同于城市,我国城市地区的基础设施完善,交通快捷,生活品质高,薪酬待遇高,工作机会多,这些因素都极大地吸引了全国各地的人才涌向城市。对于农村连锁超市而言,缺乏电子商务的人才自然也会由于农村人才的缺乏受到波及。

三、人才流失

美国学者曼吉尼使用了一系列的人口学、心理学和职业方面的变量来预测人才流失,研究发现按照影响的强烈程度来排序,下列的变量的影响程度由强到弱变化:对舒适的满足度、对同事的满足度、产业、年龄、任职期、职业、对货币性奖励的满足度、职业声望和对挑战性的满足度。当然这是在一个发达国家研究的结果,对我国来说仅仅有一定的参考价值。值得注意的是,人口学变量、心理学变量和职业变量都对解释和预测人才流失有重要意义。因此忽视这中间的任何一个变量,都会使解释和预测人才流失的能力降低。

电子商务人才属于既具备专业知识又具有管理能力的复合型人才,随着信息技术的发展,电子商务环境条件的改善,知识结构和知识更新成为人才自我提升的重要方面,人才为了在瞬息万变的知识经济中能更快获取新知识和技能而加快了流动。电子商务作为传统行业在电子领域的延伸,将会持续、广泛、深入地渗透到经济活动的每一个角落,对人才的需求也是一个长期、全面和综合性的过程,据国内专家预测,我国未来 10 年中将需要200 万名电子商务专门人才,这种人才需求的局面也会促进人才的流动。

由于地处农村,自然环境相对来说可能会比较差一点。通过各种优惠政策引进了人才后,也可能会因为管理经营不善、薪资待遇等现实问题形成员工流失的现象,使得农村又再次面临用人难的困境。

从电子商务人才自身来说,很多年轻人都有着追求更好的工作、更好的生活的美好愿望,可能只会把农村连锁超市作为自己的一个起点,从而无法真正地植根于农村,这也导致了农村连锁超市商务人才的流失。

四、农村流通现代化背景下的人才需求分析

（一）农村流通现代化背景下的人才需求特点

农村流通现代化是指在农村的商品流通的全过程运用先进的流通技术设施、手段和现代的流通方式、管理方法,遵循市场经济规律和国际通行规则,使商品流通领域的商流、物流、信息流建立在现代科学技术基础上,形成

高效率、高效益的商品流通体系。

流通现代化的内容主要包括：流通观念现代化、流通组织现代化、流通方式现代化、流通技术现代化、流通基础设施现代化、流通布局现代化和流通管理现代化等。从农村流通现代化的概念与流通现代化的内容我们可以分析得知，农村流通现代化的过程人才的需求具有如下特点：1. 农村流通现代化的实现，要求在实施农村流通现代化的实现过程中需要有掌握了流通现代化观念的人才；2. 农村流通现代化的实现需要有掌握现代管理思想与理念的人才来实现流通组织现代化、流通管理现代化；3. 农村流通现代化的过程，必将使流通方式现代化，使用最新的现代化的工具、技术与手段来实现流通现代化，必将要求在实施农村流通现代化的过程中有一部分掌握了最新的现代化的工具、技术、手段的高技能人才。

（二）农村流通现代化背景下的新农村电子商务人才需求分析

电子商务是现代流通方式的一种，是一种新的商务形式，在发展农村流通现代化的过程中，电子商务必将发挥巨大的作用，它将极大地解决农产品流通过程中出现的多环节、高成本问题，培养新农村建设过程中为农村流通现代化服务的电子商务人才，必将要考虑到农村流通现代化的现状与特点、新农村建设的特点，使得电子商务人才为农村流通现代化服务、为新农村建设服务。

1. 新农村电子商务人才应具备农村

流通现代化背景下人才的一般特点、农村流通现代化背景下人才必须掌握流通现代化观念、现代管理思想与理念，还要掌握最新的现代化的工具、技术与手段，而作为为新农村建设、农村流通现代化服务的新农村电子商务人才也应该具备这些特点与能力。

2. 新农村电子商务人才必须了解新农村的特点

农村流通现代化的对象主要是农产品，而对于参与流通的新农村电子商务人才必须了解农村，了解农产品，这就要求高校在制订新农村电子商务人才培养方案时，增加对于农村、农产品知识的介绍。

3. 为新农村流通现代化服务的电子商务人才必须具有电子商务人才的一般特点

高校培养的电子商务人才应该是能适应社会主义现代化建设需要德、智、体全面发展,具备一定的经贸理论知识和较强的信息技术应用能力,能熟练运用计算机网络技术、特别是互联网技术开展商务活动,具有优良的综合素质和鲜明的专业特长,能适应中小企业电子商务岗位需要的高素质技能型专门人才。

第三节　农村电子商务人才的培养
培养的对策与建议

一、人才培养对象与特性

当前农村电子商务人才培养的主要对象有:在校学生、就业再就业人员、普通农业生产活动从业人员。

对象一:在校学生。在校学生主要包括高等院校、高等职业院校、中等职业院校的电子商务相关专业的学生。这类培养对象经历过系统的学习过程,规范性比较高,学习能力较强。面对这类培养对象需结合市场和区域特色。特别是对高等职业院校而言,需侧重于培养技术性和商务型人才,根据市场需求定位不同的培养目标,根据不同的岗位群细分专业,适应一线工作需要。不同院校按照学生对象的不同选择战略型、商务型、管理型、技术型电子商务人才。

对象二:就业再就业人员。这类人员主要分为两种:一种是有意从事农村电子商务的从业人员,另一种是回乡再就业人员。这类培养对象按照地域可分为两种:非本地从业人员和本地从业人员。就业再就业人员的典型特点就是本身对农村电子商务非常有兴趣,工作积极性高,学习主动性强。

对象三:普通农业生产活动从业人员。这类培养对象具有非常鲜明的本地特色,一般是当地的农民,不具备专业的知识。对于这类人员的培养多注重于基础性、实操性、简单性。

农村电子商务人才培养的主要特性体现在:多维性、区域性、合作性、跨领域、职教性、层次性等方面。

多维性。多维性从内容上划分可分为：计算机及网络应用能力维、信息技术能力维、营销能力维、电子商务网站应用能力维、物流业务能力维、电子金融能力维。

区域性。区域性主要是指农村电子商务人才培养对区域的依托，具有一定的区域特色，应当结合区域本身的特点，适应区域发展需求。

合作性。合作性主要是指跨区域的电子商务合作、企业与学校的合作培养、学校与学校的合作培养、培训机构与学校的合作培养、集中单元培训与在校专业培训相结合、网络在线学习与FTF学习相结合等。

跨领域性。跨领域性主要是指电子商务人才培养所涉及的知识、能力的跨界性，它涉及计算机技术、信息技术、网络技术、通信技术、金融、物流等等。涉及面广、内容繁多。

职教性。职教性主要是指农村电子商务人才培养应具有鲜明的职业特色。

层次性。层次性主要是指从高到低，从战略到策略，从管理到基础操作，可根据不同的培养对象，不同的需求对象，实施分层次的、涵盖管理到实施的全方位人才培养途径。

二、农村电子商务人才培养素质要求

农村电子商务人才的培养，既要求这类人才具有电子商务人才的一般特点，又要求这类人才是为新农村建设、为农村流通现代化服务，这就要求我们在对新农村电子商务人才培养时，把电子商务人才一般的特点与要求跟农村的特点、农村流通现代化结合起来，来设计新农村电子商务人才培养方案。

（一）电子商务人才基本素质。电子商务从概念上来看，由两部分组成：电子和商务，这就要求我们培养的电子商务人才既懂"电子"知识又懂"商务"知识，我们所说的"电子"就是计算机相关技术，而"商务"知识就包括经济管理经营的相关知识，正是因为电子商务专业一个要求掌握多方面知识的交叉专业，所以增加了这类人才的培养难度；电子商务虽然经过了十多年的发展,但是电子商务的相关理论体系并不完善,电子商务是随着社会的发展推移而不断发展的,同时电子商务更加注重实践,人才培养过程中技术、商务等各个方面的知识也是发展的,使得高校培养电子商务人才的难度加大,因此要求在人才培养中技能型与综合素质相结合。经过对企业和新农村调查,新农村电子商务人才应该具有以上基本素质:

1. 思想道德素质。具有马克思主义、毛泽东思想、邓小平理论、"三个代表"重要思想和科学发展观的基础知识,具有较强的事业心和实事求是的科学态度,勇于实践,具有较强的开拓精神,热爱本职工作,具有良好的职业意识和职业道德。

2. 业务素质。具有电子商务高级应用型人才所必需的经贸理论知识和信息技术应用能力,能熟练运用计算机网络开展商务经营活动,毕业时每分钟能输入汉字60个,能熟练建立经营网店或管理维护企业网站。具体包括:

(1)理论知识方面:掌握本专业所必备的文化基础知识;掌握一定的经济理论知识;掌握市场调研的基础知识;掌握一定的专业英语知识;掌握计算机基础与网络应用的基础知识;掌握一定的企业财务经营管理知识;掌握市场营销的基础知识;掌握企业经营管理的基础知识;掌握国际贸易基础知识;熟悉有关商务活动的法律法规制度;掌握电子商务的基础知识;掌握物流管理、电子支付和网络安全基础知识;掌握网络营销基础知识;掌握商务网站规划与设计的基础知识。

(2)专业技能方面:具有较强的计算机操作能力;具备网络及 Internet 工具应用能力;掌握计算机病毒防范和网络安全防护的基本技术;具备公共关系业务处理能力;具备市场营销活动策划能力;具备一定的推销能力和商务谈判技巧;掌握网络信息收集整理基本技术;具备物流配送管理的基本操作能力;掌握企业商务网站的页面设计、美编和网站维护基本技术;具备撰写经济论文和调查报告等常用应用文的能力;具备企业商务网站维护升级与运营能力;数据库设计与动态网站设计能力;具备进出口业务处理基本能力;具备电子支付的管理能力;具备网络调研、网站推广和在线销售管理的基本能力;具备网络客户关系管理的基本能力;具备中小企业网络营销业务规划、实施与运营能力;电子商务服务商品的开发设计与销售管理能力。

（3）身体素质。具备健全的心理素质和健康的体魄,具有良好的文明行为习惯。具有体育运动和卫生保健知识,掌握一定的运动技能。

（4）心理素质具。备良好的心理素质和乐观的人生态度,达到心理健康、人格完善。

（二）农村、农产品知识

1. 了解农村对于为农村流通现代化服务的电子商务人才,必须了解农村,了解农村的现状、农村运行的一般规律,高校在培养新农村电子商务人才时,必须加入对新农村的现状与农村运行规律的课程或是专题,让学生了解社会主义新农村;安排时间让学生深入农村实训,熟悉农村的生活、工作、生产。

2. 了解农产品一般知识。农村流通现代化实际上要解决两个部分:一是农产品从生产的源头进入终端消费;二是城市生产的工业品流通进入农村以及每个农户。作为解决流通现代化的电子商务人才,必须懂得农产品的一般特点,了解农产品的一般知识。

三、高校电商人才培养

（一）问题现状

1. 电子商务人才对农业生产经营的认识不足

目前我国高校电子商务人才培养主要以电子商务专业为主,其人才培养途径大多为以下两种方式。一种是偏向于电子商务相关技术的培养,如电子商务网页设计、网站建设、网站推广、网站维护等技能的培养;另一种是偏向于电子商务相关商务活动的培养,如网络营销、网络贸易、网络客服、网络客户关系管理等。在两类电子商务人才的培养中,强调了纯粹的电子商务知识、技能的培养,而脱离了电子商务作为一种商务模式应如何起到作用的对象,从而导致电子商务的知识与技能犹如空中楼阁。学生在从事某一行业工作之前还需要对行业知识进行相应的培训。这一方面是由于电子商务本身内涵过于丰富,另一方面是选定特定的作用对象将使得教学过程变得过于狭隘,也不符合电子商务专业的人才培养目标。

这样的人才培养现状的一个结果是,目前从事农村电子商务的人才对农业的生产经营过程认识不足。他们大多不了解农业经营的特点，不了解农产品的特性，因此在从事农产品电子商务的过程中，不能合理地制定农产品电子商务的实施方案，也无法合理地进行农产品的在线推广和在线销售。

2. 大学生投身农村电子商务的意愿不强烈

目前高校的学生大多是90后，他们的成长经历与农业缺乏交集。农村长大的大学生在毕业后不愿意返回农村工作；城镇长大的大学生在毕业后更不愿意投身广大农村。因此在农村电子商务发展的过程中，面临电子商务人才短缺的瓶颈，并在现有的政策下无法找到有效的解决途径。

3. 高校对农村电子商务人才培养不够重视

虽然我国面临巨大的农村电子商务人才缺口，特别是在未来电子商务转战农村的大背景下，这种矛盾将更加凸显。但是在高校人才培养的过程中，却鲜有院校愿意将农村电子商务人才培养作为未来电子商务人才培养的主要方向。大多数的高校电子商务专业人才培养不愿意与农业衔接，而只有少数院校的农业相关专业增设电子商务相关课程，以培养农业从业人员的电子商务技能。这主要原因是高校出于招生和就业的考虑，不愿意将电子商务专业定位在服务于农业、农村这一平台。由此可见，目前我国高校在农村电子商务人才培养的投入上与农村电子商务人才巨大的需求缺口形成很大的反差。

4. 高校农村电子商务人才培养师资力量不足

目前大多数高校农村电子商务人才培养的师资力量不足，主要表现为由电子商务专业教师承担农村电子商务人才的教学培养工作，或者由农业相关专业的教师在接受电子商务培训之后来承担。这样的结果是：电子商务专业教师缺乏完整的农业相关知识与技能，对农村电子商务人才的培养重商务轻农业；农业相关专业教师缺乏完整的电子商务相关知识和技能，对农村电子商务人才的培养无法提供完整的电子商务知识与技能。这也是造成了目前我国农村电子商务人才重大缺口的主要原因之一。

5. 高校农村电子商务人才培养技能体系不完善

目前针对高校学生在校内开展农村电子商务人才培养的两大主体，电子商务专业由于缺乏对农业相关知识的认知，农业相关专业由于缺乏对电子商务相关知识与技能的认知,因此高校农村电子商务人才培养无法实现农业知识与电子商务技能的有效融合。人才培养的知识、技能体系不够全面、完善。另一方面,由高校开展的各种农村电子商务人才培训,由于涉及学员的素质参差不齐、培训的短期性等因素,在培训方案计划的制定上也存在着较大的随意性,没有完整的知识、技能体系。

6. 高校农村电子商务人才培养与市场、岗位衔接不够紧密

目前高校农村电子商务人才的培养与市场、岗位的衔接不够紧密,主要原因包括:一是高校电子商务专业人才培养不可能界定在农村这一单一市场;二是不同地区农业发展差距较大,农业发展相对落后,岗位设置相对单一。与此相对应的短期培训则具有较高的市场、岗位针对性。

(二)高校从事农村电子商务人才培养的优势

高校作为社会实用型、技能型人才培养的主要社会教育机构,对于农村电子商务人才培养有着不可推卸的职责与义务,将承担我国未来农村电子商务人才培养的重任。同时,高校脱胎于行业,植根于行业,与行业有着紧密的联系,因此在行业人才培养上有着天然的优势。特别是以农业相关产业、行业为背景的高校,在农村电子商务人才培养方面将有着天然的优势,这些优势不仅是表层的专业设置、专业招生,更重要的是一个高校的文化底蕴。它的历史积淀的人文环境、行业资源、师生素质等,将为其人才培养提供竞争优势和便利,使其在某一行业人才培养方面具有无可比拟的天然优势。

而今在全国大力发展农村电子商务的大背景下,农村电子商务人才的培养将成为未来相关高校的主要方向。农业系统相关的高校如何抓住这一机遇,改变院校发展定位,积极谋求创新,实现自身从规模发展向内涵发展转变,最终打造自身品牌,不仅是一种时代发展的趋势,更是一种积极应对的策略。

(三)"双目标、双渠道"的农村电子商务人才培养模式

基于目前高校农村电子商务人才培养的实际情况,有针对性地寻求合适的解决对策,以应对未来农村电子商务发展的人才需求,提出了"双目标、双渠道"的农村电子商务人才培养思路。双目标是为了适应不同背景、不同

层次的培养对象;双渠道是为了不同的目标适配最佳的教育培养途径,即基于不同的目标,提供差异化的人才培养方案,实现传统意义的"因材施教"。

1. 双目标

目前农村电子商务从业人员主要有两种来源:一是农村原有的农产品从业人员转型从事农村电子商务活动,二是高校培养的电子商务相关人才毕业后从事农村电子商务活动。两种人群的背景不同,知识和技能结构也不同,可以实现的培养方式也不同,因此需要制定不同的培养目标。

(1)农村原有农产品从业人员

对于农村原有农产品从业人员从事农村电子商务活动的人群来说,如原农业生产基地、农民合作社等组织的员工,他们具有丰富的农业生产、经营、管理的经验,对农业、农村、农民等十分熟悉,他们有着淳朴的农村情怀,有着广泛的农民之间的群众关系,特别是对于最终的农产品而言,有着更为全面的认知和理解。然而,他们对电子商务了解不够,对于如何开展电子商务,如何利用电子商务指导农业生产、经营活动,利用电子商务开展农产品网上营销,如何利用电子商务为客户提供服务、提供消费指导等,没有必要的知识和技能。

他们对电子商务的需求点十分明确,但他们不需要,也不想了解"什么是电子商务?""为什么要用电子商务?"他们只关心如何将电子商务应用到其从事的项目中去,进而降低成本投入,提高生产效率,或者促进产品销售,或者促进与用户的沟通等,最终带来利润的增长。因此他们的需求是模块化的,特别是对于一般的中小型农产品经营企业而言,由于他们的业务只涉及农产品生产、经营、销售的某个环节,因此他们只关注,或更多地关注某一环节的电子商务应用。

对于这一人群培养的目标设定是非常现实的,培养目标应非常贴近其生产、经营实际。就是能够利用电子商务开展基础业务;利用电子商务指导农产品深加工,标准化、品牌化经营;利用电子商务更好地进行客户关系管理;利用电子商务更好地开展网上销售等。

(2)高校培养的农村电子商务人才

对于高校培养的农村电子商务人才而言,原有的电子商务人才培养方案能够使他们接收到较为系统化的电子商务教育,因此可以说他们具备完整的电子商务知识体系,以及一定的电子商务实操技能。他们了解如何利用电子商务开展企业的生产、经营、管理工作;了解如何通过电子商务的手段开展网上贸易、网上营销;了解如何通过电子商务的手段与客户进行更加便捷的沟通,以及沟通应该注意的事项;了解如何利用电子商务等信息技术手段进行客户关系管理等。然而他们欠缺的是对农业生产、经营的整个环节的了解,对农村、农民了解不够,对农产品了解不够。

他们的需求特点是对农业相关项目的认知需求胜过电子商务技能。他们关心如何将电子商务与农业进行衔接,如何将电子商务应用到农业的生产、经营和管理当中,如何将电子商务应用到农产品的流通加工和网上营销当中。为此,他们的需求是了解农业生产、经营、管理的过程,了解农产品的特点,以便更好地开展电子商务活动,促进农业生产,扩大农产品销售。

2. 双渠道

针对不同的目标人群,必须采用不同的人才培养方式,才能实现既定的人才培养效果。因此,针对农村原有农产品从业人员的电子商务技能教育和高校农村电子商务人才的培养应该在各自的人才培养目标的指导下,设计相应的教学模式。

由于农村原有农产品从业人员的知识、技能需求是模块化的,因此以提供培训的形式较为合适。培训的形式在时间上可以包括"短期培训"和"中长期培训";培训的形式在地点上可以是"校内集中式培训"和"当地集中式培训";培训的形式在内容上可以是"讲座型""实操型"和"理实一体化培训"等。

高校农村电子商务人才在培养渠道上和普通全日制高校学生培养一致,采用在校内接受系统化的专业知识、技能培养为主,辅以相应的企业实习与实践。高校农村电子商务人才培养的渠道是农村电子商务人才培养的主要渠道,这些具备系统化农村电子商务知识、技能的人才也将成为未来农村电子商务发展的主力军。

四、农村电商需要高素质应用型大学生

根据调查显示,现在人们对农村电子商务的认识有两层,第一层主要集中在电子零售,就是把当地名特优农产品通过几大零售平台销售出去,这类人才需求覆盖了农产品中小型企业及家庭个体户,需求较大的岗位为:美工、运营。这类人才需求一般中职、高职生即可满足。

另一类人才集中在为当地农村电子商务提供服务支持和技术支持的电商服务类公司,或者是中型上规模的农村电子商务公司,他们的人才需求除了美工、运营,还有现代仓储物流、信息技术支持、数据分析等岗位,明显对电子商务人才有了复合型的要求。

所以农村电子商务的进一步发展需要高素质应用型大学生,毕业之后走入广大的农村,帮助当地发展高水平的农村电子商务。

对如此迫切的农村电子商务人才需求,高校在培养电子商务人才的时候,一定要注意避免一些问题,以免走入以前电子商务人才培养的误区。

(1)电子商务人才培养,务必要注重复合能力的培养。

经济、管理、贸易以及网络、信息技术的相关知识是必不可少的。也即是要用宽口径来培养电子商务人才,使得培养的电子商务人才具备较好的发展潜力,具有较好的专业素养,服务企业,共同成长。

(2)电子商务人才培养,务实为上。

目前本科电子商务人才培养还是以课堂的理论讲授为主,或偏商务贸易,或偏技术开发,较少涉及一些电商平台的实战。这种做法值得商榷,因为农村电子商务企业多为中小型企业,对人才的使用希望较快看到效益。而平台的游戏规则以及行业的做法等都是需要时间去熟悉和实践的。因此在求学期间,学校应该有意识安排学生课内、课外在各大平台上实战,尽快熟悉电子零售几大平台的运作方法,同时也可以安排学生从校内开始就服务一家企业,在做中学,学习行业知识,为将来迅速融入行业、服务行业做好准备。

(3)电子商务人才培养,必须注重数据分析、供应链管理、人力资源管理等能力的培养。

不管是农村电子商务还是其他,通过电子零售仅仅是卖产品,而互联网不仅仅可以卖产品,它还改变了人们的生活方式。光靠单纯农产品的零售,农村电商企业发展会遇到瓶颈,突破瓶颈不再是零售数量的上涨,而是商业模式的改变。

在电子零售发展趋向饱和的时候,高素质应用型电子商务人才其价值就开始凸显,尤其是农村电子商务的发展,更需要一批有志气、有目标、有干劲、有能力的高素质应用型电子商务人才投身其中。

五、电商人才培养新路径

(一)培养目标与就业岗位

培养拥护党的基本路线,德、智、体、美等诸方面全面发展的,了解现代农村发展现状,知悉农村经济和农产品特点,掌握电子商务所涉及的计算机操作、网页制作、网络营销等相关知识,具备农业类网站策划和网站前后台管理的能力,具备实际的电子商务业务工作能力。在网络交易、网站信息维护、网页制作等岗位上,从事农村网站建设管理及电子商务应用工作的高技能人才。就业岗位主要面向农业、农村服务类网站,从事农产品网站开发与管理的网站设计员;从事农业及农产品信息的信息采集员和网络编辑员;从事三农类网站推广的网站推广员;从事三农类物流服务的物流员等岗位。

(二)素质、知识、能力体系结构

如下,表一向我们介绍了素质体系的建构形式。

表一　素质体系构建

各种主要素质	对应主干课程	教学形式
政治素质	两课教育、时势讲座	课堂教学
身体素质	体育与健康、军训	课内选项
职业道德	两课教育、讲座、参观、社会实践等	课堂教学及活动
文化素养	文学欣赏、摄影艺术、商务礼仪等	公共选修课
心理素质	人际交往心理、社会心理学	公共选修课
团队、意识	社会实践、军训及各项活动等	第二课堂
吃苦耐劳品质	劳动课、军训	素质教育课

如下表,表二向我们展示了知识、能力体系的建构模式。

表二　知识、能力体系构建

项目	各种主要能力	对应主干课程与技能训练	教学形式
基本能力	社会适应能力	两课教育与社交礼仪	课堂教学与公选课
	语言和文字表达能力	演讲与口才	课堂教学
	信息采集与处理能力	计算机应用基础、网络技术应用	课堂教学、实操训练
	逻辑思维与判断能力	成功学、逻辑学	公共选修课
	计算机操作能力	计算应用基础、计算机操作实训	课堂教学与实操训练
	一定的本专业外文资料阅读和翻译能力	外语	课堂教学、训练和公选课
	就业（创业）能力	就业指导、专业核心课	课堂教学与训练
专业能力、技能	具有较强二农类网站策划和管理能力	农业经济学、电子商务概论、网络营销、企业管理	课堂教学与实训
	具备较强的营销策划及商务谈判能力	市场营销、商务谈判、营销策划	课堂教学与实训
	具备本专业中网站的制作、策划、维护、运营及数据库管理能力	网站制作技术、网络技术、JSP、SQLSERVE	课堂教学与第二课堂
	具备相应的财务知识和广告知识	基础会计、网络广告设训	课堂教学与实训

（三）六维、三元人才培养模式的构建

六维指的是从六个维度建设专业，提高人才培养质量，不局限于一种思维空间。三元分别指的是学校、企业、学生，通过三元模式努力实现"三赢"。

1. 订单培养。培养符合企业实际需要的人才，学校应该主动寻求农村电子商务人才需求，与企业建立联系，实现校企订单培养模式，校企联合制定本专业人才培养方案和教学大纲。根据企业需要，实行灵活和弹性培养模式，学生及时深入企业实践，培养真正符合企业实际需要的电子商务人才。

2. 三元模式构建。将电子商务公司引入学校实现校企一起培养的三赢模式。真正实现"企在校中""校在企中",此模式可将在学校内设立企业工作室,学生利用课余时间参与企业工作,企业可以分配一些工作由学生利用业余时间完成,同时给予学生一定的补助。也为企业节约了成本,由于学生在校企业间就参与具体工作,故在毕业前就具备企业真实工作经验。利于学生就业,企业也可在学生工作中发现合适的人才并录用,减少了招聘和培训费用,学校也达到人才培养的目的,真正实现学生赢、学校赢、企业赢的三赢局面。

3. 鼓励自我创业。帮助学生组建创业团队,给予学生一定的支持。根据本专业特点,鼓励学生在校期间成立创业团队,创业形式可以是自建网站或网店平台,由专业教师指导,学生利用课余时间将所学知识真正应用到实际工作中,利用网上免费开店平台,学生利用课余时间经营,既锻炼了学生的专业技能,同时增强学生学习兴趣。

4. 校企联合培养机制,实施企业项目课程。校企联合培养学生,学生第一学期结束后,第二学期在企业实践,第三学期回到学校学习,第四学期再到企业中去,以此类推,这种模式最大的好处是克服学校教学中的实践环节弱势,同时让学生在做中学,理论和实践得到较好的融通。同时也可以根据企业真实工作需要,建立项目模块课程,通过完成企业真实工作项目提高学生的学习效果,与此同时教师可以一起和学生深入企业,既培养了学生也锻炼了教师,教师也可以根据企业需要为企业开展内部培训,校企共赢,这种培养机制需要制定灵活的人力培养模式,并寻求具备一定规模的电子商务企业方可实行。

5. 以大赛促进专业建设。参与各类电子商务大赛提高学生分析和解决实际问题的能力,增进校际间沟通与了解,各种大赛内部不尽相同,增进校际间教师的沟通,利于相互学习和借鉴,提高电子商务专业人才质量,通过比赛结果也容易发现各校电子商务专业建设中的优势和长处,在学习中提高人才培养质量。

6. 引进模拟企业、虚拟公司的实习体系。依据教高14号、16号文件精神,鼓励高职教育引入"虚拟工厂""虚拟企业"等形式开展实习和实训教学。

模拟公司就是模拟真实企业的操作,学生在校内就可以模拟操作真实企业的工作内容,这里的模拟公司不是真实的企业,而是为了开展教学工作虚拟出来的企业。更确切地说是虚拟的"模拟公司",学生在互联网上注册登记模拟公司并开展运营,与真实企业的运营思路相同,不同的是模拟公司不能获取真正的货币而是获取虚拟的货币,贸易的对象也是模拟公司。通过模拟公司的教学,仿真企业的工作流程,提高学生经营管理的能力。

综上所述,人才培养新路径的构建根据三农问题对人才的需求,以农业类网站人才需求调查为基本依据,以提高学生的职业能力和职业素养为宗旨,倡导以学生为本位的教育培训理念和建立多样性、灵活性与选择性相统一的教学机制。通过综合和具体的职业技术实践活动,帮助学生积累实际工作经验,突出高职教育的特色。全面提高学生的职业道德、职业能力和综合素质,真正为农业、农村、农民解决实际问题,加快新农村的建设与发展。

第五章　新农村建设中国家对电子商务的政策支持

第一节　新农村建设发展的国家现有政策

一、社会主义新农村建设

(一)我国新农村建设的历史进程

长期以来,农业、农村和农民问题始终是影响中国改革开放和现代化进程的主要问题。以科学发展观为指导,树立自主创新的发展理念,从根本上改变农业生产方式和广大农民的生活方式,改善农民居住环境,对于新时期全面推进小康社会建设,加快建设节约型社会主义新农村,保障人民群众健康安全,推动农业和农村经济可持续发展,构建社会主义和谐社会意义重大。

"社会主义新农村"是指在社会主义制度下,反映一定时期农村社会以经济发展为基础,以社会全面进步为标志的社会状态。主要包括以下几个方面:一是发展经济、增加收入。这是建设社会主义新农村的首要前提。二是建设农村、改善环境。包括住房改造、垃圾处理、安全用水、道路整治、村屯绿化等内容。三是扩大公益、促进和谐。要办好义务教育,使适龄儿童都能入学并受到基本教育;要实施新型农村合作医疗,使农民享受基本的公共卫生服务;要加强农村养老和贫困户的社会保障。四是培育农民、提高素质。要加强精神文明建设,倡导健康文明的社会风尚;要发展农村文化设施,丰富农民精神文化生活;要加强村级自治组织建设,引导农民主动有序参与乡村建设事业。

具体而言,所谓"新农村"包括五个方面,即新房舍、新设施、新环境、新农民、新风尚。这五者缺一不可,共同构成"社会主义新农村"的范畴。通过改善住房条件、完善基础设施、整治环境,营造良好的生态环境、优美的生活环境,满足新时期我国建设资源节约型、环境友好型社会的要求。

回顾我国农村建设的发展,特别是改革开放以后三十多年的发展,农业生产条件大为改善;农村基础设施和社会事业发展明显加强;农民收入较快增长,农村居民生活水平和居住条件不断提高。我国的新农村建设可以划分为以下几个阶段:

1. 建设"文明村(镇)""社会主义新农村"

20世纪70年代末80年代初,中国的改革开放最早从农村开始,中国经济步入高速增长的轨道。"交足国家的,留足集体的,剩下都是自己的",农民的生产积极性迸发出来,生产很快发展起来。1978—1990年间,农业生产总值年均增长率高达13%,国民生产总值年均增长率高达8.8%,财政收入增长了1.6倍。农村经济社会全面发展的基础和条件越来越坚实。我们党顺应时代要求,在更高起点上提出了建设新农村的任务。

改革开放初期,新农村建设的思路方针、目标和任务都有重大突破和创新。1983年10月,中央宣传部和中央书记处农村政策研究室联合召开全国农村文明村(镇)建设座谈会,提出建设文明村的目标。文明村建设的总体目标和要求是:"在农村全面落实党的十二大提出的总任务,紧紧围绕经济建设这个中心,认真加强思想建设、文化建设、民主建设、道德风尚建设和村容村貌、公益事业建设,实行两个文明一起抓,逐步把广大农民培养成有理想、有道德、有文化、守纪律的一代新型农民,把农村建设成为高度文明、高度民主的社会主义现代化的新农村"。

开展文明村建设活动,是广大农民物质生活水平提高以后,迫切要求精神生活也丰富起来的必然产物;是亿万农民在党的领导下的又一伟大创造。

2. 建设"富裕民主文明的社会主义新农村"、"有中国特色社会主义新农村"

20世纪90年代中后期,我国农业发展进入到了一个新的阶段。1998年10月14日中共十五届三中全会通过《中共中央关于农业和农村工作若干重大问题的决定》,适时总结了农村改革20年的基本经验,部署了农业和农村跨世纪发展的目标和方针,提出要"建成富裕民主文明的社会主义新农村"、"建设有中国特色社会主义新农村"。新农村建设的指导思想和内涵又有重大创新,集中体现在:一是农业政策目标由以保障粮食供给为主向稳定粮食供给与提高农民收入并重转变,促进农民增收成了新农村建设的主要内容。二是加强对农业的保护和支持,建立国家对农业的支持保护体系成为建设新农村的一项重要内容。三是新农村建设的目标和要求更加丰富具体,内涵更加深刻。新农村建设既要不断解放和发展农村生产力,还要加强新型农民的培养,推进农村社会事业的进步。

2000年,农民收入问题在党的十五届五中全会上受到高度重视,会议期间,"千方百计增加农民收入"这句话被写进文件。此后,党的十六大第一次提出要统筹城乡经济社会发展。2003年中央农村工作会议要求对农业实行"多予、少取、放活"的方针。

3. 扎实稳步推进社会主义新农村建设

2005年10月,党的十六届五中全会通过的《中共中央关于制定国民经济和社会发展第十一个五年规划的建议》中指出,"建设社会主义新农村是我国现代化进程中的重大历史任务"。要按照"生产发展、生活宽裕、乡风文明、村容整洁、管理民主"的要求,坚持从各地实际出发,尊重农民意愿,扎实稳步推进新农村建设。

生产发展,是新农村建设的中心环节,是实现其他目标的物质基础;生活宽裕,是新农村建设的目的,也是衡量新农村建设工作的基本尺度;乡风文明,是农民素质的反映,体现农村精神文明建设的要求;村容整洁,是展现农村新貌的窗口,是实现人与环境和谐发展的必然要求;管理民主,是新农村建设的政治保证,显示了对农民群众政治权利的尊重和维护。

中央提出建设社会主义新农村的重大历史任务,是要进一步提升"三农"工作在经济社会发展中的地位,加大各级政府和全社会解决"三农"问题的力度。

(二)新农村建设的历史意义

建设社会主义新农村不是一个新概念,但在新的历史背景下,党的十六届五中全会提出的建设社会主义新农村具有更为深远的意义和更加全面的要求。新农村建设是在我国总体上进入以工促农、以城带乡的发展新阶段后面临的崭新课题,是时代发展和构建和谐社会的必然要求。当前我国全面建设小康社会的重点难点在农村,农业丰则基础强,农民富则国家盛,农村稳则社会安;没有农村的小康,就没有全社会的小康;没有农业的现代化,就没有国家的现代化。世界上许多国家在工业化有了一定发展基础之后都采取了工业支持农业、城市支持农村的发展战略。

1. 建设社会主义新农村,是贯彻落实科学发展观的重大举措

科学发展观的一个重要内容,就是经济社会的全面协调可持续发展,城乡协调发展是其重要的组成部分。全面落实科学发展观,必须保证占人口大多数的农民参与发展进程、共享发展成果。如果农村的经济社会发展长期滞后,整个经济社会的发展就不可能是全面协调可持续的,科学发展观就无法落实。

2. 建设社会主义新农村,是构建社会主义和谐社会的重要基础

我国人口的主体在农村,因此,要建设和谐社会,首先应当考虑到建设和谐的农村社会,没有和谐的社会主义新农村,也就不可能有和谐的中国社会。通过推进社会主义新农村建设,加快农村经济社会发展,增加农民收入,改善农民生活,缩小城乡差距,有利于更好地维护农民群众的合法权益,减少农村不稳定因素,对于构建社会主义和谐社会有着十分现实的意义。

3. 建设社会主义新农村,是全面建设小康社会的重点任务

我们正在建设的小康社会,是惠及十几亿人口的更高水平的小康社会,其重点在农村,难点也在农村。按照党的部署,用新农村建设来统领农村工作,按照落实科学发展观和构建社会主义和谐社会的要求,坚持城乡统筹发展,进一步调整国民收入分配格局,把农村基础设施建设纳入公共财政范围,逐步改变城乡二元结构,努力消除城乡协调发展的体制性障碍,促进资

源在城乡之间合理配置,建立城乡社会事业和基础设施共同发展的运行机制,实现小康社会的目标。

4. 建设社会主义新农村,是保持国民经济平稳较快发展的持久动力

扩大国内需求,是我国发展经济的长期战略方针和基本立足点。农村集中了我国数量最多、潜力最大的消费群体,是我国经济增长最可靠、最持久的动力源泉。通过推进社会主义新农村建设,扩大农村的投资,可以加快农村经济发展,增加农民收入,从而提高农村的购买力,拉动整个经济的持续增长。

5. 建设社会主义新农村,是促进城镇化健康发展的重要途径

城镇化是人类社会发展的必然过程,是人口和第二、三产业向城镇集聚的过程,是工业化发展的必然结果。但是,由于人口多特别是农民多的基本国情,又决定了我国必须走符合国情的城镇化路子,要坚持大中小城市和小城镇协调发展。农民不进城不行,都进城也不行。这就需要一方面引导一部分农业人口和农村劳动力向城镇有序转移,另一方面要加强传统农村的改造,加快新农村建设,改善农民的生产生活条件和居住环境,从而使一部分农民愿意留在农村,使我国城镇化过程健康有序地发展。[①]

(三)新农村建设规划

"城乡建设,规划先行"。新农村建设规划是指导新农村建设和发展的基本依据,直接关系到县域经济、社会、人口、资源和环境的协调发展。

我国农村建设规划起步较晚,只是在经济较发达地区的近年才开始进行农村的规划编制。近几年,我国新农村建设工作在全国各地蓬勃开展,急需规划的指导。而我国绝大多数农村还没有规划或规划编制时间较早,技术含量低,已远远不能适应指导目前新农村建设的需要。

1. 实现新农村建设总体目标的要求

"生产发展、生活宽裕、乡风文明、村容整洁、管理民主"二十字方针是国家对扎实推进社会主义新农村建设的总体要求。二十字方针提出了在我国当前社会主义新农村建设时期,按照新时代的要求,对农村进行经济、政治、

---

①涂同明,涂俊一,杜凤珍. 农村电子商务[M].武汉:湖北科学技术出版社,2011.

文化和社会等方面的建设,最终实现把农村建设成为经济繁荣、设施完善、环境优美、文明和谐的社会主义新农村的目标。

近年来,随着各地加快社会主义新农村建设,贯彻落实党中央、国务院提出的一系列解决"三农"问题的政策措施,农民收入实现了较快增长,农民的生活方式发生了变化。但与实现全面建设小康社会的总体目标相比,农村各项事业的发展还存在着较大差距。农民的生活质量不高,乡村各项设施建设依然落后。

2. 推进新农村建设科学发展的要求

由于缺乏合理的规划引导,我国农村地区一直存在盲目建设、无序建设的现象,造成了土地资源、社会资源的巨大浪费。

新农村建设不同于城市建设,不能照搬照抄城市建设中的经验,把城市规划套用到新农村建设中来。盲目模仿城市的新农村建设,不能体现农村特点,难以满足农民生产和生活的需要,无法使新农村建设可持续发展。

科学的新农村建设需要新农村建设规划先行、全盘考虑、统筹协调。规划做好了,新农村建设的各项工作才能有章可循、有序展开,才有科学基础。

3. 加强新农村建设实施管理的要求

如今,社会主义新农村建设正如火如荼地展开,而新农村建设的管理相对滞后。除了农村管理技术人员缺少,管理手段不足外,一个重要的原因是缺少科学合理的新农村建设规划。规划跟不上建设的进程,使新农村建设无章可循,建设管理无据可依。

规划是龙头、是基础,也是政府引导、调控和管理社会主义新农村建设的重要手段。通过有效的建设管理,可以对农村地区土地进行整合利用,推行集中统一建设方式,集中资金抓好农村基础设施和公共服务设施建设。通过合理的规划,可以协调乡村之间的基础设施共建共享,避免重复建设和资源、财力的浪费。

4. 健全新农村建设投入机制的要求

科学编制规划可以正确引导社会力量和农民群众参与新农村建设。

通过规划引导、政策扶持等方式,鼓励社会各界参与新农村建设,并逐步建立和完善政府、农民和社会各界相互协调、密切配合、共同参与的建设机制。

广大农民是新农村建设的主体。通过编制新农村建设规划,向广大农民展示新农村建设的美好蓝图,与农民群众共商建设大计,可以充分调动农民群众参与新农村建设的积极性,引导农民积极投身新农村建设,充分发挥自己的主体作用,以投工投劳开展建设,将新农村建设变为农民自身的一种主动要求。

新农村建设规划从地域范围上可以分为村域规划和村庄规划两部分。村域包括了一个村委会管辖的全部行政范围,村庄则是村民聚居的居住点,一个村域内可能会有一个以上的居住点。

1. 村域规划

(1)经济社会发展规划

综合分析村庄经济社会发展和自然环境状况,明确村庄产业发展方向,确定"一村一品"或"一村多品"的产业格局;提出村庄经济组织合作方式建议、经济社会发展目标和农民增收的措施;提出地方传统文化保护、义务素质教育、农民体育健身以及农村社会养老保险、最低生活保障和新型合作医疗组织建设的目标和措施。

划定村域范围内禁建、限建和适建区域。界定不同类型产业用地的范围,提出不同分区空间资源有效利用的限制和引导措施。

(2)基础设施规划

依据建制镇总体规划,在村域范围内确定道路、供水、排水、供电、电信、燃气、供热、垃圾处理、能源供应、农田灌溉、雨水集蓄、防洪堤坝等基础设施的选址及规模。

(3)生态环境规划

农村生态系统,是农村居民生存和发展的物质基础,是新农村建设最为基础的空间载体。为保护好农村的生态环境,避免在新农村建设过程中对农村脆弱生态系统造成破坏,需要从更大的地域范围内进行生态环境规划。

2. 村庄规划

村庄规划主要包括村庄用地布局、基础设施规划、公共建筑安排、景观风貌规划、农宅规划设计等五个方面。

（1）用地布局规划

确定住宅建筑、公共建筑、生产建筑、基础设施、绿化等的空间布局，提出各类建筑的形式、体量、风格、高度、色彩及其他环境要求，满足指导建设或工程设计的深度。

（2）公共建筑布置

村庄各类公共建筑包括基层组织活动、文化教育、医疗卫生、商业服务、集贸设施等，规划中确定这些设施的具体内容、规模、位置及空间组合形式。

（3）基础设施规划

确定村庄内道路、给水排水管道、电力电信线路、供热燃气管道、有线广播电视、垃圾收集转运、公共厕所、锅炉房、燃气站、集中沼气池等设施的规模、位置和走向。

（4）景观风貌规划

与周边山地、农田、水系等自然要素有机融合，提出生态环境保护措施和建设控制要求；划定传统民居、文物古迹和革命纪念建筑等历史文化遗存的保护范围，提出保护利用措施。新建建筑、小品、照明、指示牌、广告牌等实体设施的选型设计应与历史文脉、地方民俗、乡村特色相结合，统一规划、突出特色。

（5）农宅规划设计

对闲置宅基地提出整理方案，引导农民向居住小区集中。结合地方特色和农村生活特点，设计住宅组群空间布局，改善村民居住环境。按合理住宅建筑间距布置农村住宅组群，满足良好的采光、通风条件。提出建筑高度控制要求，减少邻里纠纷。

（四）新农村建设规划的注意事项

1. 符合村庄发展实际，充分了解村庄现状

科学合理的规划是建立在对现状基础资料的全面了解以及科学系统分析的基础上的。规划基础资料可以由城镇建设管理部门提供和规划设计单位现场搜集整理，新技术的运用不仅可以大大提高基础资料获得的效率和准确性，而且在资料分析、统计数据、预测发展、辅助决策的科学性等方面有重要的支持作用。

农村的情况与城市有很大的区别,不能照搬照抄城市规划的模式。农村规划应根据当地农村经济社会发展水平,按照因地制宜、切实可行的原则,充分考虑农民的生产方式、生活方式和居住方式对规划的要求。应当以服务农业、农村和农民为基本目标,加快农业产业化发展,加强农村基础设施、生产生活服务设施建设以及公益事业建设与管理,从农村实际出发,尊重农民意愿,科学引导,体现地方和农村特色。[①]

2. 合理选择建设用地,符合安全卫生要求

村镇建设用地选址在新农村建设中尤其是针对新建村庄而言具有重要的意义。正确科学的选址能够有效地避免地质灾害和洪水淹没等危险,保障村民的生命财产安全。

在我国有很多村庄建设用地位于地震易发带、泥石流易发区、河流泄洪区等危险地带,存在着严重的安全隐患,一旦灾害发生势必会带来严重的后果。

在村庄内部建设用地总体布局中,对生产设施用地中有污染工业项目的选址需考虑与村民居住生活的隔离及风向的关系。为保证人畜健康,对农村集中养殖区的选址需满足相关卫生隔离间距的规定,与村民居住用地保持合理的相对区位关系。

3. 配套公共服务设施:方便村民生产生活

村庄要合理安排公共服务设施,在保证可以满足村民各项需求的同时兼顾村镇居民使用的方便性。针对不同等级的村庄和城镇制定不同的公共服务设施配备,合理安排各类公共服务设施的服务半径。统一安排服务设施,根据各村庄不同的自身情况采用不同的设置要求,充分整合利用现有资源,实现资源的共享和综合利用。

我国农村地区公共服务设施的配套普遍缺失,出现儿童入学难,村民看病难等现象。有的村庄行政管理、商业中心等公共服务设施布置偏远,服务半径不合理,村民使用不方便。有一些学校布局不合理,存在交通安全隐患,给学生上学造成不便。

---

①高凌云. 电子商务技术在新农村建设中的应用[J]. 现代农业科技,2008,15:347-348.

4. 适度集聚紧凑发展,选择适宜住宅形式

广大农村地区在长期自发无序建设中形成了零星散点布局的居民点形态,人均占地面积大,土地利用效率低。在规划中一般采用远期改造集中的方式调整用地布局。但要注意到在农村建房是农民的头等大事,住宅中凝结着农民很大的心血和财富,规划应注重远期的集中,在近期建设中只能采取适度集中、集聚发展,不搞大拆大建,不搞不适应的建设。

村庄建筑住宅设计是新农村建设规划中重要的一环,直接关系居民的日常生活的舒适和村镇面貌的改善更新。我国地域广阔,各地生活习惯和居住方式有着很大的差异,在建筑选材和施工技术上也不尽相同。在规划中对住宅的形式选择要考虑外形、层数、材料等要求,建设出节能节地节材的新农村住宅。

5. 科学制定环境区划,保护农村生态环境

新农村建设要走可持续发展的道路,必须保护好广大农村地区脆弱的生态环境。新农村建设不仅仅是农村居住点内部的环境建设,对居民点所在的整体区域都要进行宏观的控制,划分不同的区域,确定相应的环境控制指标,指导新农村建设。

保护农村生态环境应作为新农村建设规划的一条重要原则。农村生态系统主要是以耕地为基本单元的土地系统、山林系统、水体系统等共同组成的复杂的自然环境系统。在规划中要充分考虑不同山地、丘陵、平原及水体等不同自然地理条件的要求,因地制宜,灵活布置,保持农村特有的田园风光,尽量做到不砍树、不推山、不填塘,合理安排村庄内不同功能用地,改善农村生产生活条件和人居环境。

6. 高度重视公众参与,保障规划有效落实

农民是新农村建设的主力和直接受益者,所以,在新农村建设过程中,要充分调动农村居民积极性,尊重农村居民意愿,确立其在新农村建设中的主体地位,在广泛听取他们意见和建议的基础上,民主决策、科学决策,切实维护农村居民利益,增强农村居民对规划的认同度和实施规划的积极性。

新农村建设规划应严格执行公示及公众参与制度。为了保证规划的可操作性,规划编制人员在进行现状调查、取得相关基础资料后,采取座谈、走

访等多种方式,征求村民的意见。

在新农村建设规划的工作中,让农民群众能够真正享有知情权、参与权、管理权、监督权,注重做好深入细致的政策宣讲和思想政治工作,为新农村建设造就思想基础、群众基础、社会基础,全力保障新农村建设工作的落实。

二、国家现有政策

我国政府对于"三农"问题的重视程度有目共睹,已连续十几年发布关注"三农"问题的"一号"文件。在有利于农业发展的大环境下,近十年来,我国政府又相继出台了一系列促进电子商务发展的政策方针,为我国电子商务及农业电子商务的发展保驾护航。2014年的政府工作报告中提出"互联网+"新概念,明确了互联网作为传统产业创新驱动力的发展方向。近年来颁布的促进农业电子商务发展的政策措施依时间顺序主要有:《国务院办公厅关于加快电子商务发展的若干意见》、《关于促进电子商务规范发展的意见》、《电子商务示范企业创建规范》、《关于开展国家电子商务示范城市创建工作的指导意见》、《第三方电子商务交易平台服务规范》、《关于促进电子商务健康快速发展有关工作的通知》、《商务部关于利用电子商务平台开展对外贸易的若干意见》、《证券投资基金销售机构通过第三方电子商务平台开展业务管理暂行规定》、《关于进一步促进电子商务健康快速发展有关工作的通知》、《商务部关于促进电子商务应用的实施意见》、《关于跨境电子商务零售出口税收政策的通知》、《关于促进信息消费扩大内需的若干意见》等。从2015年开始,国家层面涉及农村电子商务的政策层出不穷,令人眼花缭乱。

1. 中共中央国务院关于加大改革创新力度加快农业现代化建设的若干意见

中发[2015]1

号创新农产品流通方式。加快全国农产品市场体系转型升级,着力加强设施建设和配套服务,健全交易制度。完善全国农产品流通骨干网络,加大重要农产品仓储物流设施建设力度。加快千亿斤粮食新建仓容建设进度,尽快形成中央和地方职责分工明确的粮食收储机制,提高粮食收储保障能力。继续实施农户科学储粮工程。加强农产品产地市场建设,加快构建跨区域冷链物流体系,继续开展公益性农产品批发市场建设试点。推进合作社与超市、学校、企业、社区对接。清理整顿农产品运销乱收费问题。发展农产品期货交易,开发农产品期货交易新品种。支持电商、物流、商贸、金融等企业参与涉农电子商务平台建设。开展电子商务进农村综合示范。

2. 中共中央 国务院关于深化供销合作社综合改革的决定

中发[2015]11 号

提升农产品流通服务水平。加强供销合作社农产品流通网络建设,创新流通方式,推进多种形式的产销对接。将供销合作社农产品市场建设纳入全国农产品市场发展规划,在集散地建设大型农产品批发市场和现代物流中心,在产地建设农产品收集市场和仓储设施,在城市社区建设生鲜超市等零售终端,形成布局合理、联结产地到消费终端的农产品市场网络。积极参与公益性农产品批发市场建设试点,有条件的地区,政府控股的农产品批发市场可交由供销合作社建设、运营、管护。继续实施新农村现代流通服务网络工程建设,健全农资、农副产品、日用消费品、再生资源回收等网络,加快形成连锁化、规模化、品牌化经营服务新格局。顺应商业模式和消费方式深刻变革的新趋势,加快发展供销合作社电子商务,形成网上交易、仓储物流、终端配送一体化经营,实现线上线下融合发展。

3. 国务院办公厅 关于大力发展电子商务加快培育经济新动力的意见

国发[2015]24 号

积极发展农村电子商务。加强互联网与农业农村融合发展,引入产业链、价值链、供应链等现代管理理念和方式,研究制定促进农村电子商务发展的意见,出台支持政策措施。(商务部、农业部)加强鲜活农产品标准体系、动植物检疫体系、安全追溯体系、质量保障与安全监管体系建设,大力发展农产品冷链基础设施。(质检总局、发展改革委、商务部、农业部、食品药品监管总局)开展电子商务进农村综合示范,推动信息进村入户,利用"万村千乡"市场网络改善农村地区电子商务服务环境。(商务部、农业部)建设地理标志产品技术标准体系和产品质量保证体系,支持利用电子商务平台宣传和销售地理标志产品,鼓励电子商务平台服务"一村一品",促进品牌农产品走出去。鼓励农业生产资料企业发展电子商务。(农业部、质检总局、工商总局)支持林业电子商务发展,逐步建立林产品交易诚信体系、林产品和林权交易服务体系。(林业局)

4. 国务院 关于积极推进"互联网+"行动的指导意见

国发[2015]40号

积极发展农村电子商务。开展电子商务进农村综合示范,支持新型农业经营主体和农产品、农资批发市场对接电商平台,积极发展以销定产模式。完善农村电子商务配送及综合服务网络,着力解决农副产品标准化、物流标准化、冷链仓储建设等关键问题,发展农产品个性化定制服务。开展生鲜农产品和农业生产资料电子商务试点,促进农业大宗商品电子商务发展。

5. 国务院办公厅 关于加快转变农业发展方式的意见

国办发[2015]59号

创新农业营销服务。加强全国性和区域性农产品产地市场建设,加大农产品促销扶持力度,提升农户营销能力。培育新型流通业态,大力发展农业电子商务,制定实施农业电子商务应用技术培训计划,引导各类农业经营主体与电商企业对接,促进物流配送、冷链设施设备等发展。加快发展供销合作社电子商务。积极推广农产品拍卖交易方式。

6. 国务院办公厅 关于推进线上线下互动加快商贸流通创新发展转型升级的意见

国办发[2015]72号

推进零售业改革发展。鼓励零售企业转变经营方式,支持受线上模式冲击的实体店调整重组,提高自营商品比例,加大自主品牌、定制化商品比重,深入发展连锁经营。鼓励零售企业利用互联网技术推进实体店铺数字化改造,增强店面场景化、立体化、智能化展示功能,开展全渠道营销。鼓励大型实体店不断丰富消费体验,向智能化、多样化商业服务综合体转型,增加餐饮、休闲、娱乐、文化等设施,由商品销售为主转向"商品+服务"并重。鼓励中小实体店发挥靠近消费者优势,完善便利服务体系,增加快餐、缴费、网订店取、社区配送等附加便民服务功能。鼓励互联网企业加强与实体店合作,推动线上交流互动、引客聚客、精准营销等优势和线下真实体验、品牌信誉、物流配送等优势相融合,促进组织管理扁平化、设施设备智能化、商业主体在线化、商业客体数据化和服务作业标准化。(商务部、发展改革委)支持新型农业经营主体对接电子商务平台,有效衔接产需信息,推动农产品线上营销与线下流通融合发展。鼓励农业生产资料经销企业发展电子商务,促进农业生产资料网络营销。(农业部、发展改革委)支持零售企业线上线下结合,开拓国际市场,发展跨境网络零售。(商务部)

推进农村市场现代化。开展电子商务进农村综合示范,推动电子商务企业开拓农村市场,构建农产品进城、工业品下乡的双向流通体系。(商务部、财政部)引导电子商务企业与农村邮政、快递、供销、"万村千乡市场工程"、交通运输等既有网络和优势资源对接合作,对农村传统商业网点升级改造,健全县、乡、村三级农村物流服务网络。加快全国农产品商务信息服务公共平台建设。(商务部、交通运输部、邮政局、供销合作总社、发展改革委)大力发展农产品电子商务,引导特色农产品主产区县市在第三方电子商务平台开设地方特色馆。(商务部、地方各级人民政府)推进农产品"生产基地+社区直配"示范,带动订单农业发展,提高农产品标准化水平。加快信息进村入户步伐,加强村级信息服务站建设,强化线下体验功能,提高新型农业经营主体电子商务应用能力。(农业部)

7. 国务院办公厅关于促进农村电子商务加快发展的指导意见

国办发〔2015〕78 号

到 2020 年,初步建成统一开放、竞争有序、诚信守法、安全可靠、绿色环保的农村电子商务市场体系,农村电子商务与农村一二三产业深度融合,在推动农民创业就业、开拓农村消费市场、带动农村扶贫开发等方面取得明显成效。

积极培育农村电子商务市场主体。充分发挥现有市场资源和第三方平台作用,培育多元化农村电子商务市场主体,鼓励电商、物流、商贸、金融、供销、邮政、快递等各类社会资源加强合作,构建农村购物网络平台,实现优势资源的对接与整合,参与农村电子商务发展。

扩大电子商务在农业农村的应用。在农业生产、加工、流通等环节,加强互联网技术应用和推广。拓宽农产品、民俗产品、乡村旅游等市场,在促进工业品、农业生产资料下乡的同时,为农产品进城拓展更大空间。加强运用电子商务大数据引导农业生产,促进农业发展方式转变。

改善农村电子商务发展环境。硬环境方面,加强农村流通基础设施建设,提高农村宽带普及率,加强农村公路建设,提高农村物流配送能力;软环境方面,加强政策扶持,加强人才培养,营造良好市场环境。

8. 中共中央国务院关于打赢脱贫攻坚战的决定

2015 年 11 月 29 日

加大"互联网+"扶贫力度。完善电信普遍服务补偿机制,加快推进宽带网络覆盖贫困村。实施电商扶贫工程。加快贫困地区物流配送体系建设,支持邮政、供销合作等系统在贫困乡村建立服务网点。支持电商企业拓展农村业务,加强贫困地区农产品网上销售平台建设。加强贫困地区农村电商人才培训。对贫困家庭开设网店给予网络资费补助、小额信贷等支持。开展互联网为农便民服务,提升贫困地区农村互联网金融服务水平,扩大信息进村入户覆盖面。

9. 中共中央国务院 关于落实发展新理念加快农业现代化 实现全面小康目标的若干意见

2015 年 12 月 31 日

加强农产品流通设施和市场建设。健全统一开放、布局合理、竞争有序的现代农产品市场体系,在搞活流通中促进农民增收。加快农产品批发市场升级改造,完善流通骨干网络,加强粮食等重要农产品仓储物流设施建设。完善跨区域农产品冷链物流体系,开展冷链标准化示范,实施特色农产品产区预冷工程。推动公益性农产品市场建设。支持农产品营销公共服务平台建设。开展降低农产品物流成本行动。促进农村电子商务加快发展,形成线上线下融合、农产品进城与农资和消费品下乡双向流通格局。加快实现行政村宽带全覆盖,创新电信普遍服务补偿机制,推进农村互联网提速降费。加强商贸流通、供销、邮政等系统物流服务网络和设施建设与衔接,加快完善县乡村物流体系。实施"快递下乡"工程。鼓励大型电商平台企业开展农村电商服务,支持地方和行业健全农村电商服务体系。建立健全适应农村电商发展的农产品质量分级、采后处理、包装配送等标准体系。深入开展电子商务进农村综合示范。加大信息进村入户试点力度。

10. 国务院办公厅关于深入实施"互联网 + 流通"行动计划的意见

国办发[2016]24 号

深入推进农村电子商务。坚持市场运作,充分发挥各类市场主体参与农村电子商务发展的动力和创造力。促进农产品网络销售,以市场需求为导向,鼓励供销合作社等各类市场主体拓展适合网络销售的农产品、农业生产资料、休闲农业等产品和服务,引导电子商务企业与新型农业经营主体、农产品批发市场、连锁超市等建立多种形式的联营协作关系,拓宽农产品进城渠道,突破农产品冷链运输瓶颈,促进农民增收,丰富城市供应。畅通农产品流通,切实降低农产品网上销售的平台使用、市场推广等费用,提高农村互联网和信息化技术应用能力。鼓励电子商务企业拓展农村消费市场,针对农村消费习惯、消费能力、消费需求特点,从供给端提高商品和服务的结构化匹配能力,带动工业品下乡,方便农民消费。鼓励邮政企业等各类市场主体整合农村物流资源,建设改造农村物流公共服务中心和村级网点,切实解决好农产品进城"最初一公里"和工业品下乡"最后一公里"问题。(商务部、国家发展改革委、工业和信息化部、财政部、交通运输部、农业部、质检总局、国家旅游局、国家邮政局、供销合作总社、中国邮政集团公司,地方各级人民政府)

11. 农业部关于扎实做好 2015 年农业农村经济工作的意见

农发[2015]1 号

发展农产品电子商务。加强农产品产地市场体系建设,继续开展公益性农产品批发市场建设试点,支持发展直销、配送、电子商务等新型农产品流通业态。以农产品为重点开展农村电子商务示范,构建以国家级产地批发市场为龙头、田头市场为一体的国家农产品电子商务公共支撑平台,促进各类经营主体同大型电商平台合作,推广"田头市场 + 电商企业 + 城市终端配送"等营销模式。推动建立品牌农业制度体系,培育农产品知名品牌。探索建立农产品分等分级制度。推进合作社与超市、学校、企业、社区对接。推动发展农产品期货交易,鼓励开发农产品期货交易新品种。

12. 农业部 国家发改委 商务部印发推进农业电子商务发展行动计划

2015 年 9 月 6 日

推进农业电子商务发展是完善农产品市场机制的重要举措。党的十八届三中全会指出要使市场在资源配置中起决定性作用。实践证明,电子商务可以为传统农产品产销注入信息化元素,以信息流带动物流、技术流、人才流、资金流,实时反映供求状况,解决市场信息不对称问题,提升农产品生产者话语权,拓展新渠道、新客源和新市场;能够有效促进产销衔接,降低流通成本,同时有利于稳定市场预期、减缓价格波动,是建立健全现代农产品流通体系的必然要求。迫切需要通过加快发展农业电子商务,有效引导市场主体广泛参与,促进资源要素合理有序流动,消除妨碍公平竞争的制约因素,推动全国农产品统一市场的进一步完善,更好地发挥市场配置资源的决定性作用。

推进农业电子商务发展是促进现代农业发展的重要途径。发展现代农业的基础和前提是市场化,农业电子商务是农业市场化的重要组成部分,是现代服务业的重要内容。推进农业电子商务,将产业链、价值链、供应链等现代经营管理理念融入农业,可以促进现代信息技术与传统农业全面深度融合,推动农业生产由以产品为中心转变为以市场为导向、以消费者为中心,倒逼农业生产标准化、品牌化,优化农业生产布局和品种结构,发展高产、优质、高效、生态、安全农业,实现农业发展方式根本性转变,提高农业产业素质和国际竞争力,为新型工业化、信息化、城镇化和农业现代化同步发展拓展新的空间、增添新的动力。

推进农业电子商务发展是扩大和提升消费需求的重要动力。在经济新常态下,扩大和提升消费需求对促进经济发展的关键作用日益凸显。促进电子商务创新发展,是实施"互联网＋"行动的重大举措,对主动适应经济发展新常态、打造经济社会发展新引擎、有效应对经济下行压力具有重要现实意义。推动农业电子商务发展是顺应消费方式、生活方式深刻变化的现实需要,可以满足不同消费群体的个性化、多样化、便捷性需求,能够突破购销的时空限制,进一步挖掘市场需求潜力,促进消费转型升级。同时,农业电子商务的发展,还可以创新流通方式,带动农业生产资料和消费品下乡,加快形成城乡产品和要素市场双向流动的新格局,激活农村消费市场活力,让农村居民分享信息经济发展的成果。

推进农业电子商务发展是加快转变政府职能的客观要求。在充分发挥市场配置资源决定性作用的同时,要更好发挥政府作用,为市场主体创造良好发展环境,切实加强公共服务、市场监管、社会管理等职责。农业部门在继续抓好农业生产的同时,应更加重视搞活农产品流通,创新农业生产资料下乡渠道。农业电子商务作为农产品流通和农业生产资料销售的新业态,在发展的过程中出现了一些新情况新问题,需要政府部门转变观念、转变职能,切实把推进农业电子商务发展作为一项重要工作来抓,加强政策创设和规划制定,健全农产品和农业生产资料市场信息监测预警体系、标准体系、质量安全追溯体系、诚信体系和法律法规建设,强化市场监管和行政执法,努力营造安全可信、规范有序的农业电子商务发展环境。

基本原则。一是市场主体,政府引导。正确处理好市场与政府的关系,充分发挥市场主体作用,提高农业电子商务资源配置效率,同时加强政策、规划、信息指导,强化制度建设和市场监管,为农业电子商务发展创造良好环境。二是统筹兼顾,重点突破。注重农村与城市相结合、农产品与农业生产资料和消费品相结合、线上与线下相结合,分类别、分阶段、分区域拓展和推动农业电子商务应用。重点探索鲜活农产品与农业生产资料的电子商务模式,支持发展产地田头市场、城乡仓储、冷链物流、终端配送,突破发展瓶颈。三是创新驱动,示范引领。推动技术创新、管理创新、服务创新和制度创新,将移动互联网、云计算、大数据、物联网等新一代信息技术贯穿到农业电子商务的各领域各环节,切实增强自主创新能力。注重典型引路和示范带动,因地制宜探索发展适应当地实际的农业电子商务模式。四是规范有序,健康发展。在发展中求规范,以规范促发展。立足需求导向,坚持必要和可行的原则,明确方向和重点,采取先易后难、循序渐进的策略,找准切入点和突破口,有力有序推进,避免盲目跟风,保障农业电子商务快速健康持续发展。

总体目标。到2018年,农业电子商务基础设施条件明显改善,制度体系和政策环境基本健全,培育出一批具有重要影响力的农业电子商务企业和品牌,电子商务在农产品和农业生产资料流通中的比重明显上升,对完善农产品和农业生产资料市场流通体系、提升消费需求、繁荣城乡经济的作用显著增强。

积极培育农业电子商务市场主体。围绕提升新型农业经营主体电子商务应用能力、支持农产品和农业生产资料网络营销、推进农业生产性服务线上交流与交易、壮大农业电子商务企业的发展目标,培育农业电子商务市场主体,推动形成各类市场主体竞相发展农业电子商务的新格局。

着力完善农业电子商务线上线下公共服务体系。探索农产品和农业生产资料线上与线下协同发展模式,完善农产品监测预警、质量标准和追溯体系,推动农业电子商务相关数据信息开放共享,实现农业全产业链数据互联互通,完善农业电子商务线上线下公共服务体系,为农业电子商务提供公共服务支撑。

大力疏通农业电子商务渠道。加强与相关部门的沟通协调、形成合力,加快推动网络、物流、冷链、仓储等基础设施建设,鼓励相关经营主体开展技术、机制、模式创新,深入推进信息进村入户,开展电子商务进农村综合示范,为全面发展农业电子商务创造良好条件、提供经验。

切实加大农业电子商务技术创新应用力度。按照"需求牵引、重点跨越、支撑发展、引领未来"的原则,开展农业电子商务发展战略研究,突破核心关键技术,制定完善相关标准、法规,大力推广先进实用信息化技术在流通等领域的应用,全面提升农业电子商务技术创新应用能力。

加快完善农业电子商务政策体系。按照"政府引导,市场主体"的原则,强化顶层设计和政策创设,配合有关部门优化农业电子商务相关审批事项和流程,推动落实支持农业电子商务发展扶持政策,充分发挥市场在资源配置中的决定性作用,为农业电子商务发展提供良好政策环境。

13. 农业部关于扎实做好 2016 年农业农村经济工作的意见

农发[2016]1 号

大力发展农产品加工业和市场流通。研究出台指导农产品加工业发展的政策文件,推动农产品加工业转型升级。完善并继续实施农产品产地初加工补助政策,加快建设一批农产品加工示范县、示范园区、示范企业。支持粮食主产区发展粮食深加工,继续加强农产品加工科技创新和推广,深入开展加工副产物综合利用试点,实施主食加工和农产品加工质量品牌提升行动。健全统一开放、布局合理、竞争有序的现代农产品市场体系,加快国家级农产品专业市场建设。加强储运加工布局和市场流通体系的衔接,推进实物流通和电子商务相结合的物流体系建设,促进物流配送、冷链设施设备等发展。鼓励农村经纪人和新农民搞活农产品流通。

14. 农业部 国家发改委 中央网信办等 8 部门联合印发"互联网+"现代农业三年行动实施方案

农市发[2016]2 号

大力发展农业电子商务,带动农业市场化,倒逼农业标准化,促进农业规模化,提升农业品牌化,推动农业转型升级、农村经济发展、农民创业增收。提升新型农业经营主体电子商务应用能力,推动农产品、农业生产资料和休闲农业相关优质产品和服务上网销售,大力培育农业电子商务市场主体,形成一批具有重要影响力的农业电子商务龙头企业和品牌。加强网络、加工、包装、物流、冷链、仓储、支付等基础设施建设,推动农产品分等分级、产品包装、物流配送、业务规范等标准体系建设,完善农业电子商务发展基础环境。开展农业电子商务试点示范,鼓励相关经营主体进行技术、机制、模式创新,探索农产品线上与线下相结合的发展模式,推动生鲜农产品直配和农业生产资料下乡率先取得突破。推进农产品批发市场信息技术应用,加强批发市场信息服务平台建设,提升信息服务能力,推动批发市场创新发展农产品电子商务。加快推进农产品跨境电子商务发展,促进农产品进出口贸易。推动农业电子商务相关数据信息共享开放,加强信息监测统计、发布服务工作。(农业部、发展改革委、中央网信办、商务部、质检总局)

探索农产品、农业生产资料、休闲农业等不同类别农业电子商务的发展路径。融合产业链、价值链、供应链,开展鲜活农产品网上销售应用示范。培育农业电子商务应用主体,推进新型农业经营主体对接电商平台。开展鲜活农产品、农业生产资料、休闲农业等电子商务试点。构建农业电子商务标准体系、进出境动植物疫情防控体系、全程冷链物流配送体系、质量安全追溯体系和质量监督管理体系。(农业部、发展改革委、中央网信办、质检总

局）

15. 商务部等 13 部门 关于进一步加强农产品市场体系建设的指导意见

2014 年 2 月 27 日

大力发展农产品电子商务。把农产品电子商务作为重要战略制高点，积极开展农产品电子商务示范培育工作。积极发展县域服务驱动型、特色品牌营销型等多元化的农产品电子商务模式。支持农产品批发市场依托场内加工配送中心或依托产地集配中心和田头市场，开展线上线下相结合的产销一体化经营。加强农产品电子商务服务平台建设，深入推进农村商务信息服务，力争在重点地区、重点品种和重点环节率先突破。

16. 商务部等 19 部门 关于加快发展农村电子商务的意见

2015 年 8 月 21 日

争取到 2020 年，在全国培育一批具有典型带动作用的农村电子商务示范县。电子商务在降低农村流通成本、提高农产品商品化率和农民收入、推进新型城镇化、增加农村就业、带动扶贫开发等方面取得明显成效，农村流通现代化水平显著提高，推动农村经济社会健康快速发展。

适应农村产业组织变化趋势，充分利用"万村千乡"、信息进村入户、交通、邮政、供销合作社和商贸企业等现有农村渠道资源，与电子商务平台实现优势互补，加强服务资源整合。推动传统生产、经营主体转型升级，创新商业模式，促进业务流程和组织结构的优化重组，增强产、供、销协同能力，实现线上线下融合发展。支持电子商务企业渠道下沉。加强县级电子商务运营中心、乡镇商贸中心和配送中心建设，鼓励"万村千乡"等企业向村级店提供 B2B 网上商品批发和配送服务。鼓励将具备条件的村级农家店、供销合作社基层网点、农村邮政局所、村邮站、快递网点、信息进村入户村级信息服务站等改造为农村电子商务服务点，加强与农村基层综合公共服务平台的共享共用，推动建立覆盖县、乡、村的电子商务运营网络。

以农产品、农村制品等为重点，通过加强对互联网和大数据的应用，提升商品质量和服务水平，培育农村产品品牌，提高商品化率和电子商务交易比例，带动农民增收。与农村和农民特点相结合，研究发展休闲农业和乡村旅游等个性化、体验式的农村电子商务。指导和支持种养大户、家庭农场、农民专业合作社、农业产业化龙头企业等新型农业经营主体和供销合作社、扶贫龙头企业、涉农残疾人扶贫基地等,对接电商平台,重点推动电商平台开设农业电商专区、降低平台使用费用和提供互联网金融服务等,实现"三品一标""名特优新""一村一品"农产品上网销售。鼓励有条件的农产品批发和零售市场进行网上分销,构建与实体市场互为支撑的电子商务平台,对标准化程度较高的农产品探索开展网上批发交易。鼓励新型农业经营主体与城市邮政局所、快递网点和社区直接对接,开展生鲜农产品"基地 + 社区直供"电子商务业务。从大型生产基地和批发商等团体用户入手,发挥互联网和移动终端的优势,在农产品主产区和主销区之间探索形成线上线下高效衔接的农产品交易模式。

组织相关企业、合作社,依托电商平台和"万村千乡"农资店、供销合作社农资连锁店、农村邮政局所、村邮站、乡村快递网点、信息进村入户村级信息服务站等,提供测土配方施肥服务,并开展化肥、种子、农药等生产资料电子商务,推动放心农资进农家,为农民提供优质、实惠、可追溯的农业生产资料。发挥农资企业和研究机构的技术优势,将农资研发、生产、销售与指导农业生产相结合,通过网络、手机等提供及时、专业、贴心的农业专家服务,与电子商务紧密结合,加强使用技术指导服务体系建设,宣传、应用和推广农业最新科研成果。

按照新型城镇化发展要求,逐步增加农村电子商务综合服务功能,实现一网多用,缩小城乡居民在商品和服务消费上的差距。鼓励与服务业企业、金融机构等加强合作,提高大数据分析能力,在不断完善农民网络购物功能的基础上,逐步叠加手机充值、票务代购、水电气费缴纳、农产品网络销售、小额取现、信用贷款、家电维修、养老、医疗、土地流转等功能,进一步提高农村生产、生活服务水平。与城市社区电子商务系统有机结合,实现城乡互补和融合发展。

按照精准扶贫、精准脱贫的原则,创新扶贫开发工作机制,把电子商务纳入扶贫开发工作体系。积极推进电商扶贫工程,密切配合,形成合力,瞄准建档立卡贫困村,覆盖建档立卡贫困户。鼓励引导易地扶贫搬迁安置区和搬迁人口发展电子商务。提升贫困地区交通物流、网络通信等发展水平,增强贫困地区利用电商创业、就业能力,推动贫困地区特色农副产品、旅游产品销售,增加贫困户收入。鼓励引导电商企业开辟贫困老区特色农产品网上销售平台,与合作社、种养大户建立直采直供关系。到2020年,对有条件的建档立卡贫困村实现电商扶贫全覆盖。

17. 商务部等10部委印发全国农产品市场体系发展规划

2015年8月31日

加快移动互联网、物联网、二维码、无线射频识别等信息技术在农产品流通领域应用,发展"互联网+农产品流通",促进农产品商流、物流、信息流、资金流四流融合。鼓励传统农产品流通企业树立互联网思维,推动智慧型农产品批发市场发展,鼓励各类农产品流通主体完善信息化管理系统,整合各类涉农信息服务资源,构建覆盖生产、流通、消费的农产品流通大数据平台,建设互联互通的全国农产品流通信息服务体系。发展农产品电子商务,支持农产品批发市场和流通企业开展线上线下相结合的一体化经营,逐步扩大网上交易的品种和配送范围,完善网上交易技术标准、统计监测和信用体系,促进农产品产销与物联网、互联网协同发展。积极培育各类农产品电子商务平台,鼓励各类电商、物流、商贸流通、金融等企业,参与平台建设和运营。完善市场监测、预警和信息发布机制,重点对关系居民日常生活、容易出现"卖难买贵"问题的农产品的供求、质量、价格等信息进行实时监测。鼓励有条件的地区和农产品流通企业建立区域性农产品信息数据库和企业网上信息平台。

三、农业电子商务应用的法律法规

农业电子商务应用的法律法规框架体系主要包括三个方面:其一为商务活动的相应法规;其二为电商相关的知识产权与隐私保护的相应法规;其三为从事商务活动的信息安全环境的相应法规。尽管我国政府非常重视电子商务法律体系的建设和完善,2015年正积极推进《电子商务法》的出台,但这条路虽然前景光明但却艰辛漫长。

1. 商务活动的法律法规

我国传统的农产品交易,尤其是农业消费品交易大都具有口头要约和现款现货的交易特征。但随着农产品交易从传统环境向电商环境的迁移，电子合同、电子签名、电子支付等电商环境下的必备交易要件日益走近农业电商。电子合同通过一系列电子脉冲进行商务信息的传递，并将信息或数据记录在计算机或中介载体中，因此具有易消失性及易改动性，这是其作为证据的局限性。我国 1999 年 10 月开始实施的新《合同法》引入了数据电文形式，从而在法律上确认了电子合同的合法性。电子签名是通过一种特定的技术方案来鉴别当事人（主要指发件人和收件人）的身份及确保交易资料内容不被篡改的电子化安全保障措施。《中华人民共和国电子签名法》（以下简称《电子签名法》）自 2005 年 4 月 1 日施行，是迄今为止我国第一部有关电子商务的全国性正式立法。根据《电子签名法》，当事人约定使用电子签名的文书，不得仅因为其采用电子签名的形式而否定其法律效力。

在农业电子商务中，网络交易客户与虚拟银行的关系变得十分密切。电子资金划拨的依据是虚拟银行与网络交易客户所订立的协议，这种协议属于标准合同，通常是由虚拟银行起草并作为开立账户的条件递交给网络交易客户的，网络交易客户与虚拟银行之间的关系仍然是以合同为基础的。在实践中，电子资金划拨中常常出现因过失或欺诈而致使资金划拨失误或延误的现象。如系过失，自然适用于过错归责原则；如系欺诈所致，且虚拟银行安全程序在电子商务上是合理可靠的，则名义发送人须对支付命令承担责任。2010 年 6 月，中国人民银行出台了《非金融机构支付服务管理办法》终于使第三方支付等新型金融服务的发展有法可依。

2. 知识产权与隐私保护的相关法律法规

农产品看似没有多大技术含量，实则不然，新型农产品的培育研发是属于高科技的创新工作。对于新产品、新技术的保护需要应用知识产权保护的相关法律。数据库是电子商务的重要基础，尤其是近几年来随着大数据、云计算等现代技术在电子商务中的广泛应用，对数据库的保护更为重要。我国目前还没有专门的法律法规来对数据库进行保护，但是可以应用著作权法、反不正当竞争法及商标法、合同法等相关法律进行保护。

对于从事农产品网络营销的电商而言，应特别重视对自己拥有的独立域名的保护。因为域名具有商业价值，不仅可以提升企业的知名度和影响，而且是企业的重要无形资产。域名的命名规则是按照多级域名控制和构成的,分别由不同国家和地区的网络信息中心控制域名的注册登记。我国的《中国互联网络域名注册暂行管理办法》规定,不得使用他人已经在中国注册过的企业名称或商标名称。国务院信息化办公室及信息产业部部长是我国互联网络域名系统的管理机构,负责制定中国互联网络域名的设置、分配和管理的政策及办法:选择、授权或者撤销顶级和二级域名的管理单位;监督、检查各级域名注册服务情况。中国互联网络信息中心(CNNIC)工作委员会协助国务院信息办管理互联网络域名系统。中国的顶级域名即一级域名是 CN,顶级域名下采用层次机构设置各级域名。中国的顶级域名 CN 由 CNNIC 负责管理和运行,采用逐级授权的方式确定三级以下(含三级)的管理单位。各级域名管理单位负责其下级域名注册。中国互联网络的二级域名采用各国通常的做法,设置"类别域名"和"行政区域名"两类:"类别域名"包括商业(COM. CN)、教育(EDU. CN)、科研机构(AC. CN)、政府机构(GOV. CN)等国际通行的类别。

　　隐私权是公民享有的私人生活安宁与私人信息依法受到保护,不被他人非法侵犯、知悉、搜集、利用和公开的一种人格权;在电子商务环境下,客户与商家之间有必要建立一种相互信任的关系,商家有责任为客户提供的个人资料保密,未经客户的同意不得把这些资料泄露给第三方,以免顾客成为"广告轰炸"和"垃圾邮件"的牺牲品,双方在网上交易之前要就顾客隐私权保护和厂家知识产权保护达成一定共识。世界各地对隐私权的保护呈现出专门化和国际统一化的趋势,我国的《信息网络传播权保护条例》、《最高人民法院、最高人民检察院关于办理利用信息网络实施诽谤等刑事案件适用法律若干问题的解释》、《电信和互联网用户个人信息保护规定》等相关法规的颁布与实施标志着我国隐私权保护的法制化进程正在提速。

　　我国《消费者权益保护法》第八条规定:"消费者享有知悉其购买、使用的商品或者接受的服务的真实情况的权利。消费者有权根据商品或服务的不同情况,要求经营者提供商品的价格、产地、生产者、用途、性能、规格等级、主要成分、生产日期、有效期限、检验合格证明、使用方法说明书、售后服务,或者服务的内容、规格、费用等有关情况。"消费者知情权的实施是与传统购物方式中的看货、演示、试用、交易、送货等一系列环节配套的,而这些环节在电子商务中往往变成了虚拟方式,消费者与供应者不见面,通过网上广告了解商品信息,通过网络远距离订货及电子银行结算,由配送机构送货上门。在这样的情况下,必须保证消费者获得充分、真实的商品信息,保障消费者安全使用产品的权利和退换货的权利。网上购物重要的一环就是要通过网络与商家签订相关的契约,这些契约内容一般是商家事先准备好的固定条款,称为定型化契约。定型化契约因其条款完全由商家方面制订,难免存在一些有违公平合理、等价有偿原则的条款,比如商品有瑕疵时消费者只能请求免费修理的条款。

3. 商务安全相关的法律法规

党的十八届三中全会通过的《中共中央关于全面深化改革若干重大问题的决定》提出:坚持"积极利用、科学发展、依法管理、确保安全"的方针,加大依法管理网络力度,加快完善互联网管理领导体制,确保国家网络和信息安全。电子商务需要安全的商务运作环境,我国的《计算机信息系统安全保护条例》、《中国互联网络域名注册实施细则》、《中国互联网络域名管理办法》、《非经营性互联网信息服务备案管理办法》、《电子认证服务管理办法》、《公用电信间接通及质量监督管理办法》、《计算机信息网络国际联网管理暂行规定》、《中国公众多媒体通信管理办法》、《互联网信息服务管理办法》等都是保障我国电子商务的商务安全之法律依据。

4. 税收

电子商务在发展初期,为保护其健康快速成长,国际上普遍遵循免税原则。而由于电子商务交易的特殊性,税收问题一直是各国政府非常关注又十分棘手的问题。2014 年 3 月 9 日,商务部电子商务司副司长张佩东表示,依法纳税是每个公民和企业应尽的义务,税法对传统企业和电子商务企业是统一适用的、简单说"未对淘宝等电商征税"是不准确的。由于这些个体网店没有工商注册,无实体店经营,经营数据、收支电子化,分布区域广,给"实体化""属地化"的监管部门工作带来巨大挑战。可以这样认为,电子商务的税收问题十分复杂,我国政府的态度是应该纳税,但在解决如何纳税的具体问题上还在进行有益探讨。农业电子商务纳税问题也将进一步规范。

四、新农村建设发展中国家政策的不足

1. 农村支付信用不健全。支付是发展电子商务的一个基础条件，由于我国信用制度不健全，农民习惯于用现金交易，这也成为影响我国农业电子商务发展的重要因素之一。

2. 网络信息的安全。信息安全不应该是一个陌生的话题，信息危险离我们也并不遥远。当今的全球化商业环境中，信息的重要性被广泛接受，信息系统在各类组织中得到广泛应用。许多组织对其信息系统的依赖性不断增长，而信息系统主要依赖的是技术，遭遇破坏的可能性很大。我们都知道一个词叫作黑客。黑客对系统的攻击具有很大的破坏性。农民和农民企业主缺乏如何防范网上交易风险的知识和经验，制约了农村电子商务发展。

3. 农业电子商务的发展，要求健全的法律制度，宽松的法律环境。近年来，国家相继出台了"互联网信息服务管理办法""互联网电子公告服务管理规定""互联网从事登载新闻业务管理暂行规定"等相关法规。我国高等法院也就网络著作权纠纷相关法律做出解释。所有这一切对规范电子商务的行为起到了重要作用。但是和网络经济发展的要求相比还有不小的差距。

当前，农业电子商务数字合同、数字签名的法律问题；交易人的身份认证问题；数据电文的可接受性和证据力问题；商务数据库的保护问题；注册商标在数字化了以后的法律保护问题；数字化商标的淡化问题；网站之间地对注册商标的超文本链接问题；消费者的个人隐私及权益保护问题；网络运输单据的确认和合法化问题；市场准入问题等，都需要电子商务法尽快加以明确和规范。

4. 农产品标准低，电子商务网站缺乏实用性

适合电子商务的商品主要是标准化产品和可鉴别性产品，这就要求开展电子商务的产品是标准化的可鉴别性产品，以此来减少买方的不确定因素。但是当前进行贸易的农产品一般都是非标准化的经验型的产品，在对农产品使用之前消费者并不能获得更多的相关使用信息或者评价，这种标准性的缺乏也为农村电子商务的发展造成了阻碍。除了少数的国家性质的网站可以进行正常、专业的运行之外，大部分的地方性的农村电商网站缺乏

运行经验与技术支持,内容相似或者重复的情况比较严重,其中的内容往往也不能够进行及时的信息更新,其中对于农民农业生产进行指导性质的信息比较少,虽然,电子商务网站中具有农产品行情或者相关供求信息的公布,但是对实际的市场分析以及需求的分析与预测还很少,使得农业生产以及电子商务发展比较盲目,具备实用价值的信息得不到有效的共享。[①]

第二节　农村电子商务发展的政策措施

中国共产党第十八届中央委员会第五次全体会议与2015年10月26日至29日在北京召开。这次会议通过了关于制定国民经济和社会发展第十三个五年规划的建议。在农业方面"十三五"建议提出要着力在六个方面下功夫。一是稳定和提升粮食产能,确保国家粮食安全。加快划定永久基本农田,大规模开展旱涝保收高标准农田建设,提升耕地质量,重点保护和提高粮食主产区和粮食生产功能区产能;大力发展现代种业,推进农业机械化和农业信息化,做到"藏粮于地""藏粮于技"。二是拓宽农民增收渠道,促进农民收入持续较快增长。大力发展优质高效农业,推广节本增效技术,鼓励农村劳动力有序转移,扶持农民就地就近第创业就业,完善强农惠农富农政策,探索建立农民收入补贴制度等。要大力推进精准扶贫,打好扶贫开发攻坚战。三是坚持产出来和管出来两手抓,确保农产品质量安全。一手抓农业标准化生产,健全标准体系,实现生产源头可控制;一手抓农产品质量安全监管,建立从田头到餐桌的全程可追溯体系,开展全过程监管。四是加强农业资源保护,促进农业可持续发展。打好农业面源污染治理攻坚战,大力发展节水农业,开展化肥农药零增粘行动,推进农业废弃物资源化利用。五是推进农业转方式、调结构,加快农业现代化步伐。以市场需求为导向调整优化农业结构,大力发展农产品加工流通,积极拓展农业多种功能,促进粮经饲统筹、种养加结合、一二三产业融合发展;构建新型农业经营体系,引导

[①]徐先海.湖南农村电子商务应用模式构建与发展对策研究[D].湖南农业大学,2009.

土地经营权有序流转,发展多种形式适度规模经营,建立健全农业社会化服务体系,大力培育新型农业经营主体和新型职业农民;深化农业经济体制改革,促进农业科技成果转化应用,提高农业技术装备水平,给农业插上科技的翅膀。六是统筹城乡发展,推进农民工有序市民化。确立完成城乡统筹一体化体制机制,促进城乡要素平等交换和公共资源均衡配置,解决好农民工的就业、工资、社保、居住、子女上学等现实问题;推进城乡联动改革,畅通农民工成长、上升通道,让具备条件的农民工在就业地逐步安家落户、实现市民化。

国务院办公厅发布《关于促进农村电子商务发展的指导意见》提出了促进农村电子商务发展的七条政策措施。主要内容为:1. 加强政策扶持。深度开张电子商务进农村综合示范。加快推进信息进村入户工作。与合作社、种养大户等建立直采直供关系。增加就业和增收渠道。2. 鼓励和支持开拓创新。鼓励地方、企业等因地制宜,积极探索农村电子商务新模式。3. 大力培养农村电商人才。实施农村电子商务百万英才计划,对农民、合作社和政府人员等进行技能培训,提升为农民提供信息服务的能力。努力培养一批既懂理论又懂业务、会经营网店、能带头致富的复合型人才。4. 加快完善农村物流体系。加强交通运输、商贸流通、农业、供销、邮政等部门和单位既电商、快递企业对相关农村物流服务网络和设施的共享衔接,加快完善县乡村农村物流体系,鼓励多站合一、服务同网。加强农产品产地集配和冷链等设施建设。5. 加强农村基础设施建设。加快农村信息基础设施建设和宽带普及。促进宽带网络提速降费,结合农村电子商务发展,持续提高农村宽带普及率。6. 加大金融支持力度。鼓励村级电子商务服务、助农取款服务点相互依托建设,实现优势互补、资源整合,提高利用效率。加大对电子商务创业农民尤其是青年农村的授信和贷款支持。符合条件的农村网商,可按规定享受农村创业担保贷款即贴息政策。7. 营造规范有序的市场环境。加强网络市场监管,打击制售假冒伪劣商品、虚假宣传、不正当竞争和侵犯知识产权等违法行为,维护消费者合法权益,促进守法诚信经营。

中华全国供销合作总社关于加快推进电子商务发展的意见:

1. 工作目标。经过3-5年努力,全系统构建起全国电子商务平台和区域型、专业型平台相互支持、线上交易和线下交易融合发展的新格局,成为深化供销合作社综合改革的重要内容、推进农村流通现代化的重要方式、搭建为农服务综合平台的重要支撑。力争到"十三五"期末,全系统流通企业电子商务应用率达到80%以上,基层经营服务网点信息化改造比例达到70%以上,电子商务交易规模占全系统销售总额比重达到40%以上。

2. 着力发展农产品电子商务。将电子商务作为促进农产品流通的重要手段,组织农产品经营企业、行业协会、农民合作社等市场主体,整合当地农产品资源,通过自建平台、借助第三方电子商务平台等形式开展网上销售,注重打造地方特色,塑造地方品牌,使供销合作社成为各地推广名优土特产的重要抓手。联合农民合作社、商品基地、农产品批发市场,依托连锁经营服务网点,重点发展面向本地区的鲜活农产品电子商务平台,促进农产品产销对接,保障农产品有效供给。有条件的地方供销合作社,要建立健全农产品质量检验检测和追溯体系,发展农产品冷链物流,开拓农产品电子商务市场。

3. 努力拓展农村电子商务。发挥县级供销合作社在农村电子商务中的主体作用,大力培育和发展电子商务企业,牵头成立电子商务协会,努力使供销合作社成为推进农村电子商务的组织者和引领者。以提高农村信息化水平为重点,加快村级综合服务中心(社)等基层网点的信息化改造,整合当地农村商业资源,培养农村用户的信息化消费习惯,为农民群众提供网上代购代销、电子支付、票务代理、农业科技和信息技术培训等多种服务,着力打造网上便民综合服务中心。从农村互联网应用的现实条件出发,将供销合作社基层网点作为打通农村电子商务"最后一公里"的关键节点,通过与知名电商合作等形式,合作共用基层网点、终端设备等,引导农村商业电子商务化,实现"农产品进城"和"工业品下乡"双向流通。

交通运输部、农业部、供销合作总社、国家邮政局关于协同推进农村物流健康发展 加快服务农业现代化的若干意见:

1. 积极推广农村电子商务。支持电商、物流、商贸、金融等企业参与涉农电子商务平台建设。引导农村物流经营主体依托第三方电子商务服务平台开展业务,鼓励乡村站点与电商企业对接,推进农村地区公共取送点建设,积极培育农产品电子商务,鼓励网上购销对接等交易方式,提高电子商务在农村的普及推广应用水平,降低流通成本。

2. 提升农村物流企业的信息化水平。加快农村物流企业与商贸流通企业、农资经营企业、邮政和快递企业信息资源的整合,鼓励相关企业加强信息化建设,推广利用条形码和射频识别等信息技术,逐步推进对货物交易、受理、运输、仓储、配送全过程的监控与追踪,并加快企业与农村物流公共信息平台的有效对接。鼓励农村物流企业积极对接电子商务,创新O2O服务模式。

商务部等六部门关于印发全国电子商务物流发展专项规划(2016—2020年)的通知:

1. 积极推进电商物流渠道下沉,支持电商物流企业向中小城市和农村延伸服务网络。结合农村产业特点,推动物流企业深化与各类涉农机构和企业合作,培育新型农村电商物流主体。充分利用"万村千乡"、邮政等现有物流渠道资源,结合电子商务进农村、信息进村入户、快递"向西向下"服务拓展工程、农村扶贫等工作,构建质优价廉产品流入、特色农产品流出的快捷渠道,形成"布局合理、双向高效、种类丰富、服务便利"的农村电商物流服务体系。

2. 结合新型城镇化建设,依托"电子商务进农村"等工程,整合县、乡镇现有流通网络资源,发展农村电商物流配送体系。鼓励电子商务企业、大型连锁企业和物流企业完善农村服务网点,发挥电商物流在工业品下乡和农产品进城的双向流通网络构建中的支撑作用。支持建立具备运营服务中心和仓储配送中心(商品中转集散中心)功能的县域农村电子商务服务中心,发展与电子交易、网上购物、在线支付协同发展的农村物流配送服务。

商务部办公厅关于印发2016年电子商务和信息化工作要点的通知:

加快电子商务进农村。继续开展电子商务进农村综合示范,优先在革命老区和贫困地区实施,提高扶贫效率和精准度。加大农村电子商务创新创业扶持力度,实施农村电子商务百万英才计划,开展农村电子商务创新创业大赛,发布农村电子商务工作指引和服务规范。优化全国农产品商务信息公共服务平台功能,发挥行业协会优势,开展专业领域的信息服务。加强与批发市场、超市、电商企业的合作,建立农产品采购商数据库,办好农产品网上购销对接会。地方商务主管部门要深入落实推进电子商务进农村和农产品电子商务发展的各项举措,切实提高政策扶持效果。

财政部 关于印发《农业综合开发推进农业适度规模经营的指导意见》的通知:

加强农产品市场流通服务体系建设。加大对农产品流通环节扶持力度,支持农业产业化龙头企业发展仓储及冷链物流设施,向乡镇和农村延伸生产营销网络。探索对农产品电子商务的支持政策,支持企业建立电子商务平台及信息化建设。发挥供销社扎根农村、联系农民、点多面广的优势,与农民开展合作式、订单式生产经营服务,搞好产销对接、农社对接,提高服务的规模化水平。

第三节　对于国家支持新农村建设中的电子商务对策及建议

一、完善电子商务法规体系

(一)完善农业电子商务的法律法规

电子商务是一种全新的革命性的商务模式,它绝不仅限于技术和经济领域,其在法律领域的影响也是很重要的。电子商务相关的法律规范主要有:买卖双方身份论证法、电子支付系统安全措施、信息保密规定、知识产权侵权处理规定、税收征收以及广告的管制、网络信息内容过滤等。电子商务以先进的技术作为基础,是一种全球化的商务模式,要与国际接轨,必须遵从相关的技术标准规范。我国在标准的制定上仍然是弱项,这与我国的发展水平有关,我国更多的是采取跟随策略。技术方面有数字签名、认证等标准。农业电子商务要结合农业特点,完善相关的法律法规、标准规范。

建立健全农业电子商务的法律法规体系,要加强电子商务法律法规的研究。充分借鉴在信息立法以及其他的一些体制和做法比较完善的国家的经验,逐步建立起适应我国国情的农业电子商务发展方面的法律法规,用法律的制度来规范和保障农业电子商务的健康发展。

(二)加强农村电子商务活动的监管

发展电子商务要建立健全的电子商务的法律法规体系,加强市场监督管理,规范市场秩序,改善信用环境,使电子商务得到健康、有序地发展。充分借鉴在信息立法以及其他法规上比较完善的国家经验,逐步建立适合我国国情的农业电子商务法律法规,用法律规范农村电子商务的健康发展。

(三)打击电子商务的违法犯罪行为

为保证电子商务活动得以正常进行,政府需要提供一个透明的、和谐的商业法律环境。目前我国急需制订的有关电子商务的法律法规主要有:买卖双方身份论证方法、电子支付系统安全措施、信息保密规定、知识产权侵权处理规定、税收征收以及广告的管制、网络信息内容过滤等。

(四)用好电子商务相关的法律法规

一是要建立农村网上红盾维权站。及时指导农民防范网上交易风险,解决农民在网上交易中遇到的实际问题,维护农民专业户网上交易的合法权益。二是要引导农民专业户诚信经营。积极支持建立农业电子商务网站,开展网上亮照经营,引导农民诚信经营。三是要加强网上经营行为监管。与特色村网上交易主要的买家区域所在地管理部门建立协查机制,及时为专业户核实买家身份,查处网络经营违法行为,降低农民网上交易风险。

二、完善电子商务扶贫体系

1. 增强脱贫技术水平,促进电商扶贫发展

为帮助有脱贫能力的贫困对象加快脱贫,帮助部分贫困对象掌握电子商务的实用技能,增强其脱贫能力,用精准扶贫方略来巩固中国特色的减贫发展道路,找到贫根,对症下药。"电商扶贫"是我国扶贫办的十大精准扶贫的工程之一,友成基金会作为一个公益组织在短时间内就研究出了一项比较完善的电商扶贫方案,将慕课与电子商务的扶贫模式相互结合,在具体的实施中需要进行3天的慕课学习,接下来是2天的案例学习与分享交流,然

后经过 6 个月的就业孵化陪伴,加强对农村地区合作社、大学生村官、创业人口等群体提供一个较为系统的电子商务扶贫课程,而且这一项目得到了许多企业的投资支持,对于贫困人口较多、电子商务发展意愿较为强烈的地区进行重点的帮扶。这种电子商务的扶持模式为农村科技人才培养开辟了新的路线,利用移动互联这一技术,可以实现信息递送成本的减少,对电子商务扶贫在短时间内的获得标准化、大规模发展提供了条件。

2. 构建网货供应体系,带动贫困户融入电商产业

因地制宜、因户施策,多形式、多方法扩大网店经营规模,采取教育培训、资源投入、市场对接、政策支持提供服务等方式方法,帮助贫困户开办网店,销售农产品。农村电子商务的发展可以与当地电商企业、网络经纪人、专业协会等机构实行贫困户网店"一对一"的帮助模式,提升效益。对于那些开办网店条件还不充分的贫困村庄,可以鼓励大学生村官、乡镇干部等在乡镇服务站或电商扶贫产业园等组织中开设扶贫网店,为贫困户进行农特产品的代销。在下一步的发展中可以针对不同地区农村农业的发展特点,树立自己的产业品牌,对自己生产的农产品实现无公害、绿色、有机食品的生产模式,对其开展 QS 认证,增强农产品的品牌化、优质化的建设,对于电子商务发展成绩优秀地区给予鼓励,促进农业产业的壮大。

三、政策建议

尽管我国涉农电子商务正在进入新的发展阶段,并越来越显示出助力农村经济社会转型的作用,但从另一方面来看,涉农电子商务毕竟在整体上仍处于发展初期,不仅地域分布极不平衡,而且其发展明显滞后于城市电子商务。

在城乡二元结构的国情条件下,要彻底克服农村,尤其是边远农村长期形成的经济、社会、文化、科技、基础设施等发展滞后对电子商务的制约,绝非短期之功。这就更需要各类主体长期努力,共同推进,其中,尤其需要政府继续完善相关的制度和政策。为此,我们主要有以下建议。

(一)贯彻"'新四化'同步发展"推进新农村建设的战略理念

中共十八大提出工业化、信息化、城镇化、农业现代化同步发展的战略

理念,应体现在新农村建设的实际部署和实施过程中。新农村建设关于"生产发展、生活宽裕、乡风文明、村容整洁、管理民主"的"20字要求",仍应视为现阶段我国农村经济社会转型的目标。落实"'新四化'同步发展"的理念,就要将信息化融入农村工业化、城镇化、农业现代化的目标和手段中,而涉农电子商务正是一个主要的工作抓手。要通过推进农村电子商务发展"订单农业",助力解决农民买难卖难问题,推动农村"生产发展";鼓励农民以电子商务创业和就业,实现脱贫致富和"生活宽裕";通过电子商务促进现代信息技术普及应用,提高农民素质,助力实现"乡风文明"和"管理民主"。

(二)将农村信息化放在更迫切、更优先的地位

在我国,要克服城乡二元结构的制约,需付出长期的努力,国家应继续在多方面采取有效措施。发展涉农电子商务,除道路交通等硬件基础设施建设需继续加大力度外,要特别重视物流配送、商流组织"软"的方面,积极探索通过有效的商务模式、组织模式创新和信息化手段,克服农民需求分散性带来的困难。要高度重视近年我国城乡数字鸿沟有所拉大的现象,高度警惕当前各地"智慧城市热"进一步拉大城乡数字鸿沟的潜在危险,在务实推进城市信息化的同时,要切实将农村信息化放在更急迫、更优先的位置。

(三)整合相关资源,有效推进涉农电子商务

要鼓励更多的社会主体进入农村电子商务领域,探索和创新政府与市场主体间合力推进农村电子商务的体制机制。政府在农村电子商务中的职能定位需进一步明确,为充分发挥市场配置资源的基础作用,建议将政府资源聚焦于基础设施建设和公共服务,限制其进入相关的竞争性环节;要探索和总结旨在避免平台重复建设及有效发挥现有资源的"1 + N"模式的经验;要纠正农民科学文化素质较低难以从事电子商务的偏见,鼓励广大农民利用市场化平台开展电子商务经营;充分肯定和进一步发挥市场化电子商务平台的作用,鼓励和帮助他们进一步拓展农村市场,提升服务质量。[①]

(四)加快完善强农、惠农、富农的电子商务政策体系

政府要帮助农民和农村网商首先充分利用好国家和地方已有的涉农电

---

① 骆巧巧. 新农村背景下的农村电子商务平台建设研究[D].江西财经大学,2013.

子商务政策,为此,政府应采取更加有效的措施进行政策宣传,让广大农民知晓、理解和利用好已有的政策;要将鼓励涉农电子商务,纳入扶持农民返乡创业、大学生自主创业、乡镇下岗职工再就业、农村信贷、小微企业、农村扶贫等政策中来,破除政策落实中的人为障碍;要在涉农电子商务产业生态的发展、用地、融资、人才、信用体系建设等方面,继续探索新的扶持政策。

(五)改进农村电子商务的绩效考核体系

针对政府主导和国家投入已建成的涉农信息化能力应用效果不理想的问题,要加强和改进相关的绩效测评体系,推动其"接地气"。其中,应把政府出资兴建或支持的涉农电子商务项目作为重点,尤其是 B2C、C2C 的项目绩效考核不能再仅以能力建设的工程指标为准,而应以农民的应用状况和经济社会效益为准。原则上,只要能够利用已有市场化平台开展电子商务的,政府就不应再投资新建平台;对于整改无望的项目,应及早关停并转;对于以涉农电子商务为名营私和造成较大损失者,应依法追究当事人的责任。

(六)激发农民电子商务能量

历史经验表明,农村经济社会转型真正成功的经验大多发自于草根,建议国家涉农主管部门切实加强基层农村电子商务调研,以及时发现、总结和推广基层创新经验。要高度重视农村电子商务"领头羊"的示范作用,重点鼓励有上网经验的返乡大学生、务工人员和大学生村官等带头开展电子商务,鼓励引导各类电子商务专业人士到农村开展创业培训,鼓励成功的先行者现身说法,通过各种形式的宣传和农村"熟人社会"有利知识扩散的机制,广泛播撒电子商务的"神火",促进涉农电子商务尽快星火燎原。

(七)营造和改善涉农电子商务环境

我国涉农电子商务尚处于发展初期,多元主体驱动、多元发展模式的现实,给政策制定者们以重要的启示:在现阶段,推动涉农电子商务的发展,一定要不拘一格,顺势而为。不拘一格,就是要放手让各市场主体在市场上驰骋。要汲取以往自上而下推广示范典型时的形式主义作法。"有心栽花花不开,无心插柳柳成荫"。政府机构无须厚此薄彼、甚至排他性地强推某种样板、某种模式,而要高度尊重市场主体的内生需求、自主性和创新能力;顺势而为,就是要有针对性地为涉农电子商务营造良好的环境,特别是地方政府要针对本地涉农电子商务独特的发展条件、发展阶段、发展路径,针对本地市场主体对政策环境和政府公共服务的具体要求,依据自身的职能定位提供帮助。

(八)将政府平台的支撑服务与电子商务交易相嵌合

针对当前涉农电子商务实践中政府平台与市场化平台并存且各自为战的现状,须将两类平台间的合作,即上下结合,形成合力,作为重要的战略任务。政府平台主动与市场化平台合作,本质上是政府平台主动贴近自己的目标用户和让服务更好地抵达服务对象,上下结合最好采用链接嵌入的方式,政府不宜直接做交易平台,但要努力将自己对电子商务交易的支撑服务,及时便捷地体现在现实的交易环节中。

(九)推动农村经济社会组织细胞和基因的转变

农村经济社会转型,根本上是作为农村经济社会最基本组织细胞的农户和农民的转型。建议政府主管部门以农村专业合作社、农村服务网点及机构、各类村民组织等为重点,以提高农户与农民的组织化率和信息化率为基础,纳入新农村建设的发展规划和工作部署,着力发挥农村电子商务推动农户和农民积极转变的作用。

(十)发挥农村网商的积极作用

新农村需要新村干部,新时代需要新领导。建议组织部门高度重视遴选、培养和使用农村已经、今后还会更多涌现的既有信息化能力、又熟知农村经济社会规律的优秀人才,特别要将农村“'新四化'同步发展”所需的、农村信息化实践中的领军人物,选拔到合适的领导岗位上来。要注意发挥农村网商这一新兴群体发展和改革需求动力足、见多识广、能力更强的特点,为他们参与地方经济社会发展决策和公共事务管理,助力农村经济社会转型,创造更好的制度化的条件。

第六章 新农村建设中电子商务的具体应用

第一节 电子商务在新农村建设中的应用手段

开展农业电子商务,必须充分考虑我国农业生产的特点和农民自身状况。在应用电子商务手段时应多方面考虑,找到影响我国农业电子商务应用的瓶颈因素,抓住问题的关键,建立能够促进我国农业发展的综合电子商务体系。

一、电子商务平台建设

通过前而对我国农村互联网发展现状的调查情况看,利用电子商务加快新农村建设的步伐,首要的是加快基础设施建设。

首先,提高农村家庭电脑拥有量。设训一功能符合农民需求,价格农民能承受的电脑产品是一条可行之路。由英特尔、海尔和中国信息产业部联合研发的"家家乐"8000 – A 海尔农民电脑成本很低,但功能齐全,可以帮助缺乏电脑知识的农民熟练使用电脑。其次,尝试在有条件的农村建立"村村通"的网络体系,实现每村至少有一台联网电脑。对于互联网的利用可综合农村现有资源,比如把学校对互联网的需求和农村电子商务需求结合在一起,综合利用现有资源,实现网络资源的优化利用。总之,强化基础设施建设是提高农村信息化水平,增进农村电子商务应用的保证。

二、加强网络营销的应用

针对农产品的生产经营规模和农村经济状况,我国电子商务的开展可采用多种手段相结合的综合方案。

建立专门的电子商务网站作为网络营销的基地。电子商务网站是电子商务系统的载体,构建网站是提高农业电子商务应用的重要步骤,也是农业行业实现电子商务的基础。同时我们也要看到,农产品企业绝大多数是中小企业,分布在城市边缘或广大的乡村,信息闭塞,无法及时掌握供求方面的信息;另外,我国农业生产存在规模小、销售渠道不畅,甚至有些地方农产品存在卖不出去的问题,这些都决定了现在我们还不具备建立完善的电子商务系统的经济和技术条件。因此农产品电子商务网站的建立可逐步完善从搭建"信息一站通式"的信息发布平台开始。农业网站必须成为供需双方之间的一个信息桥梁,让农产品能够迅速找到买家,让农产品加工和贸易企业也能迅速找到所需的农产品,这样才能赢得企业、农民对农业部市场信息司的依赖在此基础上进一步发展网上贸易。

通过无站点的网络营销模式实现农产品的"电子商务"。首先,建立农业博客营销模式。博客营销是指利用博客的方式,通过向用户传递有价值的信息而最终实现营销信息的传播。网络营销是电子商务技术与传统营销理论的结合,在农业的信息化建设中综合利用网络营销工具和方法,可以提高农民对电子商务的直观认识,推动电子商务的建设,增加信息化的效益。

根据我国农业发展的现实状况,大力发展农业信息化建设,通过农业电子商务可以加快我国农村产业化建设的步伐,同时这也是一项系统工程。电子商务体系建设必须与传统农业产业链建设相结合,才能有效利用电子商务技术的价值真正建设产业化的现代农业。

三、政府引导发展农产品电子商务示范体系

先进国家的经验表明,没有政府的参与和大力支持,农产品电子商务是难以顺利推进的二电子农务建设必须以政府部门为主体,放活经营性服务,推进服务模式多元化,使电子农务的推广具有针对性二政府要为基层农业

网站、县以下基层农业技术推广组织、农村信息服务企业、农民专业技术协会和中介组织等提供各方面的支持,使他们可以上联网络,下联百姓。要加强政府扶持力度,向广大农民提供公共信息产品服务,提供财政金融政策支持,规范信息服务市场的秩序。

四、采取各种措施培养新一代"电农"

农民的素质,是实现我国农业现代化的关键,也是农产品电子商务发展的重要因素二要从实现农业现代化的长远目标出发,制定详细的规划,采取具体措施,有步骤、分阶段,踏踏实实地提高农民的文化知识水平和农业技术水平。

五、确定电子农务示范点,为全面推进农村信息化提供示范效应

由于地方财政有限,在推进电子农务建设的时候不可能大规模的开展。因此,地方政府在推进信息化建设的时候,可以先确定建设示范点,在小范围内进行建设二把龙头企业,农产品合作组织、种养大户,作为信息化建设重点。在示范点应采取高标准高质量、低投入快速应用的思路,并且要采用统一方案,统一标准、统一集成、分级实施的办法,积累建设经验二这对于农村信息化建设非常重要,有利于减少盲目投资和节约资源,并且可以找到农村居民在信息上的真正需求。

六、建立农村市场服务系统

以现有的农产品市场信息采集渠道和采集点为基础,统一规范各类农产品以及农资物品的市场供求与价格的信息采集系统(包括化肥、农药、农膜等农资市场信息,粮食、蔬菜、畜产品、水产品等农副产品市场信息)在数据采集系统的基础上,集成现有的信息传播媒体,进行实时信息发布,即除了在互联网上实时发布信息外,通过 e – mail、手机短信等方式进行信息自动发布。加工、整理和综合分析信息资源,分析预测农产品主要品种国际、国内的市场行情、产销形势。利用 web 提供的通信手段在网上实现交易双方的信息互递,交易接洽程式化系统;采取网上竞拍方式作为交易联络的主要

模式,并通过 e‐mail、手机短信的方式进行智能化的信息互递。建立一种进行网上农产品交易的信息服务平台,实现网上实时商议交易条件。

第二节　新农村建设中的电子商务
——林果花卉产品

一、林业企业开展电子商务的对策

（一）林业企业电子商务的基本要求

1. 消除观念误区

一方面,林业企业不应把电子商务看成神秘的高新技术过程,不能把它当作纯粹的技术解决方案,更不要等到单证传递与电子支付的安全性得到保证、所有的标准已经统一以后,才考虑到林业的发展战略,那样将远远落后于先行者,可能失去大好机遇。另一方面,林业企业发展电子商务的时机也并非越早越好,它取决于林业企业的业务需求、人员素质、投资能力以及技术市场状况等诸多因素。既不能观望等待,坐失良机,又不能急于求成,盲目投入。

2. 做好目标市场定位

把握最佳时机,目标市场就是林业企业要服务的顾客群。只有确定了服务对象和服务的区域范围,企业才能决定要生产销售何种产品,以何种手段进行促销及网页设计要突出那些特点等。网络销售和单向营销的传统模式不同,它是双向的营销方式,所以定位目标市场必须了解自己的产品是否适应上网用户的各种情况。

3. 建立高效信息收集系统,优化资源配置

林业企业要成功地实行电子商务,一定要建立一个高效的信息收集系统,加强网站的设计与推广,建立良好的企业形象。通过网站的设计,建立一个良好的数据库,收集信息,分析信息,了解市场的需求动向及林业企业自身的经营情况,林业企业在网上受欢迎的程度等。从而优化自身的资源

配置,最大地降低成本,提高经营效益。

4. 提供优质服务系统,建立稳定的顾客群

现代顾客需要的是个性化服务,网络服务系统为顾客提供了全新的工具:全天候、即时、互动、了解信息、释疑解难等。这些性质迎合了现代顾客个性化的需求特征。

(二)林业企业电子商务的发展阶段

根据电子商务的功能和林业开展电子商务的自然发展过程两个角度,可以对林业企业电子商务应用阶段做如下划分:

1. 尝试阶段

也可称起步阶段,这个阶段既有林业企业因业务拓展而产生的主动应用,也有在大量第三方电子商务服务机构的营销作用下而产生的被动应用。两者的共性是通过各类免费平台或收费平台发布供求信息,但由于这种意识层的应用并没有纳入林业企业的宏观战略和绩效考评,因此,缺乏对发布信息的及时更新和有效跟踪,电子商务的效能没有完全得到发挥。

2. 整合阶段

这个阶段是在林业企业初步尝到了电子商务的甜头后,开始把电子商务与林业企业的各个业务环节整合应用,逐步渗透到林业企业的情报挖掘、信息发布、客户资源管理、营销等领域。这个阶段往往容易出现企业缺乏电子商务整体战略规划,而导致各个单项应用出现信息孤岛,协作性差,整体效能不明显,还容易出现林业企业的业务流程和管理流程不协调。

3. 战略阶段

这是林业企业电子商务应用的最高阶段,也是一个理想阶段。林业企业把业务与电子商务应用战略整合,通过科学的流程再造后,使林业企业的传统业务与电子业务能够完美配合,提升林业企业整体竞争能力。

(三)林业企业发展电子商务的优势

林业企业一般主要经营木材,符合网络营销的特点。同时,林业企业由于在人员管理上要比其他企业简单得多,便于调整、管理,便于较快贯彻新的营销观念而不受原有的林业企业文化束缚,可以较快地以更新的经营观念适应时代的潮流。再加上电子商务的技术基础、现实基础以及其巨大的

经济效益。因此,林业企业都跃跃欲试或者已经开始尝试。

电子商务的发展前景深远,人类将进入更加完善的信息网络时代。虚拟空间、虚拟社会已在建立,随着新一代的成长,网络消费观念将会成为一种必然。电子商务是一个全新的不断变化的领域,随着新技术的飞跃发展,林业企业应该不断制定相应的战略和策略,以适应形势发展。

当前全国林业系统正在开展林权制度改革,这将有力地推动林业产业的快速发展,也会给林业企业应用电子商务带来千载难逢机遇。

(四)林业企业开展电子商务的对策

林业企业电子商务的开展需循序渐进地进行,要在对市场的充分认识、对其他行业竞争要素的充分分析、对林业自身现状的充分了解和对发展战略的明确规划下,结合林业企业自身特点、行业特点以及区域经济特点的情况下稳步进行。同时,要对电子商务应用的投资回报评价标准、回报率和回报期有科学的认识。从交易额所占比例来看,第三方电子商务平台已经成为林业企业实施电子商务应用的最主要途径,但从发展趋势来看,自建平台的站点设计和其他业务的整合将更加紧密、更具个性化、更有助于业务持续性运作、更适应商业的快速变化和业务多元化,并加强在线零售的供给。而第三方平台对业务的细分将更加明确、更具国际性和区域性并向融合化发展。

林业企业电子商务应用是一个很值得研究的课题。林业企业应该关注自身业务特点,在电子商务应用的尝试阶段,可采用服务好、功能全、便于跟踪的第三方平台开展电子商务活动。

二、水果产业电子商务

近年来,我国水果产业发展迅猛,而电子商务异军突起,已显示出旺盛的生命力和时代特征,两者的结合,混业发展,将呈现广阔的发展前景。

(一)电子商务在果品行业开始起步

1. 电子商务在果品行业中的应用主要是以互联网及网络技术为支持,借助水果行业网站和企业网站,实现双向的信息流。即:水果的生产、流通、加工等企业和果农,通过网络及时、形象地发布和获取相关的果品供求及服务信息。在此基础上,以 B2B(企业对企业)为主要形式,实现网上营销、洽谈,网下成交、支付。目前,在信用体系和网上支付手段不健全的环境下,这种形式的风险小,也适合果品内在质量千差万别必须感官加以确定的特点。

2. 根据有关资料显示,我国果品行业专业网站大约有 40 多家。其中中国果品信息网(中国果品流通协会网站 www. China－fruit. com. cn)等 5 家网站位列农业 100 强网站之列。除行业性水果专业网站,还有荔枝、杧果、香蕉、梨、枣等各种单品种水果专业网站。同时,各地农业网站都不同程度地设有水果频道和专栏。果品企业是应用电子商务的主体,主要是大中城市的果品龙头企业和大型批发、集贸市场。目前,在水果产地县、镇的一些运销大户、专业合作社,也创建了网站,电子商务正在起步和发展。根据调查,在大约 200 家果品商储公司中,近 20% 的企业有不同程度的电子商务应用。但从整体看,果品行业的电子商务还远未开展起来,极具发展潜力。

(二)电子商务促进果品产业的发展

1. 发展电子商务是突破果品产业发展瓶颈的需要。我国果品产业总量的发展已有可观的规模,而且生产能力还可以进一步扩大。1978 年,全国水果产量仅为 657 万吨,2004 年已达到 8394 万吨(含瓜果的产量为 1.5 亿吨)。2004 年比 1978 年增长 11.8 倍,产值达到 1500 亿元。从 1995 年起,我国水果产量一直稳居世界各国首位。同时,从消费水平发展看,市场潜力巨大。但近年来,许多水果品种出现卖难现象,阶段性买方市场明显。其原因是多方面的,而信息不灵、渠道不宽、流通不畅是主要原因。果品行业发展电子商务可以扩大市场的时空范围,未来的发展可以加快、加大果品市场的信息流、商流、资金流和物流,在一定程度上突破销售不畅造成的行业发展瓶颈。

2. 发展电子商务是扩大出口的需要。目前我国水果出口连年大幅增长,进出口贸易顺差超过 10 亿美元。未来几年,国际水果市场发展潜力大,特别是我国水果出口价格竞争力强,发展电子商务,就可以更好地实现国内和国际市场对接,促进果品行业的整体发展。

3. 发展电子商务是节约交易成本,扩大经营规模,促进企业增效和提高企业管理水平。一些企业通过努力取得了效果。因为果品生产企业开展电子商务,建立企业网站,可以树立企业形象,推广果品,网上洽谈,从而改变了以往盲目跑市场的情况,节约了成本,增加了订单,扩大了经营规模。

(三)果品行业发展电子商务的难点

目前,制约果品行业发展电子商务的难点主要是:

1. 水果是鲜活农产品,保鲜比较困难。

2. 外观和内在质量、口感、风味差别大,标准体系缺失。

3. 果品生产的组织化程度低,仍然是以千家万户分散的方式为主,农村电脑拥有率低。

4. 企业对发展电子商务认识不够,在资金、技术、人员等方面存在实际困难,畏难情绪普遍。

(四)果品行业发展电子商务的对策

从果品行业发展电子商务的实际情况出发,主要对策是:

1. 加快制定果品相关标准,推动绿色果品认证、HACCP(危害分析与关键控制点)认证,促进标准化生产和实施品牌战略,主要品种逐步实现从果品到包装的标准化,着力改善实行电子商务的环境。

2. 重点加强果品企业开展电子商务工作,仍以网上营销洽谈、网下成交支付为主要形式,行业组织要推广相关经验和加强交流,务实、稳步发展果品企业电子商务。有条件的都可以尝试以电子商务促进果品配送、"订单果业"的实现。

3. 果品行业发展电子商务可以与网络 IT 业混业发展,弥补技术和投入等方面的不足。网络经济经历了泡沫破灭,正在与传统产业结合,务实发展。果品行业利用自身优势、发展规模和巨大潜力,把有价值的信息带给网络公司,增加其点击率和版面收益。同时,果品企业可以实现"订单果业"和信息的发布、获取,实现双赢。果品行业还要特别注意与各级政府的农业信息网联系,借助其比较发达成熟的网络发展电子商务。

4. 果品行业发展电子商务,农村和广大果农不应成为被遗忘的角落。应重视和发挥供销社、果品专业合作组织、协会和果品经纪人的作用,通过培训满足他们自身的学习、应用的需要,并通过他们把电子商务活动扩大和辐射到广大果农,使果品产业得到更大的发展。

三、花卉电子商务发展的途径

（一）花卉企业独自建立花卉电子商务网站

为减少中间环节,花卉苗木企业可通过 B2B,B2C 模式进行电子交易。然而开展电子商务,必须解决两大难题。首先是要实现花卉苗木生产的标准化。由于客户是网上交易,不能面对实物,对产品品质和外观各方面无直观感受,因而容易对所购产品产生疑虑,而一个公认标准的建立有利于网上交易。其次是花卉苗木的运输流通。花卉苗木很容易在运输途中损坏,怎样将花卉苗木及时安全地送到客户所在地是一个难题。

不过对于运输流通困难带来的困惑,花卉企业可以暂时舒口气。随着我国花卉产业的发展,中国邮政也从前几年的仅参与花卉配送,拓展到近年来邮政开始接单,充当着花卉经销商的角色。现在北京、上海、武汉等地很多公交车上还可看到邮政鲜花礼仪业务的宣传广告。

目前大多数花卉企业都建立了自己的网站,但美中不足的是这些网站还没有在线交易这一平台,而仅仅将其作为展示平台。

（二）花卉企业联合建立花卉电子商务平台

企业独自建立自己的网站,虽然一定程度上展示了企业的形象,起到了很好的宣传效果,但是,随着花木企业网站的增多,一定程度上使得花木公司在互联网上被搜索到的概率变小了。要想在互联网上最早被发现,排在搜索网站的前列很重要。然而要想排在搜索网站前列,就要通过竞价排名的方式为搜索网站支付高额费用,这无疑增加了花木企业的网站运营成本。

为此,许多企业纷纷联合起来,成立或加入一个个综合的大型网站。这种网站,其内容更加侧重于某一个领域,并且更加侧重于产品的区域性合作,盈利方式主要是广告费和会员费,以及企业建站费用等。

利用综合性网站来销售花卉不仅大大提高了花卉销售量,还可以统计分析花卉的消费趋势。而对于消费者来说,他们不必亲临花卉消费市场去面对眼花缭乱的花卉进行选择,而只需要在网上货比三家就可以了。

（三）实体花店可在淘宝网上开设网上花店

通常绝大多数实体花店都开设在人口集中、地理位置较为优越的地方,因此其租金成本高,所以经营风险也大。况且鲜切花卉的销售量大多伴随着节日行情而起伏不定,如何让非节日行情期间的花卉销售量也能提高呢?

这类个体散户花商,经营规模很小,经济实力也有限,因此并不具备自己建立花卉电子商务网站或与别人联合建立电子商务网站的条件,但可以利用淘宝网、慧聪网、淘花网等网站,将花卉商品通过电子交易、快递公司送达的方式,交付到消费者手中,以此希望能够转变花卉节日行情的消费模式,实现从集中消费向日常化消费转变,降低花农、花商的经营风险。①

这种交易模式实际上就是电子商务中的 C2C 交易模式。例如,2015 年的情人节花卉网购市场的火暴场面,就让人们看到了这种交易模式所蕴藏的巨大商机。据淘宝网数据显示,网上购买玫瑰、百合等情人节礼物的人越来越多,仅每天交易的玫瑰花就超过 100 万枝,1 周之内淘宝网上情人节礼物的交易额就超过了 1 亿元。有业内人士登录淘宝网搜索关键词"鲜花",出现 200 多万件可选商品。

(四)花卉企业通过网站发布电子商务信息

花卉企业发展花卉电子商务的途径,就是通过利用各类花卉行业网站发布电子商务信息,从而达到广泛宣传自己花卉企业品种。花卉企业可以安排专人选择在花卉行业的优秀电子商务网站上经常发布产品供求信息,在花卉论坛上经常发表花卉专业文章,在众多的花卉网站上做友情链接和广告窗口等。实践证明,利用花卉行业网站发布电子商务信息,是最方便、最经济、最有效、也是最实惠的一种电子商务方式。

四、林果花卉网站建设

(一)林果花卉电子商务网站分析

1. 林果花卉行业网站特色功能比较

谈到林果花卉行业电子商务,肯定要论及垂直行业网站,但是林果花卉行业因其是交叉学科,涵盖的行业类别比较多。它涉及建筑建材、户外装饰、家居家饰、景观户外照明、喷泉筑山、机械设备、花卉种植、苗木、温室、肥

---

①涂同明,涂俊一,杜凤珍. 林果花卉电子商务[M].武汉:湖北科学技术出版社,2011.

料、农药、园林材料、艺术雕刻等,是一门综合性的而且是比较大的学科。由于林果花卉行业属于高一层次的消费,且因为行业的特殊性,而导致林果花卉行业电子商务处于发展初级阶段。

1. 园林景观设计类网站更加侧重于设计。景观中国网、园林景观网、中国园林景观网、中国风景园林网、定鼎园林、筑龙景观、园林学习网、疯狂园林人等,这些网站比较注重于设计方案及理论的学习,但是在园林资材、苗木材料、市场信息等方面体现倒是很少,总而言之比较侧重于咨询类,重理论的学习等。此类网站盈利点大部分在于网站资料下载和广告费用。中华园林网、云南花卉网、河南园林网、陕西风景园林网、中国花卉网、园林中国网、四川园林网、中国园林绿化网、中国园林建设网、网易园林等,这类网站,相比之第一类网站,更加侧重于商务性,网站的咨询、信息、展会、行业理论等都是为了服务会员,为会员提供增值服务,这类网站大部分以广告费、企业会员产品展示费、会员网站制作费等为基础。并没有真正地实现完全的电子商务,处于电子商务的信息流阶段。不过此类网站也是现今园林网站的主流及盈利来源。

3. 花木类更加垂直网站。青青花木网、中国花木网、全球花木网、中国园林商情网、邸陵花木网、花卉世界、海峡花木网、海峡花木在线、湖南花木网、中山花木网、中国苗圃网、中国温室网、中国园林养护网、中国园林机械网等这些网站更加侧重于某一个领域,把理论和产品做透,并且更加侧重于产品的区域性合作,盈利方式主要是广告费和会员费以及企业建站费用等,这些网站也是处于电子商务的咨询信息流上,主要是靠行业信息汇集来聚人气。

4. 借助综合性大型网站进行电子商务。阿里巴巴、慧聪网、中国建材网、生意宝等这些大型比较成熟的电子商务平台汇聚了各行各业的行业咨询,也聚集了不少人气,许多林果花卉行业人士在上面开设了自己的店铺,但是总的来说不是很明显,因为这些大的电子商务网站信息量巨大,自己的信息被淹没在里面,实在是不好找,另外,并不能真正地汇聚行业的人士、行业的企业去哪里交易等,而且要想做出名气,自己还要缴纳更高的会员费及增值费用,和谷歌、百度推广差不多,效果不明显费用巨大,不合理。

（二）林果花卉行业排行靠前网站分析

伴随着北京"绿色奥运"口号的提出，全国各园林绿化企业积极响应，抓住商机，为北京奥运基础设施的绿化做出了应有的贡献。同时各花卉产区也不失时机地打出了"奥运花卉"品牌，做大做强地区花卉产业，林果花卉业进入了一个快速发展期，行业逐步走进大众视野，受到人们的普遍关注。在这一形势下，林果花卉行业网站也从不太被人熟知的边缘逐步走向前台，给林果花卉行业网站带来了一个良好的发展机遇。

目前，在后奥运时代的影响下，林果花卉行业也必将借此机遇，充分发挥互联网的优势，带动行业产业向前发展。当然，有关行业网站的排名依据众说纷纭，不同的网站大全，就有不同的排名，也就是说同一个网站在不同的地方排名很可能是不一样的，也是因为每个网站的排名依据都不尽一致。但一个好的网站至少有三大指标是应该考虑的：一是网站点击率；二是网站内容深度点击率；三是网站的电子商务成交量。

林果花卉网站，首先是要有人打开首页浏览，然后根据网页栏目或信息题目作深度点击浏览，再就是开展电子商务活动。一个成功的林果花卉电子商务网站，最终是要进行电子商务活动的。因此网络上有"内容为王""服务为王""成交为王"的说法也许就是这个意思。

1. 中国园林网（www. yuanlin. com）。成立于 2004 年，由杭州元成文化传媒有限公司创建运营。该网站目前设有资讯、招投标、苗木报价、植物库、园林图库、园艺、景观、设计、工程、材料、商贸、专家热线、会展、人才、论坛等 30 多个频道。

该网站近期推出的交易中心平台，直接参与到苗木销售采购的各个环节，将电子商务渗透到行业传统产业链中，开拓了电子商务交易的新模式，可以预见，此平台的推出必将对行业电子商务发展产生深远的影响。

2. 中国林业网（www. chinaforestry. com. cn）。中国林业网由福建省林业厅及所属龙头企业共同创办，是立足林业面向全国走向国际的专业门户网站，是林业相关产业的 B2B 电子商务平台。

现已全新改版的中国林业网，强化了会员之间的互动交流，满足了会员的个性化需要，日前已经成为国内林业行业大型咨询供求信息电子商务平台。

3. 中国花卉网(www. China—flower. com)。由《中国花卉报》主办的网站。自1997年创办以来依托《中国花卉报》的资源优势,经过几年不懈努力成为业内颇受关注的网站。

4. 园林在线(www. lvhua. com)。原名上海绿化网,2001年1月开通,以行业信息平台为定位,为行业专业人员提供丰富的行业资讯,是目前上海及华东地区最大的园林绿化商务网站。

5. 青青花木网(www. 312green. com)。为业内成立较早的网站,日前已成为行业内比较有名气的咨询供求信息电子商务平台。

6. 全球花木网(www. huamu. cn)。位于杭州的一家行业网站,采用"信息中心 + 网络 + 服务"的经营模式,为国内外花木场、园林公司以及苗木经纪人之间架设了一条最直接、最有效的信息互动桥梁。

7. 中国园林商情网(www. 18yl. com)。又是一家位于杭州的行业网站。致力于打造国内一流的园林绿化资讯服务平台,为园林企业提供专业的资讯和商业服务。目前,中国园林商情网已成长为业界最具影响力的园林绿化电子商务第一平台。

8. 中国绿网(www. cngreen. net)。位于江苏常州。是一个专业从事网上苗木交易的大型互联网信息服务的商务平台,诞生于2000年10月。

9. 云南花卉(www. yunnan — flower. org. en)。是云南花卉信息中心主办的网站,云南花卉信息中心是云南省花卉产业联合会的直属企业。以提供政策、法律法规、国内外产业发展概况与趋势以及花卉生产、交易、流通等信息为主。

10. 花卉中国(www. flowerchina. net)。于2004年开通,内容以花卉相关资讯为主。服务宗旨是为广大养花爱好者提供丰富实用的花卉资讯。

(三)网络的设计原则与建设目标

1. 设计原则

(1)明确建立网站的目标。

(2)了解顾客的需求与爱好。

(3)总体设计方案主题鲜明。

（4）网站的版式设计科学。

（5）网页色彩的搭配协调。

（6）网页形式与内容相统一。

（7）多媒体功能利用合理。

（8）网站测试和改进方便。

（9）便于内容更新与沟通。

（10）合理运用新技术。

2. 建设目标

建立网站与政务类和公益类网站不一样,其目标应该是以盈利为目的。电子商务类网站更是为了以电子为手段开展行业的商务活动,为顾客提供服务,销售自己的商品,为来访者服务,培养潜在客户。

（1）为顾客提供良好的服务渠道和服务平台。

（2）销售更多的产品和提供更多的服务。

（3）向有兴趣的来访者展示信息。

（4）树立企业良好形象。

（四）网站的规划布局与栏目设置

1. 规划布局

规划布局是林果花卉网站建设首先必须做好的工作,只有科学规划和合理布局,林果花卉企业网站建设才会赢得顾客的青睐。

（1）认真分析访问者。在确定了网站的目标后,在规划的初始阶段,就应该尝试划定访问者的范围,分析时应考虑:①预测林果花卉网站的主要目标受众在哪些地区,有哪些人口结构;②访问者接入互联网的带宽可能性有多大,能否快速访问到林果花卉网站内容;③谁会使用你的林果花卉网络页面。

（2）确定林果花卉网站提供的信息和服务。在考虑网站的目标和服务对象后,根据访问者的需求规划站点结构和设计信息内容,规划设计时应考虑:①按照访问者习惯规划网站的结构;②结合林果花卉企业经营目标和访问者兴趣规划林果花卉网站的信息内容和服务;③整合林果花卉企业的形象,规划设计网站页面风格。

（3）规划如何组织建设林果花卉网站。①是否要建立自己的林果花卉网站和网页空间，还是采取其他方式；②为网上营销方案预计投入多少资金；③如何组织人员和有关部门参与林果花卉网站建设；④如何维护管理林果花卉企业网站。

（4）林果花卉企业网络营销网站的建设。包括①林果花卉网站域名的申请；②林果花卉网站建设所需的设备和网络的设置；③林果花卉网站的设计和开发；④林果花卉网站的维护。

2. 栏目设置

网站建设没有固定的栏目设置要求，但作为一个林果花卉网站，以下10个栏目的设置是必不可少的。

（1）关于我们。详细介绍林果花卉企业的历史、背景、文化等。目前有许多林果花卉企业网站，没有设置"关于我们"这个栏目，让顾客在网上浏览了半天网站，最后不知道这个网站是哪个企业的，有的网站虽然设置了"关于我们"，要么里面是空置的，要么简单得就二、三行字，根据简介，完全不明白这个企业是怎么回事。

（2）最新动态。用于发布林果花卉行业动态、信息、林果花卉产品促销活动等。在这个栏目，最容易犯的错误就是网站之间相互复制信息，道听途说，没有原创内容，对于确实值得转载的信息也要十分慎重，应取其精华。不要什么信息都原文转载。

（3）产品展示。对林果花卉企业的产品进行详细的分类介绍、图文并茂。产品展示栏目可以说是林果花卉网站的核心，一是要求展示的品种一定要做精，让顾客一浏览就有购买的冲动；二是展示的品种一定要有货源，没有货源，网站展示了，顾客想要，你又说没有，你展示做什么呢；三是展示品种一定要精选，不要什么品种都在网上展示，主次不分，新旧不分，会影响品种展示的整体效果。

（4）林果花卉种植。介绍林果花卉企业的种植、生产基地。这是一个关键栏目，可以让顾客深入了解林果花卉生产企业的实力和生产水平，可以引来更多更大的客户与林果花卉企业开展业务，这个栏目一定要做真实、做实在。

(5)林果花卉知识。主要介绍林果花卉的使用方法、林果花卉的文化、林果花卉艺术。是一个技术性、知识性栏目，对于普及林果花卉知识有很大的作用，最好聘请专家提供文章，也要注意与时俱进。

(6)服务中心。介绍林果花卉企业的销售、服务、配送等项业务。服务中心除了有文字表述外，最好配上服务业务流程图，让顾客一目了然，与此同时，在服务中心，还要准备工人调解，往往有许多顾客在看完服务中心的介绍后，他们要打电话确认一下，才会相信，这叫"眼见为虚，耳听为实"。

(7)友情链接。通过和行业外的企业网站之间的相互连接，增加林果花卉网站的知名度和向站排名，让更多的用户访问林果花卉网站。友情链接有两个原则，一是与行业网站交换，二是与现有著名网站交换，千万不要与一些毫不相干的网站相连。

(8)联系我们。充分展示林果花卉企业的销售网点、联系方式等。特别要提示的是，林果花卉网站留下的联系方法一定要是能全天候打通，并能受理业务的电话。如果留下的是电子邮箱，一定要有专人每天上午和下午两次以上打开电子邮箱回复信件，否则会适得其反。

(9)留言咨询。方便客户对产品疑问的咨询、实现与客户的互动交流。有了留言咨询栏目，就一定要有专家负责咨询接访，不要搞得一问三不知。顾客只有在消除全部顾虑后才会开展商务活动。

(10)供求信息。这个栏目，实际上是让林果花卉的供求者有一个发布信息的平台，同时可以为林果花卉企业的网站聚集人气，也可以通过这个栏目上发布的信息，了解当前市场动态和未来发展趋势。

五、斗南：花卉旅游＋电商平台

昆明斗南频临滇池东岸，享有"金斗南"之称。斗南花卉，现已发展成为"中国乃至亚洲最大的鲜切花交易市场"，是著名的花都。斗南花卉市场是全国乃至亚洲最大的鲜切花交易市场。先后被农业部、国家林业局和中国花协列为"全国定点花卉市场""全国重点花卉市场""云南省5A级诚信市场"，被上海大世界吉尼斯之最评定为"最大的鲜花交易市场"。连续十多年销售量、交易量、人流量、现金流全国第一，被称为全国花卉市场的"风向标"

和"晴雨表"。它是全国最大的花卉交易市场和集散地。云南省80%以上的鲜切花,周边省份的花卉、亚洲及南太平洋等地十余个国家花卉入场交易。在全国80多个大中城市中占据70%的市场份额,出口46个国家和地区。十多年来,共获得上百项荣誉称号。

谈到云南斗南,脑海里最先蹦出的词儿是"亚洲花都","中国的阿斯米尔"……现在,或许已经无法用这些简单的词组来定义"斗南"。斗南花卉又升级为斗南国际花卉产业园区,并以花为势打造电子商务平台,以优雅的野心寻求突破、超越自我。

(一)打破传统商业地产模式:先有花卉商户再开发

斗南国际花卉产业园区占地1020亩,总建筑面积81万平方米,总投资预计38.87亿元。斗南花卉在建设和经营中融入旅游概念。60亩超大型花卉主题广场、花卉透明温室、七彩花坛、七彩花桥等以花为主题元素的景观,结合大体量商业,形成独一无二的体验式游购。打造昆明特色的亮丽名片,吸引成千上万的赴滇游客。倾情打造的花花世界斗南国际花卉产业园区一期,23万平方米亚洲首创馆式商业。它以国际领先商业模式RBD为商业设计蓝本,特设新奇特商品和众多游憩设施,打造昆明首席游憩式商业。更依托鲜花24小时交易特征,衍生24小时经营模式,将游憩式商业赋予更全天候的生命力。多主题业态满足每一个想象:全国美食、风情花街、电影院、KTV、酒吧、花薰SPA馆应有尽有,24小时吃喝玩购游一站享尽。

(二)颠覆以往经营模式:打造大物流大电商平台

在一两点钟的斗南花市,普遍看到的交易情形是:卖家喊价,买家议价,一手交钱,一手交货……这种传统的对手交易现金结算方式,存在着假币、赊销拖款等风险,且在整个交易环节中产品流通效率低。针对这一瓶颈,斗南人有了新的思考:通过建立信息化管理系统,打造花卉电子商务平台。园区将通过建设协同办公管理信息系统、市场交易管理系统、物流配送管理系统、物业管理信息系统等四大系统;信息中心、电子结算中心、客户服务中心、金融服务中心、技术培训中心五个中心,来支撑园区的信息化管理。

近几年来,斗南花卉批发市场鲜切花交易量占全国交易量的70%(冬季占80%)以上,引入花卉产业链综合电子商务平台,将加速形成权威的全国花卉交易信息发布体系和价格形成指导中心。在流通环节,实现电子化交易将有效提高市场的整体运作效率,大幅提高云南花卉的流通效率。对手交易电子结算平台的应用将促进标准化建设和市场参与者的信用体系建设。待包装、配送等一系列标准形成后,商户还可以通过电子商务平台完成交易,物流配送直达田间地头和消费市场。物流环节的减少,滞留时间的缩短将有效提高产品的附加值。

（三）斗南花卉电子交易中心正式开拍

2015年12月24日,伴随着圣诞的钟声敲响,斗南花卉电子交易中心投入试运营,花卉交易自此步入全新时代。昆明斗南农产品拍卖有限公司系云南斗南花卉产业集团旗下子公司,以国家农业部确定的斗南国际花卉产业园十大战略任务为目标,致力于打造斗南花卉电子交易中心(以下简称"DFETC"),建设集花卉拍卖、电子结算、电子商务、现代花卉物流为基础,远期实现远程拍卖、花卉期货的综合性服务平台。

电脑拍卖系统采用会员制组织和经营方式,以会员制方式运作。供货商、购买商经申请认可后成为DFETC会员,拍卖大厅设拍卖钟,上面显示种植者姓名、产品数量、产品品名。拍卖师开始拍卖的同时,拍卖钟上的价格从高向低跳动,席位上的竞买者看到满意的价格时,按上席位上的拍卖钟按钮,拍卖钟显示竞买者号码,计算机输入交易者资料和数据,一笔交易即可达成。

公司将力争通过3-5年的发展建设,使国家级斗南花卉市场在设施完善、功能完备、管理先进、运营规范等方面达到更高的要求,成为全国花卉集散交易中心、价格形成中心、信息发布中心、科技研发中心、种植示范中心。从农产品到商品,从商品到艺术品,从艺术品到金融产品,斗南花卉,一直在努力与世界接轨。

斗南花卉电子交易中心采用"荷兰式"花卉拍卖模式,即价高者优先获得拍品,相同价格先出价者先得,成交价格是最低成功出价的金额。传统的对手交易,由于只有买卖双方参与,不同的买家或卖家对某一商品的估价不同,成交价格就会不同。而拍卖活动的基本原则就是公平、公正、公开,实行花卉拍卖交易对每个买主来说机会都是相同的,不会因为一些个人因素而产生歧视性行为。花卉拍卖的公正性让每一位买家都有机会购得心仪的商品，且不会出现混乱的抢购潮。除此之外，花卉拍卖能让商品体现出其应有的价值，让优质的商品获得更好的价格，并且能形成更符合市场的产品分级标准，有利于保证良好的市场秩序。

"好产品就能获得好价格"让供货商将更多精力放在生产上，不断地推陈出新、提升品质，而公正的交易让买主走入花卉拍卖市场，并千方百计地发现新产品，开拓新市场。买卖双方专注于各自的领域，花卉的生产和销售日益分化，有力促进花卉产业良性发展。

斗南花卉通过远程拍卖，"一体两翼"战略的步伐更加坚实。国家及省市花卉产业政策和对斗南花卉的定位，让斗南花卉如虎添翼。斗南花卉构筑"一体两翼"发展战略，一体就是母体斗南国际花卉产业园；"两翼"就是以产地型种植基地为"左翼"，建设5000亩种植示范基地，制定和输出产业标准；"右翼"就是响应"大众创业 万众创新"，以远程拍卖、电子商务为手段，建设线上线下交易平台，线下在京津唐、东北、长三角、珠三角、中部地区建设五大分中心市场，在千个城市建设万家斗南花卉特许经营体验店，线上打造中国最大的花卉电子交易平台。

从昆明斗南花卉电子交易中心获悉，2017年2月8日和2月9日连续两天，日交易量突破150万枝，接近200万枝。不但如此，鲜花单价也有不同程度的上升。在斗南花卉市场门口，一辆辆载着鲜花的车辆来来往往。斗南花卉电子交易中心拍卖部经理田云辉介绍："以红玫瑰为例，2月4日开始，斗南花卉市场红玫瑰的价格日益攀升，特别是8日这天涨幅最大，均价达到每枝2元，一些彩色、多头等品种在8元左右。""平时红玫瑰的价格也就1元上下。"花卉经纪人徐先生说："昆明的鲜花声名在外，现在我们每天都要加班到凌晨4点，将花卉发至全国各地。"工作人员程星飞说，情人节前夕是鲜花销售的旺季，比平时忙碌许多，"如果疲惫时就看看这些美丽的花朵，便会轻松不少。"

第三节　新农村建设中的电子商务——渔业产品

一、渔业与电子商务

（一）水产业电子商务现状

1. 水产业网站的发展概况

信息网络具有多种形式,电视、广播、电话、报纸、杂志等都是其中的一种。但基于互联网信息网络具有独特的魅力,并以"无所不包的内容,无所不有的功能,无所不在的影响",在短短的几年间得到迅速发展普及。

互联网络除了方便快捷、有效全面、海量存储、随时随地等特点之外,最具魅力的是其及时性和互动性。网络的及时性一方面体现在信息发布的及时、方便,可以文字、影像现场直播,可以随时扩充、扩展信息;另一方面还表现在用户可以根据自己的时间安排,随时查阅检索,获取信息的历史和背景资料,而不像电视广播媒体那样需要根据它们的播放时间收看收听。[①] 信息网络的互动性使得用户不仅成为信息的受众,被动地听取信息发布者的一家之言,同时也可以成为信息的提供者,能随时参与讨论发表观点,了解其他受众对信息事件的看法;可以及时咨询求助,答疑解惑等。

在我国,互联网络的发展速度是十分惊人的。据中国互联网络信息中心报告,从 1999 年 7 月到 2000 年 7 月的一年间,我国上网用户人数从 400 万增加到 1690 万,增长超过 400% ,基本上是以每半年翻倍的速度递增。WWW. 站点数从 9906 个增加到 27289 个,增长 275% ,CN(ccTLD)下注册的域名数的增长更是惊人,已达 99734 个。

水产网站同样也是发展惊人。仅以 GB(Byte,一个字节有 8 位－－Bit,可以有 256 种不同表示)码支持的简体中文水产网站为例,也在一年左右时间里,从 20 来家发展到 100 多家。水产网站的发展有力地促进了互联网技

---

①郭克清. 公路安全保障工程实用手册[M].北京:人民交通出版社.2007

术和水产行业的结合。到目前为止,我国涉农网站已经达到2万多个,其中水产网站1240个,这还不包括水产业在相关网站上的网页或专业栏目,就其数量来说,水产网站已达到一定规模,而且还在不断增加。

水产网站是我国水产业信息化的一个重要组成部分,其发展与其他行业的网站一样,始终处于动态变化过程中。网站的关停并转和沉浮起伏不断,同时,由于内容、形态、创建者和创建目的等不同,网站也呈现多样性。

(二)国内外水产网站的类型

1. 以创办者分类

网站的持续发展离不开与市场的结合,从创办者的性质和是否适合市场,从事网络增值服务的角度出发,可以把水产网站分为以下5种类型。

(1)政府创办的水产网站。其主要代表是农业部渔业局主办,中国水产学会承办的中华人民共和国农业部渔业局网站(http://www.cnfm.gov.cn)、农业部东海区渔政渔港监督管理局主办的东海渔政信息网(http://www.cnfm.gov.cn)、农业部南海区渔政渔港监督管理局主办的南海渔业信息网(http://www.nhyzchina.gov.cn)以及各省市渔业主管局创建的水产网站。这类网站的优势是拥有许多独特的、权威的政府统计数据、政策法规、授权信息和遍布全国的行政组织机构,可以通过发文、行政指令等来组织网络信息,因此,用户可以从这类网站获取大量行业资讯和政务信息。但这类网站作为政府渔业主管部门的网络窗口,更多的是行使电子政务、行业服务等社会职能,同时过分依赖行政指令,惰性大,具体做事的人手少,并不适合市场需要,从事网络增值服务。

(2)行业协会和水产机构等创办的水产网站。由行业协会和水产机构等创办的水产网站,如中国水产流通与加工协会创办的中国渔网(http://www.cappma.com)、全国水产技术推广总站创办的全国水产技术推广网(http://www.nftec.com)、浙江省的渔技110网站体系等。这类网站的优势是主办者本身拥有众多的协会会员和全国性的组织体系,拥有某方面的垄断信息资源,并承担一定的行业服务职能,本来就开展许多会员服务,收取会费,利用网络可以增加服务内容和功能,提升服务水平和质量。其不足之处是市场化运作功能弱,网站技术力量和研发运行队伍相对较弱。如运作不当,网站容易框架大,内容少;设想好,附和者少,信息更新跟不上。

(3)教育科研机构创办的水产网站。如上海水产大学创办的中国水产网(http://www. china - fishery. net)、中国农科院北京中农鑫科技信息研究中心创办的中国渔业网(http://www. zgyy. com. cn)、中国水产科学研究院信息中心创办的中国水产科技信息网(http://www. cafs. ac. en)、中国水产科学研究院淡水渔业研究中心创办的中国渔业信息网(http://www. fish. net. cn/)等。这类网站依托教育科研机构,科研力量较强,拥有明显的人才、学科和信息资源优势,发布的信息具有一定的权威性。但离市场远,市场运作能力差,加上教育体制改革,科研机构转制,面临人员变动和运行费用减少双重压力。作为教育科研单位,提供公益性的信息服务比较容易,要面对水产企业,开展综合性的网站增值服务难度不小,与电子商务距离甚远。

(4)企业和民间组织创办的水产网站。这类网站在水产网站中占有相当大的比重,已成为渔业电子商务网站的主力军。主要是作为企业本身的网络窗口,宣传企业产品。但也有不少是企业尝试开展水产电子商务而搭建的水产服务网络平台,其代表有福建闽东金鼎海洋水产研究所创建的中国水产资讯网(www. china - fisheries. com)、中国舟山国际水产城创建的中国渔市网(http://www. cfm. com. cn)、中国水产在线(http://www. sc - dsds. com)等。这类网站的优势是企业有自己的产品,熟悉市场和经营,机制灵活。缺点是缺少行业科技人员和信息资源支持,服务功能弱,局限性大,容易产生短期行为。一旦成本支出和网站收入不能同步增长,必然影响到网站的持续经营。

(5)个人创办的水产专题网站。个人创办的水产网站为数不少。大多是因为爱好,或是与从事工作相关而创办的水产主题网站,如观赏鱼、中华鳖、河蟹等。这类网站规模不大,但专业性强,信息有深度、有特色,比较受业内人士的欢迎,一旦获得某种支持,容易直接面对市场服务。其不足之处是由于网站是个人经营,受个人的兴趣爱好和责任心影响较大,随意性强,抗风险能力和稳定性都相对较差。

2. 以网站功能分类

在现有的 1200 多家水产网站中,有的以基础数据全面著称,有的以市场信息及时准确而见长,有的则是强调企业信息的传播或社会的服务能力等。其中,70% 左右是水产企业网站,主要功能较多地局限在宣传企业形象及其产品上。以提供综合性水产信息和网络服务为主要目的的综合性水产网站较少。

(1)综合性水产网站。综合性水产网站是提供水产综合信息、栏目齐全、资源量大、覆盖面广、服务功能多的网站。

(2)水产机构网站。水产机构网站是由各类水产机构如水产管理机构、大专院校、学会协会、社会团体等建立的站点,主要提供水产政府组织、教育机构、渔业法规、渔业科技动态、渔业政策等信息。

(3)水产网学术站。水产学术研究性网站具有很强的专业性,是由从事水产科学研究的机构或个人建立起来的,提供研究项目、研究成果及相关资源等信息的网站。

(4)水产商业网站。水产商业网站是由某些水产公司、企业建立起来的,提供商贸信息等有偿服务,并以赢利为目的的网站。

3. 水产网站与互联网同步

从 1993 年连入因特网第一根专线即正式开通至今,互联网在我国已经走过了近 20 年。1995 年 5 月,"瀛海威"的创立,使得我国的老百姓开始有机会进入互联网。而互联网作为第四媒体真正开始在我国崭露头角,应该从 1997 年 1 月 1 日"人民网"的诞生算起。1998 年下半年,以搜狐、新浪等大型门户网站的出现为标志,我国的互联网发展进入了阶段性发展高潮。[①] 2000 年 4 月随着美国互联网"泡沫"的破灭,我国发展网络媒体的热情迅速冷静下来,此后步入了近两年的调整期。直到 2002 年下半年,搜狐、新浪、网易等先后宣布赢利,我国互联网开始复苏,进入了第二个发展春天。

我国水产网站的发展基本上和我国互联网的发展同步,大致从 1998 年开始起步,其标志是 1998 年 10 月综合性水产网站"中国水产网"和"中国水

---

①何兆益. 农村公路养护与管理[M]. 北京:人民交通出版社. 2006

产资讯网"在互联网上正式发布运行。此后,经过近两年的快速发展,2000年9月,由中国水产学会、中国水产科学研究院、上海水产大学、《中国水产》杂志社等四家单位联合发起的"水产网站与水产电子商务研讨会"在上海召开,标志着我国水产网站发展到了一个阶段性顶峰。其后,随着网络经济泡沫的破灭,水产网站建设的理念、功能和运行方式也受到了严重挑战,其发展速度明显减缓,一批试图通过建站转让,快速获取经济利益而仓促上马的水产网站相继关停并转。

面临严峻现实,人们在对"眼球经济"提出质疑的同时,也逐渐认识到网络和信息技术只有实实在在地服务于行业,才能体现其先进性和生命力,从而对行业发展产生巨大的推动作用。到了2002年下半年,水产网站也随着其他互联网站的复苏而进入了一个新的发展时期,相继出现了"中国渔网""中国水产在线"等一类以会员服务为主要特征的水产网站。其原因是经过几年的努力,随着政府上网工程、企业上网年等多方面的推动,网络基础设施逐步完善,网络技术不断进步,网络环境得到了极大的改善,人们对网络作用的认识也有了很大的普及和提高。面对激烈的市场竞争,水产行业、水产企业、水产从业人员都渴望能通过互联网络得到有用的、有针对性的信息服务。需求决定了发展,水产网站又迎来了新的发展时机。

(三)水产企业电子商务应用

1. 水产业特点与交易流通现状

电子商务的高速发展,给水产行业带来商机的同时,也给水产业带来了巨大的竞争压力。水产业是传统而又古老的基础产业之一,水产行业具有自身特有的行业特点:一是水产企事业单位分布较广且分散,大多数单位规模较小、技术力量有限。二是地域特点明显,南北方互补性强。三是生产和交易时间性要求严格,对产品的储藏和运输有较高的要求。

目前,我国水产品交易和流通主要依赖传统方式完成,缺乏有效的信息交流手段。落后的交易方式和传统的物流,严重阻碍了水产业的发展,互联网技术的出现和逐渐普及为彻底改变这种局面提供了可能。

在这样的环境下,我国的水产企业应根据自身的行业特点,改变传统的营销方式,利用互联网技术,大力发展电子商务,快速实现跨越式的发展。

2. 电子商务改造传统水产企业

目前，我国的水产电子商务尚处于启蒙阶段。水产企业规模小，生产经营分散，交易工具及手段相对落后，从业人员对信息技术的生疏，都降低了其对电子商务的敏感度。但在网络经济时代，不可能存在经营方式、生存方式上的"孤岛"。电子商务在水产领域的应用是必然的趋势，其发展速度也将出乎人们的想象。

(1)电子商务的开展可使水产企业客户和供应商重新整合，使供应商绕过中介渠道而直接与客户接触，产品的销售周期缩短，使经营效率提高，成本降低。

(2)水产企业可利用互联网在短时间内收集到大量同行业竞争者的各方面信息，可有针对性地调整本企业的营销策略，使市场占有率提高，竞争能力增强。

(3)电子商务的开展可使水产企业以信息流代替物流、资金流，通过信息流动更有效地配置资源，最大限度地克服时间和空间对物流的阻滞，使企业可以快捷地面对用户进行交互沟通。

(4)水产企业通过开展电子商务可以了解客户的各项最新信息，跟踪国际市场和国内水产行业产业结构的变化，掌握最新国内外市场动态，收集顾客的需求信息和对产品的意见反馈。

(5)水产企业开展电子商务可提高企业形象，寻找最佳的国际分工合作伙伴，便于国际名牌效应的产生、海外市场的开拓和国际竞争力的提高，建立领先同行业的战略优势。

同时，我国的水产行业销售额与利润额的增长势头均十分强劲，跨国跨地区水产贸易日趋活跃，使得水产企业对电子商务的需求逐渐增强，这都为水产电子商务的发展提供了良好的契机。目前我国大多数水产网站只是表面形式，没有发挥真正商业作用；综合性水产网站如中国渔业政府网、全国水产技术推广网、中国水产网、中国水产咨询网等，虽然信息量大，但影响力还不是很大。

(四)水产企业电子商务模式选择

B2B 模式应作为水产企业的首要选择。所谓 B2B 模式是指企业与企业之间进行的电子商务。仅以鲜活水产品为例,就有着产量不确定、产品保鲜时间短、运输难度大等特点。实现网上交易可以及时发布渔获物品种、规格,扩大贸易区域,寻找直接买家,缩短交易时间,降低交易成本。水产企业之所以选择该模式,是因为这属于企业过去商务关系和商务活动的延续,交易双方身份比较明确,而且有较高的信息基础,每一单的交易额较大,有效地突破了或者说最大限度地回避了目前电子商务所面临的三大瓶颈—网上认证、网上支付和配送。

(五)水产企业电子商务实施目的

水产企业实施电子商务的目的是完成交易,但我国的电子商务刚刚起步,所有的交易都通过网上进行还不具备条件,因此需要企业从实际出发,建立一个适合水产企业特点的交易体系。首先,水产企业可通过建立用户网上论坛收集用户信息,为今后进行交易打下基础。其次,在现阶段网上查询、网下交易仍将是主流。由于在线支付、货物配送、交易安全等条件还不健全,所以水产企业要完成交易主要是通过主页查询商品信息,并以传真、电话、快运的方式辅助完成交易或双方直接交易。

我国水产企业应抓住发展机遇,快速实现企业的转型,使自己在激烈的市场竞争中立于不败之地。

二、水产电子商务的发展前景

(一)农业类电子商务发展迅猛

互联网在我国的发展历史虽然不长,但发展速度惊人,变化令人眼花缭乱。2010年前,网络界的流行语是:争夺眼球、注意力经济、跑马圈地、点击率甚至烧钱。在 NASDAQ 暴跌以后,时髦的话题很快变成为:抨击"泡沫经济"、预测".com公司"的悲惨下场等,对于互联网业来说,充分体会到了大起大落、大喜大悲的人间冷暖和世态炎凉。[①] 也促使人们减少浮躁,冷静思考,这有助于互联网络的良性发展。事实上,互联网络正逐渐从注意力经济、眼球模式向专业网络经济阶段发展,这就给行业网站的发展提供了无限

①王强,段玉权,詹斌等. 国外冷链物流发展的主要做法与经验[J]. 物流技术与应用,2007.

空间。

有专家把互联网的发展划分为三个阶段：①内容为主的阶段，网站主要以内容来吸引用户的眼球数；②综合性电子商务阶段，主要目的是提高在线销售；③行业电子商务阶段，未来的网站应该向专业化发展，定位并专注于某一个行业。

行业网站把专业信息、增值内容和商业平台紧密集成，将更加充分发挥互联网在信息服务方面的优势，使行业电子商务真正进入实用阶段。

目前我国的行业网站，呈现出许多发展热点，每一类网站都已经初步形成了各自的产业部落。比如涉农网站已经达到 2 万多家，各种类型的行业网站成行成市，初步构成了网络经济的基本框架。

水产行业需要水产网站。行业需要互联网站，企业在寻找利用互联网站拓展经营领域的契机，水产也不会例外。

(二)水产业网络经济大势所趋

创办行业网站，搭建电子商务平台，拓展网络商贸领域是当今社会潮流。有专家预言，每个行业都将插上网络的翅膀。现在全球大约每分钟有 500 万个电子邮件信息被发送，每小时有 3500 万个语音邮件被送出，每天有 3700 万用户登录互联网，并在大约 8.3 亿个 Web 页中选择浏览，网络普及速度惊人。水产企业要在网络经济时代立于不败之地，也必然要借助互联网络，因为只有当企业把业务都转移到网络上来，当网络经营成为企业的主流经营方式时，才能走人真正的网络经济时代。

(三)水产业电子商务市场巨大

我国水产消费市场巨大，水产行业极具发展前景。但是由于我国水产从业者人数多而分散，生产企业规模较小，技术落后，信息闭塞，流通不畅，极大地限制了行业的发展。其他水产相关企业，如水产品冷冻加工、渔具渔机生产、水产食品、水产贸易企业等，信息来源也相对匮乏，影响了业务的拓展。水产业的发展对水产信息资源有着巨大的需求，而创建水产网站为快速便捷地提供水产信息打开了通道。

(四)水产业需要全新经济模式

水产电子商务需要水产网站提供网络交易平台和一站式服务。网络经济是一种全新的经济模式,它不只是技术上的改变,而且是一种全新的营销模式的改变,更是一种思维模式的改变。从某种意义上来讲,网络经济的本质是服务经济。鲜活水产品有着产量不确定,产品保存时间短,易腐,运输难度大等特点,通过水产网站提供的电子商务平台,实现网上交易,可以及时发布渔获物品种、规格,扩大贸易区域,寻找直接买家,缩短交易时间,降低交易成本。因此,发展水产网站具有明显的社会效益和潜在的经济效益。

三、网上渔市电子商务平台应用

(一)网上渔市电子商务的意义

水产行业有其自身的行业特点,如其主要原料和产品为鲜活水产品,商业活动中要求库存快速周转,即时经销、即时服务。传统水产贸易中生产者、购买者和销售者完全隔离,很难直接寻找和沟通;同时,交易各方缺乏全面的市场信息,不能及时掌握市场上水产品的供应量、质量和价格等。而借助水产电子商务平台,可以使水产品交易个性化、透明化、动态化,从而极大地刺激水产行业的迅速发展。

基于因特网技术上的网上渔市是为买家、卖家提供第三方服务的整合平台,它使买卖双方在网上沟通、洽谈,同时为可能达成的贸易合同提供整套的一站式服务。网上渔市是虚拟的水产品交易市场,通过模拟有形交易市场的交易程序,缩短交易中间环节,降低交易成本,提高交易速度,实现企业间 B2B 模式的电子商务。但虚拟市场也容易带来虚假信息。[1] 此外,网上渔市还需要有一系列的货品配送体系做配套。这些只是开展网上渔市的支流问题,随着我国电子商务信用体系和现代物流体系的建立和逐步完善,这些问题都可以迎刃而解。

1. 有利于提升水产行业的科技水平,形成有形市场与无形市场联动,大市场、大流通格局。

2. 可以减少有形市场对土地资源的浪费,减轻噪音、污水、污物等环境污染。

---

①朱自平. 国外农产品物流发展对我国的启示[J].商场现代化,2008,(19).

3. 实现跨国跨地区、随时随地交易,提高水产企业在国际贸易中的竞争力。

4. 网上渔市能够同时实现现货采购、网上竞拍、反向拍卖等多种交易模式,主要由水产品交易区、交易讨论区、渔市服务区等组成。

水产品分级评估和交易信用保障是制约网上渔市成功运营的两大重要因素。

提出创办网上渔市,搭建水产交易平台,利用因特网技术为水产企业的买家卖家提供第三方一站式服务,是推动水产电子商务发展的有效途径之一。近两年来,随着全球电子商务的发展,水产网站与水产电子商务有了很大的变化,对网上渔市也有了更进一步的认识,我国渔业比较发达的地区,也开始创办网上渔市。

(二)网上渔市电子商务的风险

网上渔市的风险主要来自系统风险、环境风险和市场风险。

1. 网上渔市对因特网和计算机技术依赖性较大,网络及计算机的安全性容易受软硬件和其他人为因素影响,存在着许多未知的不确定性,将在很大程度上影响系统的运行与水产电子商务的开展。因此,在网上渔市的创建和运营过程中,除了在软件和硬件方面需要加强安全防范之外,还要做到规范管理、严格监控,做好交易数据多途径异地备份和提高应急反应能力,以化解风险。在可能出现的攻击和破坏之前,将损失减少到最低程度。

2. 我国通过因特网开展网上交易尚处于初级阶段,还不是交易形式的主流,有待于进一步发展。开展网上交易的基础设施和政策环境,包括网络的普及与带宽的拓展、计算机的普及与应用、金融卡的普及与信用制度的完善、认证体系与安全措施的完备、社会配送体系的健全以及法律法规等都有待于进一步完善,会在不同程度上影响网上渔市的顺利实施。但政府对利用因特网等信息技术提升传统行业科技水平的力度越来越大,网络及计算机技术飞速发展,拓展带宽、降低网络费用、改善基础设施等措施越来越得力,都对网上渔市构成了有力的支持。

3. 网上渔市的运营成功与否和企业的认知程度息息相关。与西方国家相比,我国企业的总体信息化水平十分初级,电子商务在中小企业中的认知率不到5%。水产电子商务需要有一个宣传推广和普及的过程。但在大中城市，如上海，水产从业人员相对文化程度较高，对跨国跨地区贸易要求迫切，对新事物的产生、新技术的应用接受能力相对较强，这对网上渔市提供了有利的条件。

4. 网上渔市电子商务的关键问题。在我国，开展网上渔市电子商务有许多阻碍因素，但其中一个关键就是交易的信用问题。信用问题包括网上渔市上发布的信息的真实可靠性，网上交易的支付信用的安全性和网络物流配送的及时性及准确性等。自古以来，人们习惯于一手交钱一手交货，而网上渔市是一个虚拟的市场，既没见到人，又没见到货，就支付货款，当然会让人感觉信用就是最大问题了。作为第三方一站式服务的网上渔市，应该开展会员交易信用保障服务，对在网上渔市中发生的交易行为提供第三方担保，以消除会员之间交易的疑虑。网上渔市在会员注册的时候，应要求会员提供信用资讯材料或交纳信用保证金等，并通过企业社会信用体系确定其信用等级。只有做好信用认证，才能化解交易风险。

（三）网上渔市电子商务的总体构架

1. 水产品交易区是网上渔市的核心所在，由水产商店、交易洽谈室、水产拍卖大厅和交易结算中心等部分组成。主要实现水产品的价格和商家信息查询，买卖双方在线商务洽谈，现货采购、网上竞拍、反向拍卖等多种模式的网上交易以及交易结算、货款在线支付等功能。

2. 交易讨论区是一个 Web 交互平台，分为行家坐堂和渔市论坛两个区域。行家坐堂主要是请一些行家、专家，或者是买家、卖家，针对交易中遇到的各种问题进行公开的在线即时解答。渔市论坛是一个非实时的在线讨论系统，主要是供各方人士针对交易、市场、产品等自由发表意见和观点。

3. 渔市服务区主要是网上渔市的运营商或合作伙伴，作为第三方服务商向会员提供配套增值服务的平台，主要服务应有定期或不定期地提供水产市场分析报告、渔业发展趋势报告；接受委托对会员企业进行信用认证，提供交易信用保障；接受买卖方委托，提供交易水产品的等级评估等。

网上渔市，作为一种全新的水产电子商务模式，有着良好的发展前景。但在操作上，要虚实结合，防止操之过急，避免过于注重技术和形式，而忽略人们的传统交易习惯。在现阶段,切实可行的解决方案是保留传统的购买习惯和买卖之间的直接洽谈,通过网络和计算机代替交易大厅,允许买卖双方可以在不同的交易方式间进行选择,做到自主、透明、可跟踪。

四、渔业电子商务网站建设

(一)水产业网站建设的要求

1. 水产业网站的指导思想

(1)充分利用专业优势和人才优势,普及海洋、水产、生物等科普知识,为提高国民素质做贡献。

(2)提供技术论坛,交流学术见解,探讨行业创新发展模式,促进专业发展。

(3)建立水产信息数据库,及时反映行业动态,传递企业、产品和商贸信息,沟通政府、高校、研究机构、企事业与流通市场之间的联系。

(4)大力开展电子商务活动,建立为水产企业及渔民提供因特网服务的机制,从而开创水产网络营销的新局面。

(5)提供水产爱好者休闲、娱乐、交流场所。

2. 水产业网站的基本目标

(1)建成栏目齐全、信息强大的水产百科全书式的因特网网站,方便水产从业人员查询相关水产信息。

(2)强调科普与教育功能,服务普通大众。

(3)突出为水产企事业单位开展因特网信息服务及电子商务活动,服务市场经济,促进水产行业发展。

3. 水产业网站的总体布局

以中国水产网为例。

(1)水产教育、科研、管理和服务机构板块,由4个栏目组成:一是"政府水产机构",介绍我国各级水产行政管理机构及其主要职能。二是"高等院校",介绍我国水产高等院校以及其他院校中的水产学院或水产系。三是"科研机构",主要介绍国家级和各省市水产科学研究院(所),包括部分民办研究机构。四是"协会学会",介绍各级各类为水产行业制订标准以及提供技术、信息等服务的水产学会、协会和行业组织等。

（2）水产资料、出版物、图谱板块，由3个栏目组成：一是"水产图谱"，以图文并茂的方式，分别介绍"观赏鱼类""观赏虾蟹""观赏水草""观赏珊瑚""观赏贝类"和"水族箱世界"等。二是"水产杂志"，介绍国内主要的水产期刊。三是"资料数据库"，设置"相关法律法规"和"水产统计资料"等数据库，供网上查询。

（3）网上教学和水产知识普及板块，由2个栏目组成：一是"网络学校"，主要针对水产行业人士而设。在"热门水产"中介绍近期国内外水产养殖新品种及市场走向；"水产百问"中以专题的形式讲解水产专业知识；"网络专递"则通过电子刊物的方式向订户定向传送。二是"水产趣闻"，是一个休闲区，介绍一些水产奇闻趣事及水产烹饪菜谱。

（4）行业动态和企业板块，由3个栏目组成：一是"行业动态"，及时准确地传递水产科研新进展、水产养殖新方法、市场行情新变化和渔业管理新举措。二是"商情行情"，及时报道国内主要地区的水产品价格行情，并定期对水产品市场走势进行分析。三是"企业天地"，内设"水产企业名录"数据库，收录国内的水产企业信息；在"最新产品介绍"和"供需鹊桥会"上为水产供需双方提供直接沟通的渠道。

（5）相关网站板块。提供众多的国内外主要水产网站的链接，方便浏览者查找相关信息。

建立水产电子商务网站，可以重点设立围绕水产品交易有关的栏目，尽可能减少其他知识类栏目。并要努力营造网站商务氛围，建立强大的电子交易功能，包括网上订单、网上支付、现代物流等。

（二）水产业网站建设的方法

1. 水产业网站的筹备

（1）确立建站目的。水产网站应以为水产业者提供水产信息服务，促进水产业的发展为建站的基本目的。

（2）确定网站性质。可以根据各自的特点和目的，将网站定性为：水产机构网站、水产研究网站、水产商务网站以及综合性水产网站等。

（3）确定网站用户群。网站用户群的选择，关系到网站栏目的选择与设计。目前,我国水产网站的用户可初步分为如下4类:一是从事水产科研及技术推广的单位和个人,包括水产研究机构、服务机构、水产院校的科研人员、工作人员等。二是水产生产者,包括水产养殖、加工、捕捞从业人员。三是从事水产贸易的用户,包括水产批发商、零售商、渔具渔机生产销售企业等。四是其他关心渔业、水产的普通大众。

(4)确定网站的主要内容。网站内容应根据网站性质的不同而各有侧重。如综合性水产网站,就可以以水产养殖信息为主,包括水产行业动态、水产商贸信息、渔业养殖技术信息、国家水产行业管理政策和服务信息等。网站提供的主要服务应包括资料查询、业务撮合、技术支持、广告宣传、信息咨询等多个方面。

(5)确定网站建设目标。根据网站性质确定相应目标,如综合性水产网站就应将代表性、权威性、综合性作为其建设目标。

(6)确定网站名称。网站名称必须简单、明了、易记,并能贴切反映网站的性质内容。

2. 水产业网站的规范

(1)信息采编规范。网站的生命力在于所提供信息的及时、准确、权威、全面。如何从信息汪洋中筛选、采编有效资源,对网站的生存和发展至关重要。在规范网站信息内容的采编发布过程中,要根据不同栏目的不同要求、不同人员的不同职责范围,分别制定相应的采编发布规范,做到信息发布"有来源、有根据、有存档、有人负责"。如中国水产网在制定信息采编规范上,除了信息的采、编、审分工明确,各负其责之外,还对部分信息容量大、更新速度快的重点栏目,如"热门专题""行业动态""猎渔搜索"等分别制定了相应的采编规范。

(2)网页制作规范。网页是表达信息内容的载体。网页的设计要充分体现信息内容表现的需要。要防止为技术而技术,为体现技巧而牺牲速度等倾向。网页制作是一件主观性、个性化很强的工作,同时个别页面的设计又要和网站整体风格相吻合。因此,要制定详细的网页制作规范,对网页的大小、字体、色彩、图片、容量、位置、分辨率等都做出相应的规定,以使所有页面都能达到个性和共性的和谐统一。

（3）程序编写规范。网站建设既需要使用不同的制作工具，又需要有众多的链接前台、后台，尤其是实现数据库技术的编程。程序编写的规范与否，会直接影响到网站功能的实现以及系统的优化程度。程序的编写必然会牵涉到功能模块的分解与整合、多人的协同工作以及不断地完善改进，因此，制定程序编写规范是优化系统功能、减少重复劳动、提高工作效率的基本要求。

（4）网站管理规范。网站管理规范与否事关网站能否安全、有序、高效运行。因此，在网站监控、人员值班、设备使用、场所安全等方面都应制定相应的管理规定。由于网站作为第四媒体24小时向全世界开放，在站点管理、页面更新、内容上传等方面都应该有相应的权限分配和管理记录，以便责任到人，各负其责。如中国水产网根据兼职参加网站建设人员多、流动性较大等特殊性，对于每个工作人员都进行因特网安全教育，并和网站签订公约，落实安全责任制和网站建设岗位职责。

3. 水产业网站的推广

（1）网站互联。借助超文本链接，鼠标一点，就可以从一个网站便捷地到达另一个网站是因特网独有的魅力。在水产行业网站部落中，寻找水产行业网站是人们普遍使用的方法手段之一。因此，加强水产行业网站之间的互联，是网站互动推广行之有效的途径。要重视和知名网站、综合性网站，尤其是水产专业网站的互联。

（2）积极参加水产展示会。出于经济发展的需要，水产行业内每年都会有各种类型、各种规格的博览会、展览会、研讨会等，集中汇聚了国内外业界众多的生产、经营、科研、教育等人士，是高效率推广网站，快速提高知名度的好去处。因此，网站要根据自身特点，精选展示会，积极参与，并与其合作，利用各自优势相互宣传，共同得益。

（3）以研究促推广。因特网和水产网站在我国都是新生事物，通过加强对水产网站的研究，普及因特网和水产网站知识，帮助水产从业人员掌握信息技术，使用信息资源，是提高网站知名度、推广网站的有力措施。如中国水产网多年来，致力于对国内外水产网站的研究，通过开展市场调查，出版专著，发表科研论文，参加国际、国内研讨会，在宣传网站科研成果和相关知识的同时,有效地促进网站自身的推广。

五、渔业电子商务成功案例——中国水产网

中国水产网(http://www.china-fishery.net)以行业动态专题、企业商务信息、水产资料数据、水产信息导航、网上教学培训等为主体,同时创办电子刊物、讨论区、购物区和休闲区等,目前已形成了五大功能板块加多个栏目。其特色功能有:滚动播出国内外行业动态和热门专题,为行内人士及时提供信息服务;开发中文水产搜索引擎——"猎渔搜索",为在互联网上查找水产信息资源提供方便;创建功能强大的观赏、经济水产图片和资料数据库等,方便查询下载;创办水产电子刊物——"博华专递",提供邮件列表服务,方便专业人士订阅;搭建企业服务和水产电子商务平台,支持在线交易。目前,基本上做到行业动态天天更新,商情行情隔天更新,重点栏目滚动更新,重大事件及时更新。

(一)网站的发展历程

中国水产网是上海水产大学利用自身的人才、学科、信息等资源优势,服务社会,服务行业而建立的综合性水产网站。其创办的目的是为了探讨如何利用互联网技术,开展行业信息服务及水产电子商务等,寻找互联网和水产的最佳结合点,以迎接网络时代的到来。

中国水产网于1998年10月正式在互联网上建站发布,拥有独立的国际域名和国内域名,并在"上海热线"上设有资源站点。网站拥有中英文两个版本,以其信息丰富、内容翔实、更新频率快、服务功能强、网站风格鲜明、网页制作精良等特点,跻身于国内同类网站前列。

中国水产网以水产从业人员为主要服务对象,兼顾水产科学知识的普及和普通大众对观赏水产的兴趣需求,逐步形成了自身的特色功能。

网站的生命力在于不断地创新,以适应用户的需求和技术的变化。中国水产网创建后,进行了两次大的改版,不断充实内容,更新栏目,拓展功能,强化服务。网站现有10000多个Web文件,3500多幅图片,10多个Web数据库。许多国内外水产、农业网站和水产杂志都从中国水产网上转载内容,主动要求与之互二联。网站独立开发的"猎渔搜索",填补了中文水产搜

索引擎的空白。

(二)网站的运行模式

1. 作为服务于水产行业的一个窗口,完全由学校独立建立维护。作为高等学府,上海水产大学有义务也有责任为水产行业的发展做出贡献,引导水产企业更好地运用高新技术和互联网络技术,迎接网络经济时代的到来。这对于继续确立学校在水产教育和学术领域上的龙头地位,加强学校和行业间的联系纽带,进一步提高学校的知名度都很有帮助,具有显著的社会效益。同时可以促进学校教学、科研和互联网络的紧密结合,但要求网站强化网络教育和学术交流功能,建立强大的水产信息数据库。

2. 横向联合,合作共建。创办水产网站的根本目的是为水产行业尤其是水产企业服务。水产网站应该充分发挥其商务功能,运用学校人才、学科、信息资源优势,为水产企业开拓市场贡献力量。因此,实行政府、学校、科研院所和企业等之间的强强联合是发展水产网站的最佳模式。合作伙伴可以是大的水产集团、企业,也可以是其他的网络公司或风险投资基金,还可以是科研院所或政府机构。

3. 独立发展成一个企业,以现代企业的手段运作网站,这是网站发展的最终出路。通过招聘有识之士组成经营班子,管理、运作网站,创建单位作为股东参与网站建设,吸收其他法人股东和个人股东参股。这样可以真正实现利益共享、风险同担,增强股东和经营人员的责任心,有助于强化网站的商务功能,发展网络经济及相关增值服务。但由于互联网站目前整体处于投入期,尽管潜在经济效益巨大,而短期的实际经济效益较低,股东参股需要有战略眼光,并承担一定的风险。

(三)网站的服务功能

中国水产网以从事水产教学科研及商务活动人员为主要对象,兼顾水产科学知识的普及和普通大众对观赏水产的兴趣需求。因此,遵循"专业和普及相结合,学术研究与休闲娱乐相结合,免费信息和有偿服务相结合"的建站原则。其功能是:①及时滚动播出国内外行业动态,为行业专业人士提供及时有用的信息。②建立水产专业网站和水产专业信息搜索软件,为在因特网上查找水产信息资源提供方便。③建立资料齐全、功能强大的图片、资料数据库,方便各方面人士查询、下载。

(四)网站的发展定位

中国水产网的最终定位和活力所在,应是能够实现以网养网、自我发展、良性循环的综合性水产网站。但为了达到这个目标,首先需要从普及水产知识入手,强化一般信息服务功能,即从提供网络免费服务开始,及时介入因特网信息产业,寻找、培育服务群体。然后,从强化专业知识、建设专业资料数据库着手,尽快向水产专业网站过渡,寻求具有自身特色的定位和立足点。第三阶段,突出商贸信息,大力开展因特网网络信息服务和增值服务,强化商务功能,向综合性水产网站发展,以增强网站的生命力,拓展网站生存发展空间。

第四节　新农村建设中的电子商务
——畜牧业产品

一、畜牧业与电子商务

(一)畜牧业电子商务现状

1. 畜牧行业电子商务发展现状

畜牧业是基础产业,我国主要畜产品的产量都位居世界前列。但是,畜产品市场波动频繁,价格大起大落,严重阻碍了我国畜牧业的健康持续发展,如何有效地解决买难卖难、实现产销有效对接一直是畜牧业亟须解决的重大课题。电子商务迅速发展,将对畜牧业的流通体系、市场观念、管理方式、组织机构等方面产生巨大影响,从而为大而分散的我国畜牧业市场提供了一个全新的整合方案。

从总体上来看,我国畜牧业电子商务的发展相对滞后,无论是网站建设,还是电子商务都远远落后于农业的其他产业,因此,加快畜牧业电子商务的发展进程刻不容缓。

当前我国畜牧业对互联网的应用还不太广泛,对畜牧业电子商务市场的培育,需要较长的时间。与此同时,还应该清醒地认识到,我国畜牧业的产品对农民而言,更多的是生产资料而不是消费资料,因此消费更趋理性,它不是仅靠一张说明书或者一则广告就可以完善并大面积推广使用的。

2. 畜牧行业电子商务发展阶段

第一阶段,畜牧电子邮件阶段。这个阶段从20世纪70年代开始,平均的通信量以每年几倍的速度增长。

第二阶段,畜牧信息发布阶段。从1995年起,以Web技术为代表的信息发布系统,爆炸式地成长起来,成为目前互联网的主要应用。

第三阶段,畜牧电子商务阶段。即EC,EC在美国也刚刚开始。之所以把EC列为一个划时代的东西,是因为互联网最终的主要商业用途,就是电子商务。同时反过来也可以很肯定地说,若干年后的商业信息,主要通过互联网传递。互联网即将成为我们这个商业信息社会的神经系统。

第四阶段,畜牧全程电子商务阶段。随着SaaS软件服务模式的出现,软件纷纷登录互联网,延长了电子商务链条,形成了当下最新的"全程电子商务"感念模式。

通过发展历程,我们可以认清电子商务的实质。电子商务本身就是从商务资讯发布到产品信息发布再到在线交易,最后实现全程电子商务,所以谈电子商务,我们必须明白,做电子商务不仅是在线交易,还涉及企业的方方面面。

3. 网络推动畜牧业的快速发展

(1)互联网打破了畜牧行业交流的界限,成为大家解决问题的重要途径。通过网络,打破了行业界限,也没有了职位之差,使得行业内的沟通更加畅通无阻,这更有利于大家真实的沟通问题,解决问题。

(2)互联网增加了畜牧业链条上的透明度,使得整个链条上的从业人员都在提升自己的工作质量,以诚信为本。从产品效果、到产品价格,网民之间很容易进行沟通和了解,这对生产企业和经销商来讲,都是一种新的挑战,面对新变化,只有诚信才是最好的选择。

(3)提高了新技术、新工艺的推广速度。一项新产品、新工艺或新技术的诞生,常规方式是采用业务员推销加行业报刊的广告方式来推广,需要较长时间才能完成。而互联网术的兴起,彻底改变了这些传统的传播方式。以行业内人气最旺的"中国畜牧人社区"为例,为方便高端技术人员交流而搭建的专区内,我国最知名的饲料企业技术人员的身影频频出现,而由论坛衍生出来的多个技术人员交流群,则汇聚了几百个活跃群体,他们每天在这些平台里交流新技术、新工艺应用的心得体会,形成了一个有影响力的具有很强辐射能力的群体。

(4)促进了畜牧行业整体素质的迅速提高。在"中国畜牧人社区"的论坛中,由于有大量的各领域的一线专家为会员实时答疑解难,加上论坛为会员搭建的业内最大实战型文献数据库,使大量会员获益良多,有效提升了自己的综合能力,从而间接地促进了畜牧行业整体素质的提高。

(5)互联网技术对畜牧企业管理创新的贡献。在过去,畜牧企业网站多数是对外宣传的一个窗口。而如今,许多畜牧企业则把互联网作为提升企业管理效率的有效工具。

4. 网络成为畜牧业信息主渠道

互联网成为畜牧行业重要的信息来源:在原料行情、市场行情、疾病流行等很多方面,这些信息及时而且更趋真实性,成为大家获取信息的重要渠道。

(1)替代传统纸媒成为原料行情分析的重要信息源。当前,互联网信息由于更新速度快而成为价格信息传播的主流渠道,许多较成熟的网站如代表官方的"中国饲料工业信息网",代表民间的"中国畜牧人社区""中国饲料在线""中国汇易饲料咨询"等网站,都有大量的关于原料价格信息的定期发布,为畜牧行业提供了很好的参考。饲料行业几乎所有的原料价格信息都可以方便地在互联网上获取。可以这样说,互联网的发展有力促进了畜牧行业原料及产品的流通,使产地与消耗地价格差变得更趋于合理。

(2)在工业经济时代,工业产品和技术的创新要得到较快的信息传播速度,多数是借助报刊、电视和广播的力量。广播的影响在农村的日益萎缩注定了它已经不再成为媒体主流。而电视广告的高额费用则成为农牧企业进行推广的最大障碍。至于报刊,以畜牧行业中的饲料领域为例,除《中国饲料》、《饲料工业》、《饲料广角》等杂志拥有较稳定数量的读者群外,其他的地方性杂志发行量很小,而且报刊的发行期长,广告费用高。

（3）互联网正成为一种新媒体,对传统媒体冲击力很大。养殖户作为畜牧业的终端消费者,除了一部分新型养殖户能够上网,大部分落后地区的养殖户还没有上网的习惯,对这部分人来说,传统纸媒还有一定的优势。但是,传统纸广告对养殖户来说,作用几乎是微乎其微的,再好的广告宣传都不如周围亲戚朋友的一句话来得更加真实。然而互联网就不同了,产品效果到底如何？甚至产品价格,在网上都可以得到认证,这些信息让养殖户感觉更加真实可靠。

（4）互联网成为畜牧企业无纸化办公的一个有效途径。现在很多畜牧企业拥有分公司或者办事处,业务员、技术员都在市场上,工作中问题如何高效解决？互联网解决了大家异地办公的不方便性,真正实现了办公无纸化、异地化。

（二）畜牧企业电子商务发展的机遇

1. 畜牧企业发展电子商务的成效

我国畜牧业作为最传统的行业,能否和互联网这个最年轻的行业更有机地结合呢？就我国目前的情况来看,农民整体素质和文化水平上与互联网还有一定的距离,而且在兽药、饲料行业中一些企业经营上的不规范,会导致信任问题,而电子商务的迅速发展是建立在信用和信用保证体系的基础上的。但是,电子商务是全球商业发展趋势,这种趋势也是势不可挡的。

目前,在畜牧业的一些细分领域和企业完全可以更大步伐地进行电子商务的尝试,并率先实现电子商务应用,即在一些技术差异性较小、利润率水平差距不大的畜牧产品上,可以率先实现电子商务应用。因为,这些产品的大部分功效和价值已经被使用者熟知,在生产或销售商已经有相应的知名度和美誉度的情况下,是可以大力推动的,完全可以把业务员推广的部分功能给网络,通过电子商务推动畜牧业的快速发展。

2. 畜牧企业发展电子商务的障碍

一个产品或技术的推广往往需要依靠业务员,而业务员水平的高低会直接影响推广结果。但是,越成熟的产品对业务员的依赖性则越低,成熟产品的销售更多是依靠品牌的积累和信息传递手段。

目前,畜牧业内的许多企业已经开展了电子商务的建设,但发展规模和生产效果显然不理想。许多畜牧企业,包括大型的畜牧企业,仍然沿用传统的思维方式,畜牧产品展示只是在畜牧企业网站上有一个简单功能说明而已,其展示的资料过于简单,不足以使访问者获得满意了解。

目前网络技术水平已经完全可以做到及时发现访问者并进行语音互动。遗憾的是,到目前为止,我国许多大企业的网站,看到的却还是粗制滥造,很久都不更新的信息,有的还是过时的错误信息。

电子商务的最大先进性是它可以无地域、无时间限制地进行展示、沟通和交易,至少从理论上来说,它具有不可比拟的成本优势,可以节省大量的销售成本,如业务员薪水、差旅费等。

既然电子商务已经成为一种趋势,畜牧业部分领域也初步具备了电子商务化的基本条件,而网上交易却很难实现。这里面既有技术上的问题,更重要的是观念问题。不要说国外的电子商务如何好,只要去看看热火朝天的"淘宝网"和"阿里巴巴"这个世界第一大电子商务上市公司,就会认识到,不是客户不需要,其实最大的障碍来自畜牧企业自己。

3. 畜牧企业发展电子商务的需求

互联网改变了人类生活。在经历新闻、娱乐阶段之后,互联网迎来了电子商务时代,电子商务受到世界各国的普遍关注,成为21世纪世界经济新的增长点。它引领的企业变革改变了传统意义上的交易方式,展现了信息技术的巨大力量,传统企业纷纷试水电子商务,以紧跟时代的发展。

作为新生的运营方式,电子商务具有得天独厚的优势和市场前景,很多中小企业正蓄势待发,寄希望于找准突破口,实现自我的电子商务化。一个中小企业的壮大与发展不仅仅基于自身产品的出类拔萃,还依靠一个良好的商业结构和一个完整的赢利模式。在未来,互联网商务平台将成为中小企业内部最为敏感的神经系统。可以让中小企业以较低的成本进入全球市场,使其获得同大企业一样的市场资源,提高竞争力。电子商务破除了时空的壁垒,方便了中小企业的市场行为。

作为畜牧业企业,只有充分利用国内外市场,借助网络手段,充分应用金融工具,扩展商业思维,企业才能蒸蒸日上;逃避新鲜事物,固守过去荣誉,企业定会逐渐消沉。事实证明,互联网正在成为企业开拓市场的绝佳途径。传统的商品流通过程是商品从工厂经过批发商层层批发,最后才到零售终端,出售给消费者。消费者为拿到商品,支付了大量的渠道费用。而通过电子商务,工厂可以直接把产品出售给消费者,节省大量中间渠道成本。

面对知识经济的时代,企业只有放眼世界,追求变化;充分利用信息化大潮,善于学习,勇于思考,拥有别人不可模仿的核心竞争能力,才能真正立于不败之地。

4. 畜牧企业发展电子商务的对策

(1)企业科研人员。科研人员需要了解市场需求,按需研发新产品和改造现有产品,在研发产品前,必须进行市场调查。传统的调查方式(问卷,访谈,拜访,实验)调查成本高,效率低,周期长。

(2)企业技术专家。包括企业技术顾问,技术总监等人员。技术专家主要负责解决客户的疫情,帮助客户改进生产管理,做好售后服务工作,提高客户的满意度。当前许多企业都是聘请高校教师,畜牧相关协会理事作为企业的顾问,这些人身兼数职,只能在有限的时间内为企业开展客户服务。通过网络,这些专家可以建立博客,把自己的科研成绩,技术文章结合企业产品使用方案整理出来写出来,或派发送给客户,供大家阅读。

(3)企业营销管理决策者。包括企业老总,营销经理。这些人决策着企业的品牌战略,产品研发战略,市场开发战略。对于他们,必须经常分析观察市场变化,了解基层需求,掌握各地疫情。通过传统的媒体杂志、政府通告获取这些信息,时效性差,往往不精确。通过网络,企业决策者可以实时了解市场需求,低成本高效率与客户沟通,企业信息化建设,就是企业了解市场能力,分析市场能力的提升,最终提高市场应变能力。根据市场需求,重点营销,重点研发新产品。

(4)企业售后服务人员。包括技术员,各级技术经理。售后服务是制造行业的拳头竞争力,兽药是一种特殊的产品,必须在专业人员指导下使用。世界上最好的业务员不是卖产品,而是指导客户如何使用产品。当前,兽药、饲料的售后服务方式单一,通过网络可以向用户提供最新的技术资料,开展远程培训,解决养殖户技术缺乏问题。当前,在线门诊很流行,养殖户有问题都喜欢在线求助,一方面是出于对基层兽医的不信任,另外,也说明网络的力量不可忽视。

(5)业务员。业务员开发市场,工作效率和成本控制是收益的关键点。当前的业务员直接拜访客户,工作效率极低,一天的行车时间和费用占了一大半,直接导致业绩差。兽药经销商和中小猪场老板作为农村比较富裕的一族,基本上都配备电脑。通过网络沟通,效率高,成本低。在现实中,业务员经常遇到拒访现象,尤其是养殖场。但是通过网络直接向客户发送企业产品资料,和客户沟通,客户一般不会拒绝。通过网络进行客户维护,与客户沟通,快速了解客户需求,及时满足客户的需求。

(三)畜牧饲料企业电子商务的应用

1. 畜牧饲料企业发展电子商务的优势

我国饲料工业经过短短20多年的快速发展,无论是生产规模的扩大,还是产品质量的改进和完善均已有了明显的进步。但随着国内中小饲料企业的蓬勃发展,人世后国外知名企业的大举进入,市场竞争日趋激烈。价格战、经销商争夺战、广告宣传战此起彼伏,企业各施高招,以期建立自己的竞争优势,在激烈的市场竞争中求生存和发展,这种竞争促进现代饲料企业逐步向集约化、规模化、规范化发展。

21世纪是一个信息高速发展的世纪,企业的成败兴衰与市场信息的快速获取密不可分,在某种程度上讲,企业商战的竞争是一场信息高新技术的竞争。商务通信是开发商务活动的重要条件。

电子商务采用基于开放式标准上的互联网通信通道,建立了新型的商务通信的方式,与以往传统的商务活动的通信方式相比,其内容和内涵都发生了根本的变化,拥有了一个廉价的双向通信平台。

畜牧饲料企业跨国经营结成跨国联盟是发展的总趋势,电子商务提供了企业虚拟的全球性贸易环境,大大地提高了商务活动的水平和服务质量。

电子商务能够节省大量的开支,如电子邮件、电子发布和电子订单节省了电话、传真、广告和销售的费用,增加企业和客户与供应商之间的直接联系,客户和供应商可以通过公司的主页及时了解到有关产品的最新信息,如价格、品种、订单、数量等,免除了多层次的中间环节,降低了销售成本,提高了销售效率。全天候和快捷、方便的服务方式能够为客户提供更为优质的服务。

2. 畜牧饲料企业电子商务的主要功能

电子商务完全是一种互联网网上完成的管理和交易服务。因此,饲料企业一旦推行这种服务就可以完成以下的功能。

(1)广告宣传。电子商务可凭借企业的 Web 服务器和客户端的浏览,在互联网上发布各类商业信息,客户可借助网上的检索工具迅速地找到所需的商品信息,而商家可利用网上主页和电子邮件在全球范围内做广告宣传,且网上广告成本更为低廉。

(2)咨询洽谈。网上的咨询洽谈能超越人们面对面洽谈的限制,提供多种更为简便的异地交谈方式,主要借助非实时的电子邮件、新闻组和实时的讨论组来了解市场和商品信息、洽谈商业事务。

(3)网上订货与网上支付。电子商务可借助 Web 中的邮件交互传送网上的订货,同时客户和商家之间可采用信用卡账号实施支付。

(4)服务传递与意见征询。电子商务能十分方便地采用网页上的表单来实现服务信息传递和收集客户对销售服务的反馈意见,这样不仅能提高售后服务的水平,更能使企业获得改进产品、发现市场的商业机会。

(5)商业过程管理。涉及人、财、物多个方面,需要企业和企业、企业和客户及企业内部等多方面的协调和监督,电子商务的发展,将会提供一个良好的商业管理网络环境及各种各样的应用服务系统,能保证商业活动的进行。

3. 电子商务促进畜牧饲料企业的变革

21 世纪正处在一个经济大转变的时代,伴随着知识经济的蓬勃兴起,借助于以电子计算机技术、微电子技术和通信技术为核心的现代信息技术,市场营销活动大大突破了时空的限制,步入了一个全新的时代。我国饲料企业经历了价格战、广告宣传战和经销商争夺战后,开始寻求新的营销策略。

电子商务在营销方式的变革方面主要通过管理信息系统、信用卡服务系统、电子数据交换、电子订货系统、商业增值网五大支柱体系将整个商业流通运作有效地沟通起来,使商务活动的每一笔交易都能顺利地进行。

4. 畜牧饲料企业发展电子商务的条件

近些年来,世界各地电子商务正以迅雷不及掩耳之势快速发展起来,我国电子商务的兴起和发展已是不可逆转的大趋势。为推动我国饲料企业整体经营和管理素质的提高,电子商务在饲料企业商业管理上的应用亦是指日可待的事情,尤其加入 WTO 后,为保证我国饲料企业电子商务的健康快速发展,外部生存环境和内部发展必须注意以下问题。

(1)认清形势,面对挑战,加快营销观念的转变。特别是饲料企业管理层人员更要摆脱传统营销方式的束缚,树立起全球营销的新观念。

(2)大力发展信息产业,打好电子商务的扎实基础;建立相应的能适合电子商务市场运作的信息服务体系;制定信息产业发展规划,加速信息技术的研究和开发。

(3)抓好电子商务人才队伍的培养与建设,建立先进的电子商务服务中心,为客户提供多功能的服务平台。

(4)对现有企业管理设备和管理技术重组。由于电子商务有很强的"文化"属性和高科技的社会特征,它需要使用不同的语言、文化、管理体制和业务流程等,这也是影响电子商务应用的重要因素。

(5)建立大规模的商务数据库。目前我国的数据库建设存在的主要问题是结构失衡、容量小、规范性差、重复率高、服务能力弱、时效性和实用性不足等。

(6)建立和完善我国电子商务的法律制度,加强对电子商务的监督机制,确保电子商务的安全运行。总而言之,建设电子商务市场需要投入大量人力、财力、物力,需要坚持国有、集体、民营一起上,推动我国电子商务事业的发展,而不是某一个行业或企业的问题。

(四)畜牧业电子商务的发展前景

1. 电子商务在畜牧行业的具体运用

对于电子商务,人们不再感到陌生。网商、网货、网品牌。互联网不仅改变了我们的日常生活方式、娱乐方式和社交方式,而且互联网正在改变企业的营销方式、商务方式。如今服装行业,电子产品行业,鲜花礼品行业,图书行业,旅游酒店行业等不做电子商务已经无法生存。而在传统的畜牧行业,电子商务并未被广泛认同和使用。

对于畜牧业电子商务的概念,大部分都不真正了解,普遍认为畜牧业电子商务就是在网上买卖畜牧业产品,其实,畜牧业电子商务是一个很复杂的概念,是一个畜牧业的系统工程。畜牧业电子商务通常是指在全球各地广泛的畜牧业商业贸易活动中,在因特网开放的网络环境下,基于浏览器、服务器应用方式,买卖双方不谋面地进行各种畜牧业商贸活动,实现消费者的网上购物、商户之间的网上交易和在线电子支付以及各种商务活动、交易活动、金融活动和相关的综合服务活动的一种新型的畜牧业商业运营模式。

2. 电子商务是畜牧服务的有效平台

对于畜牧业电子商务,人们要客观正确地对待,要坚信这是未来的畜牧业的发展趋势,不要害怕渠道冲突,利益冲突。网络是畜牧企业开展营销、建设畜牧业品牌、进行畜牧业服务的高效低价平台。畜牧企业开展电子商务,不仅仅是建立一个畜牧商铺,开通一个畜牧网站,要想真正有所收获,必须整合畜牧企业所有资源,聘请专门电子商务人员和专业的畜牧技术人员联手开展此项工作。

3. 电子商务是畜牧企业发展新动力

互联网是企业品牌建设的最佳媒体平台。无论是兽药企业、饲料企业,未来的发展趋势都是集团化和产业化联盟。中小企业由于缺乏科研实力,必将逐渐失去市场份额。因此,树立企业品牌,做有品牌的企业,利用品牌效应去开发市场,无疑是当前所有企业的战略规划。品牌是什么? 如何做品牌呢? 品牌就是企业的口碑,企业的形象。阿里巴巴 CEO 讲过,中小企业做好品牌无疑要做好三个方面工作:研发,渠道,服务。一个知名的品牌必定是一个人人皆知的牌子,做品牌的核心问题就是如何传播品牌。

4. 电子商务促进畜牧企业品牌传播

相对于传统媒体来说,网上信息传播速度更快,互动性更强,形式多种多样,因此传播效果更好。

(1)广告。品牌建设离不开广告,畜牧行业因为专业性强,用户分布零散。传统广告媒体用户定位精准度低,广告效应差。行业网作为畜牧行业内的专业性网站,浏览用户精准度高,广告效应大大提高,广告费用低,投资回报率高。

(2)研发。当前,兽药、饲料市场竞争激烈,产品同质化现象严重。科研能力已经成为企业的核心竞争力。什么产品才是一个好产品,如何开发一个好产品? 对于畜牧行业来说,一个好产品就是一个实用产品,能够切实解决畜牧养殖业中存在的问题,能够提高养殖效益的产品。因此科研专家学者,必须要经常深入一线,及时与终端客户沟通,才能了解市场需求,按需研发和生产,这样才能研发好产品。这些都是理想的事情,一个科研专家、高校教授不可能天天待在猪场,但是互联网给予他们一种了解市场,调查市场,分析预测市场的新途径。

(3)渠道。渠道是产品从生产商流通到终端消费者的过程。渠道是能够增加产品份额,提高产品销量的各种途径。传统的营销策略重视分销策略,就是通过业务员,开发各级代理商,最终使产品到达消费者手中。此种营销方式,营销成本高,效率低,渠道间利益冲突大。还有一个问题,企业的已有客户不再是渠道,通过他们不能促使产品的销量增加,不能带来新的客户。只有一种新型的事物才可能成为渠道,这就是网络。

(4)服务。没有服务,就没有口碑。海尔的国际化品牌就是通过服务展现出来的。工业制造品和原材料商品不像日常消费品,对于前者大家都是理性消费,注重实用性和经济性;后者大家都是感性消费,消费者的个人兴趣,爱好,心理特征在消费决策和品牌选择上起着很大的影响作用。因此,做好畜牧企业的品牌建设,就更应该注重售后服务环节。当前的技术员驻场服务或者帮助经销商跑客户的服务方式单一,成本高。技术员本身技术水平决定着企业的服务水平,此种服务方式不能满足所有客户尤其是大型养殖场的需求。

二、畜牧业电子商务网站建设

(一)畜牧业网站建设的基本要求

1. 畜牧业网站的总体要求

在信息化飞速发展的今天,电子商务已经覆盖了所有行业,畜牧业做好电子商务,利用互联网传播速度快,传播面广这个特点和优势,不仅关系到自己企业的生存、发展,而且能展示企业形象、企业文化,提升企业的影响力、竞争力,树立企业品牌,使企业永远立于不败之地。

建立畜牧企业网站,要满足于展示产品,突出于产品的特点、个性以及与同类产品不同的地方,如品质、喂养方法及工艺,质量标准等等,其次要展示企业的文化、理念、技术、规模等实力,让客户信赖你。

2. 畜牧业网站建设的意义

随着网络技术的不断进步,网络应用已经渗透到人类社会的各个角落。作为网络世界支撑点的网站,更是人们关注的热点,政府利用网站宣传自己的施政纲领,日益成为与民众交流的直通车;企业利用网站宣传自己的形象,挖掘无限商机;个人利用网站展示个性风采,创建彼此沟通的桥梁。越来越多的人希望拥有网站,开辟网络世界里的一片天地。

3. 畜牧业网站建设的定位

所谓网站,相当于企业在网络世界的一个门脸,畜牧企业一旦建立了自己的网站,全世界各地的人们都可以访问到它。

一般网站可分为企业内部网站与外部网站,企业内部网站可以让企业各部门,甚至员工在上面搜集发布信息,增加各部门之间的了解与协调,增加员工对企业的认同感,帮助企业提高管理效率,企业外部网站则可以帮助企业树立形象,宣传企业的产品,增加企业的销售机会,为客户提供服务等。

虽然没有网站畜牧企业也能开展电子商务,但这相当于街头的流动小贩,只能打一枪换一个地方,客户很不容易找到你,也不容易信任你。而建立了自己的网站就不同了,它相当于畜牧企业有了自己的门面,就可以充分展示自己。并不是说所有畜牧企业都应该建立网站特别是建独立的网站,这既取决于畜牧企业业务的类型,也取决于畜牧企业产品的情况,还取决于畜牧企业与其伙伴的合作情况,以及畜牧企业的技术水平等。一般而言,如果企业的业务是直接面向消费者,而且品牌形象对企业的产品销售至为重要;或者,虽然你的产品主要是企业间交易,但产品介绍信息量大而且经常更新,那么,企业就应该考虑建立一个网站。但是,如果企业的产品是标准化产品,比如饲料的原料、兽药等,那么企业完全可以通过电子交易市场开展电子商务,不一定需要建立自己独立的网站。

4. 畜牧业网站建设的目的

一个畜牧企业建设网站，首先要明确建网站的目的，如果企业建网站实实在在是为了开展企业的电子商务，那就一定要按照企业电子商务网站的要求来规划设计网站，管理维护网站，只有这样，畜牧企业所建设的网站才能发挥真正的电子商务的作用。

(二)畜牧业网站建设的设计思路

1. 畜牧业网站的主题和名称

网站的主题也就是网站的题材，是网站设计首先遇到的问题。网站题材千奇百怪，琳琅满目，只要想得到，就可以把它制作出来。

(1)主题要小而精。定位要小，内容要精。如果企业想制作一个包罗万象的站点，把所有企业认为精彩的东西都放在上面，那么往往会事与愿违，给人的感觉是没有主题，没有特色，样样都有，却样样都很肤浅，因为企业不可能有那么多的精力去维护它。网站的最大特点就是新和快，目前最热门的个人主页都是天天更新甚至几小时更新一次。

(2)题材最好是结合畜牧企业自己擅长或者将来要发展的内容。

(3)题材不要太滥或者目标太高。"太滥"是指到处可见，人人都有的题材；比如软件下载，免费信息。"目标太高"是指在这一题材上已经有非常优秀，知名度很高的站点，你要超过它是很困难的。

总的要求：一是名称要正，其实就是要合法，合理，合情。不能用反动的，色情的，迷信的，危害社会安全的名词语句。二是名称要易记，最好用中文名称，不要使用英文或者中英文混合型名称。另外，网站名称的字数应该控制在六个字以内，四个字的也可以用成语。字数少还有个好处，适合于其他站点的链接排版。三是名称要有特色，名称平实就可以接受，如果能体现一定的内涵，给浏览者更多的视觉冲击和空间想象力，则为上品。

2. 畜牧业网站的链接与结构

网站的链接结构是指页面之间相互链接的拓扑结构。它建立在目录结构基础之上，但可以跨越目录。建立网站的链接结构有两种基本方式。

(1)树状链接结构。类似 DOS 的目录结构，首页链接指向一级页面，一级页面链接指向二级页面。这样的链接结构浏览时，一级级进入，一级级退出。

（2）星状链接结构。类似网络服务器的链接，每个页面相互之间都建立有链接。这种链接结构的优点是浏览方便，随时可以到达自己喜欢的页面。缺点是链接太多，容易使浏览者迷路，搞不清自己在什么位置，看了多少内容。

这两种基本结构都只是理想方式，在实际的网站设计中，总是将这两种结构混合起来使用，达到比较理想的效果。比较好的方案是：首页和一级页面之间用星状链接结构，一级和以下各级页面之间用树状链接结构。

3. 畜牧业网站的形象与风格

（1）网站的 CI 形象

所谓 CI，意思是通过视觉来统一企业的形象。一个杰出的网站，和实体公司一样，需要整体的形象包装和设计。准确地说，有创意的 CI 设计，对网站的宣传推广有事半功倍的效果。具体的做法如下。

第一，设计网站的标志。如同商标一样，标志是畜牧企业网站特色和内涵的集中体现，看见标志就让人们联想起这个企业的网站。标志的设计创意来自网站的名称和内容：一是网站有代表性的人物、动物、花草等，可以用它们作为设计的蓝本，加以卡通化和艺术。二是网站有专业性，可以以本专业有代表的物品作为标志，畜牧网站属于专业性网站，可以考虑用某个饲养的动物作标志。比如中国银行的铜板标志，奔驰汽车的方向盘标志等等。三是最常用和最简单的方式是用自己网站的英文名称作标志。

第二，设计网站的标准字体。和标准色彩一样，标准字体是指用于标志、标题、主菜单的特有字体。一般网页默认的字体是宋体。为了体现网站的"与众不同"和特有风格，网站可以根据需要选择一些特别字体。

第三，设计网站的宣传标语。也可以说是网站的精神，网站的目标。用一句话甚至一个词来高度概括。类似实际生活中的广告金句。

（2）网站的整体风格

风格是抽象的，是指网站的整体形象给浏览者的综合感受。这个"整体形象"包括的 CI、版面布局、浏览方式、交互性、文字、语气、内容价值、存在意义、网站荣誉等等诸多因素。

风格是独特的,是本网站不同于其他网站的地方。或者色彩,或者技术,或者是交互方式,能让浏览者明确分辨出这是本网站独有的。

风格是有人性的。通过网站的外表、内容、文字、交流可以概括出一个网站的个性、情绪。是温文儒雅,是执着热情,是活泼易变,是放任不羁。像诗词中的"豪放派"和"婉约派",可以用人的性格来比喻网站。

第一,确信风格是建立在有价值内容之上。一个网站有风格而没有内容,就好比绣花枕头一包草,好比一个性格傲慢但却目不识丁的人。网站首先必须保证内容的质量和价值性,这是最基本的。

第二,你需要彻底搞清楚自己希望网站给人的印象是什么,可以从这几方面来理清思路,如果只用一句话来描述网站,应该是有创意,专业,有实力,有美感,有冲击力;浏览者想到网站,可以联想到的色彩是:热情的红色,幻想的天蓝色,聪明的金黄色;浏览者和网站交流合作的感受是:师生,同事,朋友,长幼。

第三,在明确自己的网站印象后,开始努力建立和加强这种印象。经过第二步印象的"量化"后,需要进一步找出其中最有特色特点的东西,就是最能体现网站风格的东西。并以它作为网站的特色加以重点强化,宣传。以下做法可作参考:一是将网站的标志尽可能地出现在每个页面上。或者页眉,或者页脚,或则背景。二是突出网站标准色彩。文字的链接色彩,图片的主色彩,背景色,边框等尽量使用与标准色彩一致的色彩。三是突出网站标准字体。在关键的标题,菜单,图片里使用统一的标准字体。四是想一条朗朗上口宣传标语。把它坐在网站广告里,或者放在醒目的位置,告诉人们它是网站的特色。五是使用统一的语气和人称。即使是多个人合作维护,也要让用户觉得是同一个人写的。六是使用统一的图片处理效果。七是告诉用户关于网站真实的故事和想法。风格的形成不是一次定位的,网站可以在实践中不断强化、调整、修饰、

(三)畜牧业网站建设的开发流程

1. 客户提出需求与方案制订

(1)客户提出需求。客户通过电话、电子邮件或在线订单等方式提出自己网站制作方面的"基本需求"。涉及内容包括:一是企业介绍;二是栏目描

述；三是网站基本功能需求；四是基本设计要求。

（2）设计畜牧业建站方案。根据畜牧业企业的要求和实际状况，设计适合畜牧行业的网站方案。是选择虚拟主机服务，还是自己购置服务器；根据企业风格量身定制。

（3）确定合作。双方以面谈、电话或电子邮件等方式，针对项目内容和具体需求进行协商。双方认可后，签署《畜牧业网站建设合同书》并支付约定的网站建设预付款。

2. 网站域名申请与系统规划

（1）查询申办域名。根据畜牧业企业的需要，决定是国际域名还是国内域名。域名就是企业在网络上的招牌，是一个名字，并不影响网站的功能和技术。

（2）网站系统规划。网站是发布企业产品与服务信息的平台，所以网站内容非常重要。一个好的网站，不仅仅是一本网络版的企业全貌和产品目录，它还必须给网站浏览者，即企业的潜在客户提供方便的浏览导航，合理的动态结构设计，适合企业商务发展的功能构件，如信息发布系统、产品展示系统等，丰富实用的资讯和互动空间。

3. 网站内容整理与网页制作

（1）网站内容整理。根据畜牧业网站建设方案书，由客户组织出一份与企业网站栏目相关的内容材料，网站制作商将对相关文字和图片进行详细的处理、设计、排版、扫描、制作，这一过程需要客户给予积极的配合。

（2）网页设计制作。一旦网站的内容与结构确定了，下一步的工作就是进行畜牧业网页的设计和程序的开发。畜牧业网页设计关乎畜牧业企业的形象，一个好的网页设计，能够在信息发布的同时对企业的理念以及宗旨做出准确的诠释。

4. 网站审核发布与日常维护

（1）网站提交客户审核并发布。畜牧业网站设计、制作、修改、程序开发完成后，提交给客户审核，客户确认后，支付畜牧业网站建设余款。

（2）畜牧业网站后期维护。畜牧业网站一经发布运行，就必须安排专人进行日常维护，如果没有日常的网站维护，畜牧业网站将前功尽弃。

（四）畜牧业网站的推广维护

为了能让更多的人来浏览企业的网站,必须有一个详尽而专业的网站推广方案,包括畜牧业网站优化,著名网络搜索引擎登录,网络广告发布,邮件群发推广,链接交换等等。这一工作尤其重要,专业的网络营销推广策划必不可少。许多专门网络策划公司可提供专业的网站优化以及国内外搜索引擎登录服务、门户网站分类广告、分布式批量电子邮件广告、电子杂志贴片等多种推广方案。

畜牧业网站建设好以后就是要花大力气推广这个网站,如何让更多的客户访问网站? 企业必须宣传自己的网站,推广自己的网站,让更多的潜在客户知道你的网站在什么地方。

1. 畜牧业网站的国内推广

国内网站推广是指将网站推广到国内各大知名网站和搜索引擎。主要有搜狐、新浪、网易、百度、雅虎、谷歌等,以及各行业门户网站和电子商务网站的推广。国内推广主要分为商业推广、普通推广、竞价排名、中文地址栏搜索、行业推广等。商业推广主要有搜狐、新浪、网易商业网站推广;竞价排名有搜狐竞价广告、百度竞价排名等;中文地址栏搜索有通用网址;行业推广主要有中国搜索联盟以及一些专业的推广软件在各行业网站推广。

2. 畜牧业网站推广的途径

通过调查表明,绝大多数人上网查询信息使用的都是搜索引擎,访问量最大的是各大门户网站。企业供求信息都集中在一些大型 B2B 电子商务网站,个人买卖商品都去一些大型 B2C 或 C2C 商务网站,还有各种专业的行业网站。因此,网站推广就是要将网站在各种搜索引擎中占据有利的位置,让人很容易搜索到,可以说能找到本网站都是一些准客户或潜在客户。另外就是要把本网站信息放到人气多的地方,提高曝光率,让大家都能看到本网站,因此,网站通过全面推广才能有较高的访问量。让企业通过互联网获得最大的效益。

3. 畜牧业网站的推广方法

（1）把网站申请提交给百度、Google、雅虎等搜索引擎收录,这些搜索引擎收录本网站后,客户在搜索引擎的引领下迅速找到企业网站。

（2）关键词的优化，找到适合企业产品的关键词。

（3）网站的友情链接，同等规模相关网站的友情链接也会让更多的客户慕名而来。

（4）可以在百度、Google，Yahoo 等搜索引擎上做网站推广，浏览者就会蜂拥而至。

（5）在相关行业网站发布产品信息以及在行业网站论坛上发布和产品有关的文章，比如可以在中国养殖网、畜牧人论坛、阿里巴巴畜牧水产论坛等国内知名的网站，还可以在自己的博客里发布和产品相关的文章，潜在的消费者就会顺藤摸瓜找到企业网站。做好这些工作以后，企业网站的访问量就会大增，企业网站的功能就会完全释放出来。

三、畜牧业电子商务网站成功案例

（一）中国畜牧业信息网介绍

中国畜牧业信息网（http://www. caaa. cn）由中国畜牧业协会于 2003 年 5 月创办。经过 8 年的发展，已成为名列前茅的畜牧业权威网站。近一年中 Alexa 统计的网站排序更是大幅度提升，跃居中国畜牧业类网站之首。

中国畜牧业协会在行业中发挥服务、协调、维权、自律、管理等作用，其宗旨是：整合行业资源、规范行业行为、维护行业利益、开展行业活动、交流行业信息、推动行业发展。其核心理念为服务会员、服务行业、服务政府。建设中国畜牧业信息网，并通过这个平台服务于行业是其宗旨和核心理念的具体体现。中国畜牧业协会在行业中起着桥梁和纽带作用，中国畜牧业信息网在发展中不断探索如何利用网络技术强化这一作用。

目前，中国畜牧业信息网下设猪业、禽业、牛业、羊业、兔业、草业和鹿业七个分网，这七个分网自成体系，内容相对独立，目标用户明确，直接服务于相关人群。

中国畜牧业信息网设置有 40 多个栏目，对关乎行业发展方向的领域专门设置栏目，例如：合作经济、产业化、环境保护、食品安全等。

在具备了上述网站架构的基础上，中国畜牧业信息网充分利用协会资源，靠内容制胜，已成为畜牧业的门户网站，起着四大中心的作用。

（二）行业信息传播中心

行业信息传播是行业网站的核心功能，作为畜牧业门户网站，中国畜牧业信息网，涵盖了七大领域。从宏观到微观，为不同岗位的用户提供不同层次的信息服务。

首先，关注行业发展宏观动向，及时向业界报道政府各部门发布的政策法规和纲领性文件，倡导具有前瞻性的发展理念和生产模式，为企业决策层制定长期发展战略提供必要的信息。为此设有：政策法规、行业标准、行业概况、行业论坛、产业化、环境保护、合作经济等栏目。

畜产品市场动态是每个企业和养殖户每天都在关注的焦点，随着"菜篮子"的日益沉重，直接影响到国民经济和老百姓的生活质量，财经领域人士和消费者也对畜产品的价格波动密切关注。如何让各界及时有序地了解畜产品行情仍是一个待解的难题。经过探索，中国畜牧业信息网逐步形成了一个有宏观有微观，有短期有长期，有分析预测有走势的市场信息格局。通过研究这些走势图可以归纳出一定的价格波动规律。而综合考察畜产品价格走势曲线之间的关系，可以揭示畜产品之间的相互替代作用，对研究价格的相互影响规律有一定价值。将饲料或上游产品的价格与下游产品价格联合考察可以看出它们对最终产品的影响程度。在市场信息发布频度上，网站做到了日日有报价，每旬有分析，月月有汇总，年年有预测。

本着服务于最广泛的从业人士的宗旨，网站还提供丰富的技术层面的信息，例如：科学技术、养殖技术、畜禽品种、疾病防治、饲料营养、动物保健等。使工作在第一线的养殖人员可以系统地学习相关知识，提高生产水平。

由于主办方中国畜牧业协会在行业中的特殊地位和使命，网站在提升行业的透明度，鼓励先进，展示优秀企业实力，推广优秀企业品牌等方面做了很多努力。例如：建立"全国主要企业引进祖代蛋种鸡信息公布"机制，绘制"猪业百强版图""牛业优秀会员企业""禽业优秀企业和个人版图""中国畜牧业协会会员版图"等。其中发布"引进祖代蛋种鸡信息"具有典型意义。祖代蛋种鸡是蛋鸡业的源头，做好祖代蛋种鸡引种数量的统计工作，有利于实现蛋鸡行业的稳定持续发展，有利于蛋种鸡企业根据全国引种总量及时调整生产结构，还有利于政府对蛋鸡业的宏观调控。

为了完整地记载行业重大事件,中国畜牧业信息网还及时就重大事件及会议以专题的方式进行全面报道,例如:就生猪市场的调控设计了"稳定生猪价格,建立保障生猪生产发展的长效机制"的专题,解读政府的政策,公布各地采取的调控措施,及时反映各地生猪产品的价格动态,汇集各界人士对稳定生猪价格的讨论和建议。使业界对该问题有一个全面深刻的了解。

中国畜牧业协会每年都要举办各畜种的重大会议,是业界交流信息,共谋行业发展大计的好时机。每次会前会后中国畜牧业信息网都会进行图文并茂的报道。视频资料更使观众如同亲临现场。与会专家学者和企业家的精彩发言的展示,更是记录行业发展脉络的珍贵资料。

(三)企业信息发布中心

企业是行业的主体之一,畜牧业的强盛离不开企业的发展壮大。企业既是行业网站的服务对象也是行业网站建设的主体之一。中国畜牧业信息网以多种形式为企业提供参与网站建设并从中受益的渠道,例如:通过企业数据库、产品数据库、供求信息、企业图片集锦、企业视频展播等形式全方位地展示企业实力。参加行业调查帮助政府和协会了解行业发展实况。信息员制使企业可以借助中国畜牧业信息网向全行业展示自己的实力,报道重大事件,宣传技术优势。

(四)生产者与消费者的交流中心

消费决定生产,营造一个健康的畜产品消费环境对畜牧业的发展至关重要。也是中国畜牧业协会履行"推动行业发展"职责的着眼点之一。而营造这样一个健康的环境需要生产者和消费者之间建立良好的沟通。为了搭建畜产品生产者与消费者之间沟通的桥梁,网站特设"大众社区"板块。分设食品安全、消费指南、饮食健康、美食城、养生园和品牌秀等栏目。

食品安全栏目向广大消费者介绍无公害食品、绿色食品和有机食品的基本概念,宣传政府和畜牧行业企业为消费者提供安全的畜产品所做出的努力。发布已获得认证的畜禽产地和产品信息。在黑红榜中曝光出现食品安全问题的产品,畜产品质量检测结果。

消费指南栏目介绍畜产品的营养价值、选购畜产品时如何判断新鲜程度、如何辨别假冒伪劣商品、根据不同的烹调方法选购相应的品种或畜禽部位、不同季节不同人群选购畜产品的原则、畜产品正确的贮藏方式等等。

饮食健康栏目从细节入手,普及健康的畜产品烹饪方式,配伍原则,不同畜产品的适宜人群,不良的饮食习惯给健康造成的危害等方面的知识。

美食城栏目以图文并茂的方式介绍丰富多彩的畜产品烹饪菜谱,丰富消费者的餐桌,促进畜产品的消费。有助于将畜产品市场这块蛋糕做大,促进畜牧业的可持续发展。

养生园栏目从药食同源的角度帮助消费者了解畜产品在养生方面的功效,以正确的配料和适宜的烹饪方式充分利用畜产品的营养价值,发挥其调理功效,从而达到养生的作用。

大众社区板块以其丰富的畜产品消费知识将网站的用户群扩展到普通人群,解决了行业垂直网站用户范围窄,制约用户数量的局限性。从运营的角度看大众社区板块,其商业价值更是有着巨大潜力。

[1]何兆益.农村公路养护与管理[M].北京:人民交通出版社.2006.

[2]郭克清.公路安全保障工程实用手册[M].北京:人民交通出版社.2007.

[3]郑亚琴,郑文生.美英农业电子商务应用状况及共性特征分析[J]科技管理研究,2009,(12).

[4]王强,段玉权,詹斌等.国外冷链物流发展的主要做法与经验[J].物流技术与应用,2007.

[5]朱自平.国外农产品物流发展对我国的启示[J].商场现代化,2008,(19).

[6]李道亮.中国农村信息化发展报告(X007)[M].北京:中国农业科学技术出版社,2007.

[7]涂同明,涂俊一,杜凤珍.林果花卉电子商务[M].武汉:湖北科学技术出版社,2011.

[8]涂同明,涂俊一,杜凤珍.农村电子商务[M].武汉:湖北科学技术出版社,2011.

[9]崔立标.电子商务运营实务[M].北京:人民邮电出版社,2013.

[10]李海平,刘伟玲.农村电子商务存在的问题与模式创新[J].陕西科技大学学报.2011,29.

[11]侯晴霖,侯济恭.以区域为核心的农村电子商务模式[J].农业网络信息.2011.

[12]侯济恭,李朝灿,潘春来,林铭沥,陈建阳.具有造血功能的农村信息化

模式[J].农业网络信息.2010,10.

[13]杨静,刘培刚,王志成.新农村建设中农业电子商务模式创新研究[J].中国科技论坛,2008,08:117-121.

[14]高凌云.电子商务技术在新农村建设中的应用[J].现代农业科技,2008,15:347-348.

[15]周旺,张引琼,李朋飞.O2O电子商务模式在湖南省新农村建设中的应用探索——以石门柑橘为例[J].电脑知识与技术,2014,26:6257-6259+6262.

[16]苏奇志.电子商务在新农村建设中的重要作用[J].中国农村小康科技,2007,05:9-10.

[17]徐先海.湖南农村电子商务应用模式构建与发展对策研究[D].湖南农业大学,2009.

[18]骆巧巧.新农村背景下的农村电子商务平台建设研究[D].江西财经大学,2013.

[19]何德华.农村地区移动服务采纳模型和发展策略研究[D].华中科技大学,2008.

[20]肖治垣.论我国传统企业实施电子商务改造的战略构想[D].对外经济贸易大学,2000.